商业创新创业系列教材

"上海市085内涵建设工程"建设成果

商业营销策划

池丽华　周　勇/主编

立信会计出版社

LIXIN ACCOUNTING PUBLISHING HOUSE

图书在版编目(CIP)数据

商业营销策划/ 池丽华,周勇主编. —上海：立信会
计出版社,2018.7
商业创新创业系列教材
ISBN 978 - 7 - 5429 - 5834 - 1

Ⅰ.①商… Ⅱ.①池… ②周… Ⅲ.①营销策划—教
材 Ⅳ.①F713.50

中国版本图书馆 CIP 数据核字(2018)第 141014 号

策划编辑　　洪梅春
责任编辑　　洪梅春
封面设计　　周崇文

商业营销策划

出版发行	立信会计出版社		
地　　址	上海市中山西路 2230 号	邮政编码	200235
电　　话	(021)64411389	传　　真	(021)64411325
网　　址	www. lixinaph. com	电子邮箱	lxaph@sh163. net
网上书店	www. shlx. net	电　　话	(021)64411071
经　　销	各地新华书店		
印　　刷	常熟市梅李印刷有限公司		
开　　本	710 毫米×960 毫米	1/16	
印　　张	16.5		
字　　数	284 千字		
版　　次	2018 年 7 月第 1 版		
印　　次	2018 年 7 月第 1 次		
书　　号	ISBN 978 - 7 - 5429 - 5834 - 1/F		
定　　价	38.00 元		

如有印订差错,请与本社联系调换

商业创新创业系列教材

编 委 会

主 任　池丽华

副主任　陈　敏　周　勇

编　委（以姓氏笔画为序）

王大群　王　卫　王立勇　方献礼

朱文敏　伊　铭　池丽华　孙笑天

李仉辉　张　晟　张晓灵　陈　敏

周　勇　南　洋　侯立玉　袁美琴

徐慧群　郭秋杰　曹建涛　康海燕

熊平安　魏拴成

序

海啸来了,猪也会飞! 移动互联网的出现,催生了新的商业生态圈,这是一个需要想象力与创新力的年代。创新无处不在,它已经成为推动社会进步的第一生产力。

在商业领域,创新不是为了标新立异,而是为了想法与做法的统一。如果能够由此带来效益,那么这样的创新便可称之为"有效创新";如果说创新是发展的硬道理,那么有效创新才是发展的真道理。有人说,过去四十年不怕做不到,就怕想不到;未来四十年不怕想不到,就怕做不到。为什么呢? 在信息技术高度发达的未来社会,公开透明成为社会的主流发展趋势,你能想到的,别人也能想到,但你能做到的,别人不一定能做到。只有有效创新,才能不断适应环境的改变;只有培养创新人才,才能真正适应时代的需要。

为了适应大学生创新创业教学的需要,提升大学生的创新意识与创业能力,用创新创业的意识去就业,上海商学院"创新创业实践教学团队"在一系列调查研究基础上,采取校内专家与校外行家相结合的方式,组建了教材编写团队,首批出版的教材包括 5 本:《商业创新主张》《商业创新思维》《商业创新案例》《商业调查与市场发现》和《商业营销策划》。

本系列教材的出版得到了"上海市 085 内涵建设工程"的经费支持,也得到了联华超市股份有限公司、农工商超市(集团)有限公司、上海西郊国际农产品交易有限公司、上海华联罗森有限公司、浙江兴合电子商务有限公司、安徽乐城投资股份有限公司、上海神仙实业有限公司、上海浦东故里记忆文化创意有限公司、《中国商界》杂志社以及商业创新实验室等单位的支持。教材编写过程中还参考了有关专家学者的著作和论文,以及新媒体发布的资讯,在此一并致谢!

本系列教材以消费需求为纵轴,以时代变革为横轴,以创业精神为动力,以创新思维为技法,从商业原点探索商业逻辑,结构新颖,素材鲜活,文笔诙谐,用叙述故事的方式,向读者展现了一系列原创性市场发现与应用型研究成果,既可作为大学生创新创业教学用书,也可作为企业经营管理人员的参考用书。

编　　者

2018 年 5 月

前　言

任何一个产品的成功,都离不开三个空间:一是思维空间,即产品或服务在消费者心智中的定位;二是渠道空间,即产品或服务的通路问题;三是货架空间,即摆放在货架上的商品位置与样面及相关促销。只有三个空间保持平衡,才能有效营销。

消费升级、技术推动与资本助力,三股力量聚合在一起,正在快速推进我国商业营销模式的变革。在消费升级的大背景下,消费价值观与购买行为正在发生显著变化,中国消费者对服务、品牌、商品、品质的追求,有更多的个人主张!对高品质商品尤其是进口商品的需求已经日趋常态化,购买品类也越来越精细化。技术变革已成为推动商业变革的强劲动力。过去,技术对商业的影响是局部的;当下,技术对商业的影响是整体的。技术发展不仅推动着商业营销模式的创新,而且直接促进了商业活动的科学化、人性化与效率化。但在技术的背后则是资本助力,亲近资本,拥抱资本,与资本联姻,选择"站队",已成为商业活动的必然趋势。在激荡变革的同时,还存在着一些不变的要素,如消费者更喜欢较低的价格与较高的性价比,更快捷的配送,更多样化的选择等。

营销策划不仅要关注"变化",还要关注"不变",关注不变是为了不忘初心,关注"变化"是为了更好地"不变"。无论站到哪个"队",关键还是坚守那个"位"!站在用户的立场,端正站位,先义后利,小心翼翼,化繁为简,善待用户,从用户发自内心的笑容中去挖掘商业价值。这是营销策划的基本守则。

本书共分八章,每章以案例与实践问题形式分别设计了"分析讨论"与"实践训练",各章主要内容如下:第一章营销策划导论,总结了营销策划的七个发展阶段,营销策划实践教学的"教、叫、交"三个进程;第二章营销策划原理与思维,重点探讨了营销策划的经典案例、互联网背景下的营销策划思维,以及营销策划必须回答的三个基本问题:为什么? 是什么? 怎么做? 第三章营销策划调研,重点介绍了用于营销策划的调研方法、渠道与分析方法;第四章营销策划文案写作,阐述了营销策划文案写作的规范要求、思考逻辑与写作技巧;第五章品牌推广策划,介绍了品牌推广的前期准备、实施策略、广告策略与公共关系策略;第六章移动互联网营销策划,重点介绍了移动互联网营销策划模式与实施技巧;第七章零售营销策划,从零售服务的本质入手,探讨了各种新零售背后的运作逻辑,提供了零售营销策划的路径与方案;第八章零售营销策划案例,通过六个原创案例,探讨了便利店、生活百货、生鲜超市、大型综合超市、单体百货、购物中心等零售业态的变革趋势。

本书由池丽华、周勇担任主编,其他参编人员有:曹剑涛、朱文敏、冯睿。在本书编写过程中,得到了联商网(http://www.linkshop.com.cn)及其会员单位的大力支持,参阅与引用了不少网络资源,在此一并表示感谢。疏漏之处,敬请指正。联系人:池丽华(424726021@qq.com)。

编　者

2018 年 5 月

目　录

第一章　营销策划导论 ……………………………………………… 1

第一节　营销策划课程的职业地位 ……………………………… 1

第二节　营销策划的发展阶段 …………………………………… 2

第三节　营销策划的基本思路 …………………………………… 4

第四节　营销策划课程的内容结构 ……………………………… 6

本章小结 …………………………………………………………… 9

分析讨论 …………………………………………………………… 10

实践训练 …………………………………………………………… 15

第二章　营销策划原理与思维 …………………………………… 20

第一节　营销策划原理 …………………………………………… 20

第二节　营销策划逻辑 …………………………………………… 23

第三节　营销策划思维 …………………………………………… 32

本章小结 …………………………………………………………… 38

分析讨论 …………………………………………………………… 39

实践训练 …………………………………………………………… 41

第三章　营销策划调研 …………………………………………… 48

第一节　营销调研 ………………………………………………… 48

第二节　营销调研技术和渠道 …………………………………… 51

第三节　如何进行营销策划的调研 ……………………………… 55

本章小结 …………………………………………………………… 71

分析讨论 …………………………………………………………… 71

实践训练 …………………………………………………………… 82

第四章　营销策划文案写作 ……………………………………… 84

第一节　营销策划文案撰写原则及思考力 ……………………… 84

第二节　营销策划文案思考的重点内容 ………………………… 86

第三节　营销策划文案撰写技巧 ………………………………… 95

本章小结 …………………………………………………………… 111

分析讨论 …………………………………………………………… 111

实践训练 ·· 114

第五章 品牌推广策划 ·························· 115

第一节 品牌推广概述 ··························· 115

第二节 品牌推广的前期准备 ··················· 119

第三节 品牌推广的实施 ······················· 126

第四节 品牌推广的广告策略 ··················· 137

第五节 品牌推广的公共关系策略 ··············· 143

本章小结 ·· 146

分析讨论 ·· 147

实践训练 ·· 152

第六章 移动互联网营销策划 ················ 153

第一节 移动互联网特性 ······················· 153

第二节 移动互联网营销主要方式 ··············· 158

第三节 重构消费者与品牌关系 ················· 167

第四节 移动互联网营销策划整合模式 ··········· 171

第五节 移动互联网营销策划实施 ··············· 181

本章小结 ·· 188

分析讨论 ·· 189

实践训练 ·· 195

第七章 零售营销策划 ······················ 197

第一节 零售营销策划的重点与要素 ············· 197

第二节 零售战略策划 ························· 202

第三节 零售促销策划 ························· 211

本章小结 ·· 226

分析讨论 ·· 227

实践训练 ·· 228

第八章 零售营销策划案例 ·················· 229

第一节 见福便利店:从代理商到零售商的转型 ····· 229

第二节 罗森:急速发展的营销之道 ·············· 234

第三节 名创优品与生鲜传奇:小业态,大市场 ····· 239

第四节 百货店转型:购物中心化与升级 ··········· 246

本章小结 ·· 250

参考文献 ·· 252

第一章　营销策划导论

"营销策划"是营销专业学生的一种基本功,这是一门专业技能的深化课程。本章总结了营销策划的七个发展阶段,提出了营销策划课程以"三道""四力""五技"为主要内容的建设思路,指出了专业技能的双维度深化与课程内容的三层架构,总结了营销策划实践教学的"教、叫、交"三个进程,即思辨分析、完成课业、设计方案。

营销策划课程教学过程,无论是课堂教学还是实践教学,都应该是道与术的结合。过去的教学过程偏重"道",在课堂内,师生都能讲得头头是道,一旦走出校门,面对实践问题,就束手无策,这是"有道无术的虚道"。如今的教学过程则过分注重"术",甚至背离道而谈术,各种"拿手绝活"与"奇技淫巧"都被搬上了大学讲堂,一旦面对顾客,则不攻自破,这是"有术无道的邪术"。大学的营销策划课程应该让学生达到"得道明术"的境界,这才是"达道"。本章主要介绍营销策划的职业地位、发展阶段、基本思路与课程内容。

第一节　营销策划课程的职业地位

本科市场营销专业学生的就业路径一般从销售类与服务类起步,有了一定的工作经验以后,才有可能上升到市场类职位。"销售类"的初级岗位主要是个人市场(如商贸服务业)的门店销售、网络销售等,店铺的营业员、收银员、理货员、导购员等,主要面向中职学生。有些商品(如服装、家居、3C 电子产品、汽车、房产、个人耐消品)的销售需要一定的专业知识、技能和素养。"销售类"的中级岗位主要是大型企业、大型设备公司、IT 公司、政府采购、医疗系统、跨国集团对企业销售(大客户营销),销售性质较其他较低等级销售更复杂、难度更大,这类岗位在企业中属于关键岗位。调查显示,此类人才需求特征明显,人才需求规模大,人才缺口非常突出。

"服务类"岗位处于变化中,随着现代服务业的兴起,客户服务从辅助和支持部门向一线转移,正在成为参与销售并与销售共同创造价值的部门,与销售的连接融合也越来越紧密。

在市场营销职业大类中，"市场类"职业岗位对学业能力、学历以及综合素质的要求相对较高，需要研究型和创新型人才；从事此类职业不仅要经过专业技能训练，更需要有长期的实践经验积累；大学教学中开发"商业营销策划"课程，旨在树立策划意识，培育创新思维，掌握营销策划的基本思路、方法与技巧，能独立编写营销策划书，拓展知识面，扩大行业视野，完善知识结构，训练实战能力，为胜任市场营销工作提供良好的知识储备与能力锤炼。市场类职业大致又可分为市场调研类、企划类、广告类等更为具体的职业群，每一类职业群又可以分为初、中、高层次，初级更多针对商业连锁、商业流通、快消品、耐消品等领域的营业员、销售助理等岗位，基本没有对应的市场类职业岗位群。这类企业和产品的营销策划，通常由多年工作经验或有较高学历的专业人士承担岗位任务，中职、高职毕业生入职后极少直接从事营销策划工作。

第二节　营销策划的发展阶段

有人认为，学生要"得道明术"，应该遵循"先哲学后营销"的教学进程。有人则认为，只要有效策划，不但能把"梳子卖给和尚"，而且还能把冰卖给爱斯基摩人，把防毒面具卖给森林中的马鹿，最后在现实中确实演绎出很多"成功推销"客户并不需要的产品的经典案例，传销使这种"奇技"达到了登峰造极的程度。开始的时候，传销还仅仅是一种向熟人与朋友推广产品的组织体系，到最后完全演变成为一种没有任何支撑的"买空卖空"生意，那些抱着梦想的参与者，最终都以噩梦告终。

为什么会这样？类似的"伪案例"与"伪命题"还有很多，这与市场背景与营销策划发展阶段密切相关。从我国营销实战发展进程来分析，大致可以分为七个阶段：

第一阶段：点子时代。这个时代的市场背景是商品开始供过于求，但消费需求如一块"处女地"尚未被开垦，一个操作简单的好点子，就能撬动无限的消费潜力。大约在20世纪90年代中期，一个名叫"何阳"的人就这样成了著名的"点子大王"。

第二阶段：胆子时代。营销策划的BMA教程把牟其中的"罐头换飞机"作为靠胆子取胜的"经典案例"。实际上，牟先生并不是一个真正的成功者，也主要不是靠"胆子大"而成就他一生中唯一一次"成功的生意"的。我国过去四十年的成功者，除了胆子大，还同时具备了"脑子活""路子怪""步子稳"

等方面的特质,并且他们成功的背后,大都能在国外找到历史的踪影。这个时代的创业者们,利用了国人"崇洋媚外"的消费心理,引进国外的产品、经营形态与管理方式,并适当变通使其更适合本土的消费需求,从而获得了巨大成功。这在消费品生产制造与分销领域最为显著。

第三阶段:傻子时代。不知从何时开始,市场上出现了两类商人:一类是忽悠企业的"策划者",另一类是忽悠消费者的"经营者"。前者如算命先生,有三个常规动作:一看问题——病不轻;二讲困难——你不行;三出主意——我帮你! 这便是策划者的"成功套路"。天津有一家企业的老总曾经这样说:"我们用每周一辆'凯迪拉克'的代价请人做策划,结果,那些人把我们犯过的错误再犯一次。"策划者把企业当"傻子",很多企业都深受其害。我国的"违法成本"极低,导致忽悠消费者的恶行蔓延,从"三聚氰胺"到"毒胶囊",从"绿色馒头"到"低标高结",骗人的花样不断翻新,专业的执法部门连"猫逮老鼠"这样的本能也早已退化,而媒体的本能却已进化为"狗逮耗子"。

第四阶段:定位时代。在国外,20世纪70年代初,"定位"(Positioning)一词开始进入人们的视野,1972年美国营销专家阿尔·里斯(Al Ries)以"定位时代"一文开创了定位理论,实际上这是一种针对同质化时代所实施的"攻心术",需要通过沟通与传播,让产品在顾客的脑海里确定一个合理的位置。按照这种理论,消费者的心灵才是营销的终极战场,所以,这个"合理的位置"也可以称为"心灵空间"。但我国企业在定位理论的早期应用过程中,并没有感悟这一核心思想,而是一味地凌驾于消费者之上,把企业的定位强加给消费者。

第五阶段:渠道时代。产品的规模化生产,迫使生产者不遗余力地寻找最有效的分销渠道组合,最终他们在连锁商业中发现了新大陆,并跟随不断扩张的连锁组织获得了空前的成长。生产制造商助推了连锁事业的发展,结果,那些壮大起来的零售商则翻脸不认人,向供应商收取的"通道费"日益看涨,零供关系日趋紧张,零供矛盾不断激化。如果说没有品牌的产品犹如"废品",那么,没有渠道的品牌就如一张"废纸"。

第六阶段:搜索时代。搜索正在成为消费者的一种生活习惯与购物行为。消费者购买行为过去受广告影响,如今的消费者更注重自己和朋友的购物体验,消费者在决定购买前需要"搜寻"其他消费者的"口碑",在购买后则又会让其他消费者来"分享"自己的购物体验。消费者一旦拥有"网络",就拥有了把抱怨告诉全世界的渠道。如果商人不能适时改变自己,肯定没有前途,不管以前有多么辉煌。

第七阶段：移动时代。如果说 PC 时代是互联网时代，那么，移动时代就是互联网＋时代。众多的可随身携带的智能化移动设备，不仅改变了人们的沟通方式、生活方式和工作方式，更改变着商业模式与营销方式，在微信交流、移动支付、定位服务、O2O 模式等为消费者带来各种便利的同时，也使企业越来越多地掌握了消费者的动态信息，可以把无序的数据整合成有序的数据，把无关的数据整合成相关的数据，于是就出现了所谓的"大数据"。表现在营销策划的变化上，首先，移动创造出各种各样新的商业模式，尽管这些模式尚处于探索阶段，但总的来说，发展潜力巨大。其次，移动定位技术与促销活动相结合，以大数据分析为基础，实现了个性化推送服务，这方面苹果公司已经开发了相应的软件，在梅西百货等公司已经取得初步成效。再次，移动将促进物联网的发展，移动不光是智能手机，它能把所有设备都联系起来，如很多企业把汽车连到网络上，出现了互联网汽车，移动也即将开启日用消费品的智能化时代，如智能家居、智能厨房等。最后，移动与 PC 相比，屏幕更小，所以，使用者通常不是通过搜索，而是通过预先设定的网页、微信群、App 去实现各项需求，从而导致互联网"垂直化"和"社群化"趋势的出现。

第三节　营销策划的基本思路

目前，我国各行各业都普遍存在机会主义倾向，经营者使用很多"小伎俩"来忽悠消费者，如电信套餐、银行收费、打折销售、短斤缺两、以次充好、标价不实等。机会主义者按照"有奶便是娘"的逻辑来策划与决策，严重背离了市场营销的基本原理，损害了消费者的合法权益。

所以，我国营销策划目前仍处于"战国时代"，具有各个发展阶段的特点。尤其应该看到的是：中国消费者似"肥猪"，商家则是"屠夫"，中国市场仍然处于"卖方市场"，中国的消费者很"悲情"。

但这种状况正在发生改变。我国的营销策划也需要转型与转变，主要表现为两个方面：一是消费者的力量正在日益强化，网络传播是一个比法律规制更有力的助推器，这将会迫使企业主动关注顾客的感受与反馈；二是企业处于一个更宽广的环境中寻求生存与发展，需要综合运用各种营销手段，实施整合营销与跨界营销。

营销策划应该建立在道义、营销力与营销技能的基础上，将"用户导向"的市场营销观念具体化为"三道""四力""五技"。

一、三道

所谓"三道"是指商道、人道、仁道。商道是盈利之道,有些人用地沟油炸油条降低成本获利,而河北保定一个卖油条的小伙则坚决不用"复炸油",虽然他的油条价格较高,顾客却排队购买,获利远远超过其他油条摊。人道是认可之道,一个品牌、产品或服务,只有获得消费者的认可,让消费者感受产品与服务的适宜性,包括产品价值、品牌价值、舆情价值等,才会有市场地位。任何一种营销策划,最根本的就是拉近与消费者的距离,于是,沟通与传播就成了现代营销的核心技术。可见,商道的核心是人道。仁道是恕忠之道,恕者"如心",即"己所不欲,勿施于人"。某酒吧不设停车场地,是为了预防酒驾;"胖东来"春节停业 4 天,是为了让员工有更多的休闲时间;通用汽车不用有轮子的椅子,是为了员工的健康……这一切都可以称为"恕"。仁道是人道的核心,是内部营销的基本法则,员工获得关爱,才能使人人都有人道,想顾客所想,急顾客所急,更好地服务顾客。

二、四力

所谓"四力"是指洞察力、创新力、控制力、影响力。洞察力是指寻找、挖掘、激发消费者核心需求的能力,这是营销策划的基础;创新力是指以独特的产品与服务方式迎合消费者需求的能力,这是营销策划的核心;控制力是指营销实践过程符合既定规划要求、适应环境变化、保持收支平衡的能力,这是营销策划的目标;影响力是指接近并持续影响消费者的能力,这是营销策划持续有效的保证。四力合一,才能实现成功的营销,从而像原子裂变那样,把产品与服务扩张到更广阔的市场。

三、五技

所谓"五技"是指调查分析技能、市场规划技能、收支平衡技能、资源配置技能、文案写作技能。调查分析技能是指获取信息情报、数据整理分析、挖掘消费需求的技能。市场规划技能是指在了解消费需求的基础上,把满足消费需求的创意、概念或项目实现市场化转换的技能,没有市场化的运作,一切创新都是纸上谈兵,不会产生实效。收支平衡技能是指市场化运作过程建立盈利模式并能有效控制预算的技能。营销必须盈利,找不到"盈利点"或无法控制"出血点",都是营销失败的重要原因。资源配置技能是指有效利用企业内外各种资源为实现营销目的服务的技能,营销不仅仅是营销部与市场部的职能,更需要全公司各个部门的全员配合,还需要善于运用社会资源。文案写作技能是指用规范、清晰的文字表达各种营销方案与管理措施的能力,不管什么营销策划方案,都必须回答三个基本问题:是什么? 为什么? 怎么做?

第四节 营销策划课程的内容结构

对市场营销专业学生来说,培养目标大致可以分为两类:一是培养营销策划人才;二是培养营销管理人才。有些大学过去偏重前者,但最近几年也已经转变为"高级营销管理人才"。作为人才培养的愿景,可以把"营销策划人才"作为一个培养目标,但大学本科培养的人才不是"精英",至多是一个合格的"半成品",如果能够像机器的通用零部件那样投放市场,那就算是"成功教育"了。基于上述原因,可以将营销策划课程定位于营销专业技能深化的课程。

一、专业技能的双维度深化

所谓"专业技能深化",应该包括两个维度,一是纵向营销技术的深化,二是横向专业领域的拓宽。

(1) 营销技术方面,主要应该在专业知识基础上,深化专业技术的应用和实践,主要包括三个重点:①深入个体的心理透析——消费行为心理研究;②深入商品的规制认知——小策划方案的设计;③深入营销技术的应用——现代技术在营销活动中的应用研究。目的是要使学生懂顾客、懂商品、懂技术。

(2) 专业领域方面,应该提供学生多样化的选择,实施以行业为导向的教学方案,主要包括三个方面的拓展:①跨专业的知识拓展,如在营销策划方案制定过程中,会涉及财务、物流、IT、培训、法律等方面的专业知识;②电子商务背景下的企业营销策划;③不同行业的微观层的营销实践。目的是要使学生认知行业实践,提升专业知识的综合应用能力。

二、课程内容的三层架构

按照上述"技术深化,行业拓展"的要求,可以把课程内容分为三个层次:

(1) 知识层——模式化思考。通过基础知识、基本原理、常用方法的学习,建立营销问题的思考模式,培养结构性思维逻辑。知识层教学内容,一方面应该重点介绍营销策划的基本原理,如差异化原理、价值化原理、整合化原理,另一方面要通过案例从实践中总结营销策划的新思路、新模式与新方法。

（2）实践层——工具化操作。这是知识层的深化，主要培养学生对实际问题的分析、计划与实施的能力，包括情报收集、数据分析、问题评估、解决方案的构思、思考问题的条理化、实施过程管控的周全性、突发事件的应对方法、文案写作等方面。

（3）应用层——专业化策划。这是知识层与实践层的应用，主要是针对一个或几个相互关联的实际问题，提出实施方案。从表面看，这类问题与实践层的问题比较相似，但两者存在较大区别，前者偏重对现有问题的分析与评估，后者偏重提出解决实际问题的对策。

知识层是建立架构，实践层是充实内容，应用层是达成目标。三个层次的结构如图 1-1 所示。

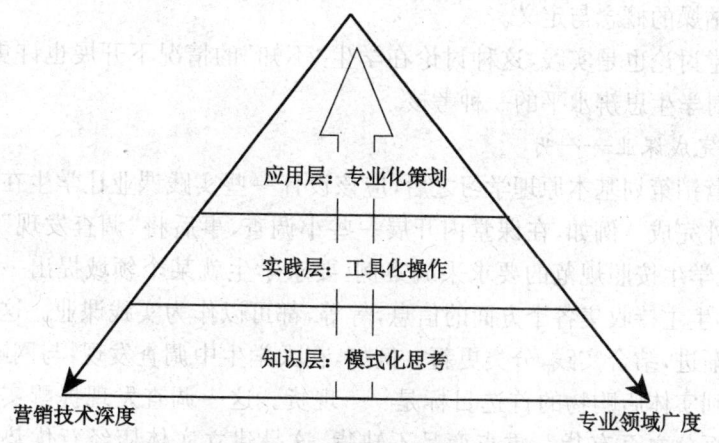

图 1-1　营销策划课程内容结构图

三、营销策划实践教学进程

营销策划是一门实践性课程，教学过程要通过学生参与互动领会基本原理，掌握基本技能，制定策划方案。营销策划实践教学的进程如下所述。

1. 思辨分析：教

知识层的营销策划原理，在不同环境条件下会发生很大变化，需要根据营销环境选择适当的营销策划思路。这部分教学方式，以课内互动为主，通过讨论背景材料，让学生得出不同的观点，以增强学生对基本原理的理解。例如，让学生阅读《一个乞丐的策划》，然后分组发表演讲，最后主讲教师点评，可以导出营销策划的一些基本原理。并提供参考书目，让学生在阅读的基础上加深对各种营销策划原理的认识。

这是一个"读、写、议"相结合的过程。这个过程可以称为"教"，通过互动、点评、自学、写作、演讲等活动，目的是充分调动每一位学生的主观能动性，更好地领会营销策划的基本原理。

值得注意的是：在中国传统教学理念中，要求学习者在发言之前必须明确区分知道的事情与不知道的事情，想清楚了才可以发言。即所谓"知之为知之，不知为不知，是知也"。西方教育则允许学生海阔天空胡思乱想，他们在讨论问题之前并没有把问题想得很清楚，但通过讨论分享了知识，激发了灵感，结果把问题想清楚了。这是值得深思的。很多教师总觉得上课时间不够，讲了很多，学生真正领会的并不多。有一个学生毕业以后告诉大学老师说：在大学学习中，记忆最深刻的是老师以互动方式得出的结论，记忆最不深刻的是枯燥的概念与定义。

课堂讨论也是实践，这种讨论在学生"不知"的情况下开展也许更有效，这也是对学生思辨水平的一种考核。

2. 完成课业——叫

在营销策划基本原理学习之后，应该设计一些实践课业让学生在课内参与或课外完成。例如，在课堂内开展一些小调查，事后将"调查发现"反馈给学生，让学生按照规范的要求采编案例，要求学生就某个领域提出一个创意构想，学生主持收集各个方面的信息，等等，都可以作为实践课业。这些课业要循序渐进，结合实践，分类更新。例如，在大学生中调查发现：与网购相比，年轻人到实体店购物的首选目标是——现货。这一调查发现提醒实体店经营者，"百分之百有货"，重点商品不缺货，这是建立实体店经营优势的基本保证。

这是"任务型实践"，可以称为"叫"。课业规定了需要完成的任务与要求，学生只要按照规范要求去完成即可，目的是提高营销策划技术的应用能力。

值得注意的是，对大多数企业来说，"小策划"比"大策划"更重要。大策划是有关公司战略、市场开拓、产品开发等方面的策划，这些策划不会经常发生。小策划是有关公司日常营销与营运管理方面的策划，每个月甚至每天都会提出新的要求。

3. 设计方案——交

在营销策划的各项基本技术学习之后，要求学生独立或分组完成一个项目的设计方案，学生要经历项目选择、市场调研、财务预算、可行性分析、实施方案策划、保障措施制定、资源筹措与配置等一系列环节，最后根据策划文案写作要求,形成策划报告。

　　设计方案阶段是各方面知识与技能的综合应用,既能激发学生的创新能力,又能培养学生的团队合作能力与管理水平。

　　"教——叫——交"是市场营销策划课程实践教学的具体进程。教——课堂互动得出基本原理;叫——课外作业是基本技能的实践;交——独立设计形成策划报告。让学生听到、学到、用到、得到,知识与技能才能得以巩固。要真正做好实践教学,关键是从事实践教学的教师,应该各有侧重地培养一个或几个层面的实践能力,否则就不能适应实践教学的需要。当前实施的"双师型教师"的培养模式存在严重的形式主义倾向,双师型教师的培养应该以校企紧密合作为基础,让教师面向行业、深入企业、与企业员工在同一条战壕里战斗一段时间,才能有所感受与感悟,这样的经历才有利于做好实践教学。

本 章 小 结

　　(1)市场营销专业的"职业群"大致可以分为销售类、服务类、市场类,一般从销售类、服务类起步,逐渐提升到以策划为主导的"市场类"职业。

　　(2)虽然营销策划不是专业培养的第一目标,但却是一种基本功,应该培育策划意识、创新思维,掌握营销策划的基本思路、方法与技巧。

　　(3)我国营销策划经历了点子时代、胆子时代、傻子时代、定位时代、渠道时代、搜索时代、移动时代等七个发展阶段,目前处于"混战阶段"。

　　(4)PC时代是互联网时代,移动时代就是互联网+时代。移动创造出各种各样新的商业模式;以大数据分析为基础实现了个性化推送服务;移动将促进物联网的发展;移动导致互联网"垂直化"和"社群化"趋势的出现。

　　(5)营销策划应该建立在道义、营销力与营销技能的基础上,将"用户导向"的市场营销观念具体化为"三道""四力""五技"。

　　(6)"三道"是指:商道、人道、仁道。商道是盈利之道,人道是认可之道,仁道是恕忠之道。

　　(7)"四力"是指:洞察力、创新力、控制力、影响力。洞察力是营销策划的基础,创新力是营销策划的核心,控制力是营销策划的目标,影响力是营销策划持续有效的保证。

　　(8)"五技"是指调查分析技能、市场规划技能、收支平衡技能、资源配置技能、文案写作技能。

（9）"专业技能深化"包括两个维度，一是纵向营销技术的深化，二是横向专业领域的拓宽。

（10）营销策划课程内容分为"知识层""实践层""应用层"三个层次。知识层是模式化思考，实践层是工具化操作，应用层是专业化策划。知识层是建立架构，实践层是充实内容，应用层是达成目标。

（11）营销策划实践教学过程是"教、叫、交"的统一。教是课堂互动，叫是课外实践；交是完成报告。

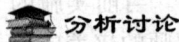 **分析讨论**

1. 馊水油与举报者

背景资料：

本以为只有我国内地才吃地沟油，没想到我国台湾也会制作馊水油。强冠老总面对媒体居然厚颜无耻地两度下跪，并当场喝下猪油！是想获得公众的谅解，还是想证明由馊水油制成的"全统香猪油"安全可靠？！这再一次说明：在金钱与利益面前，良心与道德是十分脆弱的。关键不是人的问题，而是制度设计问题。

无商不奸历来是对中国商人群体的基本评价。其实，他们历来都具有两面性，且崇尚"圈子文化"，对圈内人必须信守承诺，对圈外人坑蒙拐骗则并不认为是不道德行为。大家都明白，在行业中口碑不好的商人，就不可能走得太远，活得太久。但无论是圈内还是圈外，很多商人对顾客的态度则是基本一致的：大事化小，小事化了，能蒙则蒙，能诈则诈，缺乏诚意，毫无诚信！

且不说监管部门有没有尽到"监管"的责任，按照"群众的眼睛是雪亮的"逻辑，如果能够有效地鼓励"群众举报"，无良商人的不法行为肯定会大大收敛。举报杀人越狱逃犯高玉伦，尚能获得15万元赏钱，台湾六旬老农多次举报黑心油商无果后，居然自装监视器搜证，异地举报最终获得成功，他能不能得到举报奖励？当前，举报黑心商人，不仅千辛万苦，毫无回报，而且会受到打击报复。实际上近年来从"染色馒头"到"福喜食品"，从"烂果汁"到"毒生姜"，从"假羊肉"到"镉大米"，从"地沟油"到"馊水油"等等食品安全事件的主流引爆者并不是监管部门，而是媒体、内部员工与一般公众。然而，社会舆论、社会规制似乎不是很给力。举报人往往成了单位的"叛徒"，不仅受到单位的惩罚，而且还会受到其他员工的辱骂。既要举报又要待在被举报的单位,那是根本不可能的事情。所以,举报者应该做好离职的准备,但离职以后,同行业往往不愿意接纳有过举报经历的人。这样一来,举报者常常会因为举报而断送了生路。为此,不仅社会舆论要谴责"叛徒说",更要用实实在在的规制来保护举报者的权益。

从《宪法》到《消费者权益保护法》,从《产品质量法》到《食品安全法》,从《举报制售假冒伪劣产品违法犯罪活动有功人员奖励办法》到《侵害消费者权益行为处罚办法(征求意见稿)》等等,我国对有关社会监督与鼓励举报的行为已有一系列法律法规条款。但效果并不显著,有三个方面值得改进。

第一,树立公民意识。公民纳税实际上是聘请政府,把自己做不了、做不好的事情委托给政府,为自己服务或维护自己的合法权益。因此,公民有权知道消费真相,如果监管部门对商品安全问题视而不见,见而不管,管而不戒,那就是失职。当前很多法规都规定了违法的罚款金额,但对消费者的赔偿或惩罚性赔偿,还需要"消费者的要求",意思就是说,如果消费者不知情或不要求,就可以不赔。例如,2014年颁发的《消费者权益保护法》第五十五条是这样规定的:"经营者提供商品或者服务有欺诈行为的,应当按照消费者的要求增加赔偿其受到的损失,增加赔偿的金额为消费者购买商品的价款或者接受服务的费用的三倍;增加赔偿的金额不足五百元的,为五百元。法律另有规定的,依照其规定。"滥用罚款,而作为主体的公民权益得不到保证,这是最大的问题。损失赔偿与惩罚性赔偿,可以按照罚款的一定比例由政府主持公道,给付消费者。

第二,建立制衡体系。上述"消法"颁发以后,有些地方为了更好地保护消费者权益,出台了一些地方性管理办法,如扬州市曾经出台过一个《消费者权益保护救助办法》。该办法认为,"救助办法"的有效实施,首先要解决"钱从哪里来"的问题,于是,扬州消协建立了"扬州市消费维权基金",通过自愿捐助向社会募集维权基金,专门用来帮助有需要但经济困难的消费者。这是很怪异的事情,维护消费者权益,是政府的头等大事,却需要通过募捐来筹集维权基金,那公民是不是可以少纳税或不纳税,因为政府没有提供相应的服务。《食品安全法》第八十条、《食品安全法实施条例》第五十三条等法律文所规定的举报受理办法,是一种卫生、质监、工商等多部门受理制度,而且采取多部门平行移送处理的办法,不仅程序繁琐,而且容易导致相互扯皮。可以借助全民营销模式,搭建一个类似"12315"那样的举报平台,发动全体公民参与举报,并由上级政府监管部门实施查处,一旦查实,就应该对第一举报人或共同举报人实施奖励。这是一种独立的、统一的、有层级的举报体系,是全社会的制衡机制,与部门分割、联合打击有着根本的区别。

第三,解决后顾之忧。不少企业曾经把"知假买假"的打假者视为"刁民",甚至认为"知假买假"属于职业行为,不应获得法律支持。2014年1月9日,最高法出台的司法解释明确规定:"因食品、药品质量问题发生纠纷,购买者向生产者、销售者主张权利,生产者、销售者以购买者明知食品、药品存在质量问题而仍然购买为由进行抗辩的,人民法院不予支持。"这也就是说,"知假买假"不影响消费者主张和维护自身权益与权利。这是很大的进步,也提升了消费者依法维权的信心。《举报制售假冒伪劣产品违法犯罪活动有功人员奖励办法》(财行〔2001〕175号)第五条虽然根据举报事实的确凿程度和举报人的配合情况,明确划分了从一级到四级的有功举报等级,第六条也规定了按照举报有功等级分别按货值6%以下的比例给予奖励,但还有对于大案要案"每起案件的举报奖励原则上不超过30万元",以及第八条"举报有功人员接到奖励通知后须3个月内领取奖金,逾期不领取的,视为自动放弃"等规定。这些限制性规定不利于举报者断然做出举报的决定。如果能制定一个"上不封顶"的举报奖励制度,便能使举报者从举报奖励中获得因为举报而可能导致的机会损失与利益损害,更能调动举报者的积极性。

当前我国诸多社会经济管理中的"老大难"问题,实际上是一个认识问题、观念问题与逻辑问题,更是由此而导致的制度设计问题。如非法营运、违章搭建、违法摆摊、非法集资、住宅群租等,从现有法律法规来看,确实属于违法与非法,但从深层应该考虑的问题是:为什么会"禁而不止"?以大学盖一个三层楼的食堂为例,居然要盖200多个图章,走完全部审批程序居然要花近两年时间,而且每盖一层,还要不断报告,以前采取书面报告形式还比较简单,如今有了网络,程序更复杂,手续更繁琐,不可控因素更多。不能只考虑现有法规,应该从实际情况出发,想办法使法律规范、制度规定、执行办法更简便、更有效、更人性。2014年9月11日,李克强总理在天津出席夏季达沃斯论坛后,来到滨海新区行政审批局办事大厅,了解该区将之前分散在18个委办局的216项行政审批工作集中到一起,工作人员从近600人减到120多人,总理说:"你们一个印章取代了109个印章,就等于老百姓办事少了108道程序。"

讨论问题:

(1) 营销策划中如何才能把握"商德底线"?

(2) 你曾经看到或亲身经历过哪些"商德高尚"或"商德堕落"的企业行为?

2. 零售促销:离顾客有多远

背景资料:

促销是为了促进销售,但现在的零售促销方案越来越复杂,越来越看不懂。在各类促销活动中,"直接打折""买后立减""买后送券"是三种基本方法。某些国际品牌,一般都采取直接打折的办法,有八折、六折、五折等各种折扣。如今盛行的却是"买后送券",这一方式虽然在部分城市已经被叫停,但在我国大部分城市仍然很普遍。凡开展"买后送券"促销活动的商场都衍生了"黄牛",他们在商场买卖"赠券"而获利。赠券的价格因赠送比例、通用性不同而有很大差异。商店一:A类商品买300送300,B类买300送200,C类买300送100,D类买300送30。而且A类商品的券不能买B类商品,"黄牛"3折收,4折出。商店二:A类商品买500送300,B类商品买3000送300,券可以通用,"黄牛"8折进,8.5折出。商店三:买318送300,"黄牛"五折收,六折出。从数字来看,不同的促销方式,优惠程度很不一样,但给顾客的感觉却是:扣减越多,猫腻越大;送券越多,陷阱越深。

在上海南京东路步行街的一家著名百货公司,有人买了一件标价为2388元的羽绒服。这件衣服的领口标签上印有"AD Design is Paris"字样。合格证吊牌标有:贴条羽绒服;面料、里料、胆料100%涤纶,填充物灰鸭绒100%,含绒率90%,充绒量120克;Acgue Demi® 艾珂黛米(中国上海);上海缘恒服饰有限公司,上海市静安区北京西路1399号20楼C座等信息。网上未查到这家公司的网站,从上海市工商行政管理局网站的企业查询系统获悉,这家公司的注册登记处是嘉定分局,公司地址是上海市嘉定区娄塘镇嘉唐公路1518号。

这个百货公司正在开展"买318元送300元"的促销活动。在"买就送"幌子下购物,一般都可以采取多种方式,以这件羽绒服为例,列举三种不同方式。

方式一:支付全价2388元,收银台会按照"买318送300"的规则在收款后打印出一张2100元的"购物单"给顾客。购物单的处置方式有两种:一是购买商店中参加这一活动的商品,凭购物单购买商品不再享受返送优惠;二是将购物单以对折的价格(即1050元)卖给"黄牛",但存在收到假币的风险,按此方式,该商品实际支付1338元。

方式二:向"黄牛"购买"购物单",用购物单支付货款。购物单的收购价为五折,出售价为六折。按六折计算为1432.80元,"黄牛"愿意以1400元成交。顾客还价1200元,未能达成交易。

方式三:把 2 388 元分拆,先叫营业员开一张 1 272 元(四份 318 元),未付货款 1 116 元,用首笔付款后获得的 1 200 元购物单支付,还多余 84 元大概可以购买一条短裤。按照这一方式,实际支付 1 272 元,并多了一条短裤。所以,卖给"黄牛"不如自己付款购买。

点评:还可以衍生出更多的支付与购物方式。由于购物单当天有效,早上购物应该比较有利,一天较早时候把购物单卖给"黄牛"应该能获得一个比较有利的价格,而到晚上由于当天营业时间所剩不多,购物单的效用就自然降低。但商店与"黄牛"之间也许已经达成了某种"默契",或者干脆收购黄牛手中的"购物单",这与月饼生产销售企业从"黄牛"手中收购月饼票是同一个道理。

暂且不谈这个公司以及这个品牌,关键是"原价"。原价不应该是出厂时打印在标签上的"建议零售价",也不应该是商家为了"摆噱头"而打印上去的高价,而应该是这个商场在一定时间有实际销售记录的价格。国家发改委《关于〈禁止价格欺诈行为的规定〉有关条款解释意见的通知》(发改价检〔2006〕623 号)第四项指出:《规定》(指《禁止价格欺诈行为的规定》)第七条第(一)项所称的"原价"是指经营者在本次降价前七日内在本交易场所成交的有交易票据的最低交易价格;如前七日内没有交易价格的,以本次降价前最后一次交易价格作为原价。并在该"通知"第七项规定:特价商品或者服务的价格等于或者高于本次经营活动前七日内,在本交易场所成交的有交易票据的最低交易价格的,属于《规定》第七条第(六)项情形。这是经营者收购、销售商品和提供有偿服务的标价行为中的价格欺诈行为。物价管理部门常常依据这一条对新开超市的价格进行检查,一旦发现新开超市门店降价促销,就被认定为"价格欺诈行为"而被罚。对于这样的处罚,似乎是合法不合理。实际上是执法人员不理解连锁运作或故意找事。因为新开张的超市根本不可能有"原价"的成交记录,但在同一个连锁体系的其他连锁店中肯定有原价的销售记录。如今,我们走进百货公司,看到"买 318 送 300"的标价,看到无处不在的"黄牛",看到服务人员与黄牛的"和谐共处"。你的感觉是什么?商店、服务人员、"黄牛"像三驾马车,共同玩弄着顾客!百货公司的"原价"是多少?谁也不知道!即使有原价,如果商场没有实施严格的单品管理,如果存在借码销售同类商品的现象(这在可以讨价还价的商场是非常普遍的),特定商品的"原价"是很难找到的。如何规范百货公司的"原价体系"?如何预防与认定百货公司的价格欺诈行为?如何维护消费者的合法权益?这是值得管理部门认真研究的问题。

另一方面,如何保护消费者的合法权益? 如何使消费者不被商家欺诈? 如何才能使商家不敢欺诈消费者? 这与法律规制有很大的关系。《价格法》《关于商品和服务实行明码标价的规定》《禁止价格欺诈行为的规定》、关于《禁止价格欺诈行为的规定》有关条款解释意见的通知、国务院关于修改《价格违法行为行政处罚规定》的决定、《零售商促销行为管理办法》等法律法规,对经营者的违法违规行为都有比较具体的处罚规定,但是很少提及对消费者权益的真正保护,至多是返还多收的货款。例如在《价格违法行为行政处罚规定》第十四条规定:消费者或者其他经营者多付价款的,责令经营者限期退还。难以查找多付价款的消费者或者其他经营者的,责令公告查找。经营者拒不按照前款规定退还消费者或者其他经营者多付的价款,以及期限届满没有退还消费者或者其他经营者多付的价款,由政府价格主管部门予以没收,消费者或者其他经营者要求退还时,由经营者依法承担民事责任。如果要真正保护消费者,就应该有向消费者赔偿的条款,惩罚性赔偿与行政性处罚相结合,并以惩罚性赔偿为主,这样做有利于对商家的不法行为起到威慑作用。由于违法成本太低,诚实经商反而有可能被市场驱逐,这是现代版的"劣逐良",结果是:欺诈成了商业经营的基本手法。

零售促销离顾客的真正需要有多远?

讨论问题:

(1) 你认为消费者一般会喜欢什么样的促销活动?

(2) 据你的观察,中国消费者有哪些显著的特征?

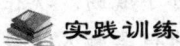 **实践训练**

"I want to talk"咖啡吧创业计划书

一、咖啡馆立意

其一,打破传统的普通咖啡店的模式,单纯地作为直接服务消费者的场所,或者提供消费者喝咖啡的场所,没有其他特别的特色。"I want to talk"咖啡馆立足于学生,每天或者每周有专人跟顾客进行交流。使咖啡馆成为一个交友平台,行业交流平台和招聘平台。大学生在毕业后,会走向社会,走向工作岗位。企业寻求人才时候,是不是可以在大学期间就开始培养了呢? 大学生到了大三就开始思考自己想从事怎样的工作,然后开始寻找实习单位。其实,这个时候,很多大学生并不难找到适合自己的实习单位。但在大学生和企业之间没有一个很好的对接。当然,你会讲,在学校有就业办公室,企业想要的人才会通过就业办的老师进行推荐。但是,就业办和企业的联系并不能很好地表达学生的意见,也错过了企业和学生的直接联系。如果有一个平台,企业可以发现自己想要的人才,从大学开始培养,待其毕业后就可以直接为公司所用,这样,在企业招人方面就会有节约很多的成本。

其二,在大学城里,除了学生还有很多社会人士,他们从事着各行各业,在同个行业里面,他们需要交流对象,这样,本咖啡厅就提供这样一个平台。可以每天有一个行业的专题探讨,形成会员制,定期进行集会交流,增加自身的学习,还可以找到志同道合的伙伴。

其三,在社会上的人,包括学生,都有各种各样的需求和供给。在信息不公开的今天,卖家急切想找到买主,而买主也想找到卖主。而在这个平台上,你们可以自己找到自己需求的信息。

二、选址

本咖啡店选在松江大学城文汇路 1 楼店铺。

理由一:松江大学城位于上海松江新城区西北角,占地约 8 000 亩,是中国规模较大的大学园区。松江大学城内含上海外国语大学、上海对外经贸大学、上海立信会计金融学院、东华大学、上海工程技术大学、华东政法大学、上海视觉艺术学院七所学校。松江大学城享受资源共享,游泳池和公交枢纽站已经建造完毕并开通,上海轨道交通 9 号线松江大学城站也已经投入运行。学生有 13 万人之余,客源密集度高。

理由二:大学生接受新鲜事物的能力很强,宣传能力很强,现在很多的影片宣传,倾向于选在大学城。大学城的微博宣传能力也是不可小觑的。现在大学生的生活也不是简单地局限于学校生活,而是越来越多地想要融入社会这个大锅台。对任何事情都好奇的他们,极希望了解各种新鲜事物。学校有很多社团活动,但是整体感觉学校和外界是不一样的。在学校外边,就会感觉很轻松,就会想做很多事情。

三、前期准备

在投入前期,要做好宣传,把咖啡馆立意宣传出去,吸引企业、学生和各行各业的人,有兴趣打造这样一个平台。所以,前期的宣传造势是很重要的。

1. 网络宣传阶段

(1).可以通过微博,QQ 转发。作为一名刚毕业的大学生,自己的人脉关系很局限,但是可以发动身边的同学和朋友关系,来进行转发,这样可以使更多的人看到这个立意。同时,学校的教师也是可以寻求其帮助的,老师的关系网,比学生的关系网多,所以,要做的就是这些事情:第一,寻找同学的帮助,来转发这个博文。尽可能地找到你所有你认识的人。第二,寻求老师来帮你转发,扩大影响力。第三,请自己曾经实习过程中认识的朋友来帮助转发,同时,也可以让他帮助联系他的上司,看他是否对这个项目感兴趣。可以坐下来聊一聊。

(2) 在大学生感兴趣的论坛上,比如天涯论坛,人人网等网络平台上进行宣传这样个场所。同时可以在咖啡店开张的活动中说明。

2. 选择店铺:有两种策略

(1) 租赁已经营业因故转让的店铺。优点:这是相对比较好的一个策略,可以直接开始营业,有固定的顾客源,装修不花费很多精力,可以保证店铺的前期收入。可以有更多的时间来准备平台这个项目的实施。缺点:在与店主的协商中,转让费会有很大的分歧,转让费会比较高。

(2) 租赁空铺。优点:转让费会较低,或无转让费。缺点:装修会是很大的一个成本投入,前期的原料和设备也需投入。对于一个新手,投入会是一个比较大的问题。综合两种策略,选择设备已经购入,却经营不下去的店铺,转让费会低一点,同时在装修方面还可以有相对的调整。

3. 人员配备

在人员方面,配置2～3人,1人负责咖啡,1人负责收银,另外1人为服务员。在人员方面,可以安排1～2个全职,其他的可以招兼职人员。

4. 店铺装修格局

要求店铺面积80平方米左右,有活动自助区、图书区和交流区三个区域,如有剩余面积,可以开立个小单间,供企业和应聘者进行单独交流。

活动自助区配备3张桌椅。在图书区摆放书柜,将图书进行分类摆放,同时在图书区摆放5张桌椅。最后在交流区,摆放若干张桌椅,视面积而定。

店铺装修风格以简洁大方为主,要有温馨的感觉。

四、投资估计

1. 费用:(固定成本)

(1) 机器设备:咖啡机(双头)28 000～80 000元,选择中等价位。

(2) 磨粉机:5 000～6 500元。

(3) 滴滤咖啡机:800～8 000元。

(4) 水处理设备(过滤掉水中的杂质和怪味,保证咖啡的味道):200～800元。

(5) 奶缸:用来热奶或做奶沫。32盎司奶缸所盛牛奶和奶沫,可供制作两三杯咖啡。

（6）温度计：测奶温，可保证制作的饮料味道和质量上保持一致。

（7）压粉器：用来将咖啡粉压实，在煮咖啡时使用。

（8）其他：勺、量杯、计时器、香料瓶、奶油发泡器、摩卡泵、清扫刷、咖啡杯。

（9）耗材包括：奶制品、香味糖浆（果露）、纸制品、吸管等。

（10）其他电器：微波炉等。

2. 装修费用

装修费用预计 15 万元。

3. 人员工资

每位员工工资平均 2 500 元。

4. 营运费用

水电费 1 000 元/月，物料费 4 000 元/月。

5. 房租

7 000 元/月左右。

6. 前期投入

150 000＋50 000＋5 000＋1 000＋1 000＋500＋5 000＋42 000＝254 500（元）。

五、收入回报

（1）营业额收入。咖啡 30 元一杯，每天 50 人喝咖啡，那么每天日收入 1 500 元，每个月 45 000 元。在前期，采取客户会员制会比较难，但是，当咖啡店成长起来，会有一笔额外的费用。

（2）针对学生群体，在期末考试时候，可以开通宵，供学生进行复习。大概能容纳 40 人，那么每天就有 1 500 元的收入。大概会有 2 周的时间。算下来就有 21 000 元的收入。当然这是分时间段的。

（3）单纯的作为一个咖啡馆，收入就是这样的，但是作为一个交友场所、交流平台和招聘平台，这是一笔无形资产。这样一个咖啡馆，发展到什么程度，要看后期的人群聚集度了。每周定期的沙龙主题，相信会吸引一部分人慕名而来的。

六、最后陈述

在松江大学城的文汇路上有很多家咖啡店，咖啡店吸引人的地方就是休闲、舒适，身在其中，可以使全身放松，静静地待在自己的世界里。所以，咖啡馆的装修就是目前吸引人的地方。当然，你会问：都什么人会去咖啡馆呢？第一，小情侣会去，因为这是个可以说话的地方，另外氛围比较适合聊天。第二,对于学生来说,小型的聚会会去,玩玩桌球等,很不错。总之,咖啡吧是休闲、娱乐的场所。但是,只是这样的一个场所,我们应该赋予它更多的意义。

比如,一个可以提供物物交换,信息沟通的场所。还有就是在大学城附近,更多的群体是大学生,大学生的需求会是多样化的。很多大学生会对什么比较感兴趣呢?我们可以找一些这样的话题来进行演讲。首先,邀请学校的教授来进行初步的演讲。记得,我看过这样一个mook的宣传,里面有个退休的大学教授,在mook的公开课上开了她的一门课程,她就是想把自己的经验让更多的人受益。我相信,很多大学教授,他们也想把自己的教学心得或者经历讲给更多的大学生。还有很多的企业家,他们也想把自己的经验和创业过程或者自己的心得分享给更多的人。

现在很有名的创业咖啡吧有很多,给创业者和投资者提供平台。现在运营的目前大多处于不盈利状态。但是针对学生群体的,还是没有的。"I want to talk"咖啡吧就是想做大学生的平台,你可以在咖啡吧里面学习,娱乐和交流。很多大学生现在求职找工作,主要借助网络平台,网上求职、招聘,并不会借助猎头公司、中介来找工作。所以,如果这个平台吸引各个企业的 HR 来,和学生进行面对面聊天,那么这个平台会帮助很多大学生的。还有就是,现在很多大学生的学英语的需求比较多,可以邀请一些外国友人来喝咖啡,跟大学生交流。现在在上海,外国人很多,我想他们也想找自己同一个国家的同伴,所以,如果借助这个平台,找到自己志同道合的伙伴是一个不错的选择。

实践任务:

1. 请指出"咖啡吧创业计划书"存在的问题。

2. 概括营销关键词:通过查阅文献资料,自己概括或引用解释近两年来营销的关键词,并提供实例支撑与说明。

第二章　营销策划原理与思维

营销从传统经历经典与现代的变迁,营销策划思维发生了很大变化。传统的生产导向营销思维被经典的市场导向营销思维取代,但随着互联网尤其是移动互联网时代的到来,经典的营销策划思维也正在被颠覆,且出现了"颠覆传统"与"回归本质"的争论。

本章首先阐述营销策划的概念、内容、程序,再通过实例介绍经典营销策划的基本原理,重点介绍互联网背景下的营销策划思维。

第一节　营销策划原理

什么是营销策划? 营销策划有哪些基本内容? 对本科大学生来说,学习营销策划应该把握哪些重点内容? 营销策划有哪些基本步骤? 营销策划应该把握哪些基本原则? 这些都是学习营销策划首先必须掌握的基本内容。

一、营销策划的基本概念

先思考一个问题:同样的商品为何有不同的价格? 咖啡厅一杯可乐加冰、加背景音乐,卖25元,商业街500毫升瓶装冰冻可乐卖5元,超市里1.25升卖4.5元,2.5升卖5.9元。这是为什么? ①包装不同;②租金不同;③成本不同;④环境不同,等等,还可以列出其他很多原因。不管是什么原因,归根到底是:在不同的售卖场所,可乐的价值发生了变化。

这就衍生出第二个问题:什么是价值? 价值是商品或服务价格的内在基础,价格是价值的外在表现,价格与价值呈现正相关关系,当商品的价值改变时,其价格也会随之发生变化。价值改变的原因,一方面是生产成本的不同,另一方面是用户的感受不同。但生产成本的变化不是主要原因,商品或服务只有获得用户的认可,才能实现价值。可见,价格、价值与用户三者之间,"用户"才是需要研究的核心要素。

由此可以得出基本结论:"用户"是所有事件的终端载体;"用户"需求的变化是引发价值改变的核心原因。所以,用户体验与反馈才是"王道"! 怎么把握"王道"? 这就需要营销策划。

表 2-1 可乐价值分析表

	主力客户	消费特征	可乐的价值
酒吧	时尚青年	感受氛围	心理愉悦
商业街	流动顾客	即时消费	普通可乐
超市	家庭主妇	生活所需	便宜可乐

从用户需求升级来分析,最初是追求产品,其后是追求品牌,当下是追求体验,其对应的营销策略分别称为"产品营销""品牌营销""体验营销"。在传统环境条件下,消费者往往是被动接受营销者的宣传。但在互联网背景下,消费者能够在购买前就可以通过网络获得各种体验,商品或服务价值的决定因素因此发生了显著变化。关于这一点,伊塔马尔·西蒙森(Itamar Simonson)和艾曼纽·罗森(Emanuel Rosen)合著的《绝对价值:信息时代影响消费者下单的关键因素》一书回答了信息时代的三个关键问题:①消费者的决策过程发生了什么变化? ②传统的市场营销将被怎样永久性地改变? ③在新的商业环境里,一家公司应该如何与消费者互动? 怎样通过分析影响消费者的信息源,制定真正有效的营销策略? 该书对"绝对价值"的定义是:经用户体验的产品质量,即使用某件产品或者享受某项服务的切实感受。过去的消费就像是押宝,商品好不好,餐馆环境如何,没有亲身体验就无从知晓,购买决策的主要依据是营销人员所提供的有限信息,品牌、原产地、价位、广告等信息左右着消费者的选择。但在互联网背景下,消费者可以在购买前查看到交易记录和评价,通过便捷的专家渠道听到专业意见,利用比价工具找到最便宜的商品,消费者的购买模式彻底改变了,他们不再单纯依靠营销人员的广告来决定购买,也不忠于一个品牌,他们开始用自己的体验来判断商品或服务的绝对价值,并由此决定购买,他们变得更任性、更快捷、更理性。

综上所述,营销策划是指为实现更适当的用户价值,实现一定的营销目标,通过合理分析,找出实现目标的有效途径。现代社会,营销策划已经渗透到各个领域,吃、喝、穿、用、住、行、玩等生活的各个方面,都有着商业策划的影子。一般来说,营销策划可以分为:营销战略策划、产品策划、品牌策划、企业形象策划、渠道策划、广告策划、营销传播策划、营销组织策划等。

二、营销策划的基本要求

从营销策划基本要求来看,有三个基本点,即觉醒、创新、清醒。所谓"觉醒"就是要发现真实的需求,在互联网背景下,需求被充分挖掘,但有些需求是伪需求,这些伪需求在资本和商业模式的推动下被无限放大,开始的时候在免费促销的诱惑下获得了一定的用户,但促销推广结束以后,消费需求回归到原点,必然以失败告终。所谓"创新"则是要以更有效的方式去满足已经发现的需求,有些创新项目之所以失败,不是因为顾客的体验不好,而是因为只有体验创新而没有效率提升。所谓"清醒"是指做任何商业项目都必须遵守最基本的商业规则、法律规制与商业伦理,这三个方面任何一个方面出问题,都不可能实现持久的发展。

三、营销策划的基本问题

营销策划必须回答三个基本问题:为什么? 是什么? 怎么做?

"为什么"要解决的问题:一是寻找需求点。如未满足的需求,未挖掘的需求,未利用的资源,未开发的资源等。二是挖掘盈利点。如盈利途径,开发与营运成本,增加的营运成本能否有效化解或转移等。三是突破控制点。如经济上的进入门槛,法律法规的限制,技术上的限制,人才上的限制等。

"是什么"要解决的问题:建立商业模式的逻辑架构,包含四个方面,即产品模式、顾客模式、传播模式、盈利模式。一个商业模式的核心是产品,本质是通过产品为用户创造价值。这里所指的"产品"既可以是物质产品,也可以是精神产品或服务。商业模式不是赚钱模式,提供一个什么样的产品,给什么样的用户创造什么样的价值,没有用户价值,就没有商业价值。

"怎么做"要解决的问题:商业模式的具体实施和推广,即项目落地问题。其基本原则是:低风险、高效率、快节奏。在具体规划中,至少应该考虑:首先要按照消费者预期支出来定价,而不能单纯按照成本来定价;其次要从功能、情感、精神需求等方面来进行产品的概念设计、功能设计、包装设计,故事性的产品定位尤其重要;最后产品进入市场需要开拓不同的渠道,要把握三个空间,即心灵空间、渠道空间与货架空间。开拓心灵空间是为了占领消费者的心智,开拓渠道空间是为了拓展产品的销售通路,占领货架空间是为了让产品更有效地触动消费者,也有利于开展市场竞争。

四、营销策划的过程与步骤

菲利普·科特勒(Philip Kotler)认为:营销开始于业务计划过程之前。与制造和销售观点不同,该业务过程由价值创造和随后的传递组成,这个过程包括三个阶段。

第一阶段:选择价值。在任何产品产生以前,必须先做营销"作业"。营销工作过程包括：市场细分(Segmentation)，确立目标市场(Targeting)，市场定位(Positioning)，即 STP，它是战略营销的精髓。

第二阶段：提供价值。一旦明确了提供给顾客的价值，就必须开发特定产品的性能、价格和分销体系，这也是战术营销(Tactical Marketing)的内容。

第三阶段：传播价值。战术营销在延伸：组织销售力量、促销、广告和其他推广工作，以使该供应品为市场所知。营销过程始于产品以前，继续于产品开发之中，在产品销售之后还应延续。

营销策划的具体步骤包括：情景分析、目标、战略、战术、预算和控制。

(1) 情景分析：企业首先要明确所处环境的各种宏观力量(经济、政治/法律、社会/文化、技术)和局内人——企业、竞争者、分销商和供应商。企业可以进行 SWOT 分析(优势 Strengths、劣势 Weaknesses、机会 Opportunities、威胁 Threats)。但是这种分析方法应该做一些修改，修改后成为 TOWS 分析(威胁 Threats、机会 Opportunities、劣势 Weaknesses、优势 Strengths)，原因是分析思维的顺序应该由外而内，而不是由内而外。SWOT 分析方法可能会赋予内部因素不应有的重要性，误导企业根据自身的优势来选择性地认识外部威胁和机会。这个步骤还应包括公司各部门面临的主要问题。

(2) 目标：对于情景分析中确认的那些最好的机会，企业要对其进行排序，然后由此出发，定义目标市场、设立目标和完成时间表。企业还需要为利益相关者、企业的声誉、技术等有关方面设立目标。比如海尔的企业口号"真诚服务到永远"，佛尔盛的"让传动更简单，让传动更节能"，等等。

(3) 战略：任何目标都有许多达成途径，战略的任务就是选择最有效的行动方式来完成目标。

(4) 战术：战略充分展开成细节，包括 4P 和各部门人员的时间表和任务。

(5) 预算：企业为达到其目标所计划的行为和活动需要的成本。

(6) 控制：企业必须设立检查时间和措施，及时发现计划完成情况。如果计划进度滞后，企业必须更正目标、战略或者各种行为来纠正这种局面。

第二节　营销策划逻辑

营销已经从纵向发展到横向，这是两种完全不同的营销思路。纵向营销的基础是市场细分，核心是定位，实际上是在现有市场上寻找新的细分市场的一种方法。2005 年，菲利普·科特勒提出了"横向营销"(Lateral Marketing)(即水平营销)。由于传统的广告促销等营销组合已经无法有效激发消费者的消费诉求,企业之间的价格战、成本战等已经白热化,无论是在传统的日化行业,还是在新兴的数字电子行业,企业的有机增长已经越来越困难。科特勒对现在的市场生态的系统总结是:品牌数量剧增;产品生命周期大大缩短;更新比维修便宜;数字化技术引发多个市场的革命;商标数与专利数迅速上升;市场极度细分;广告饱和;新品推介越来越复杂,消费者越来越难以打动。为此,营销活动必须以创意为动力,将市场视为一个非固定的模型,跨越原有的产品和市场,通过原创性的理念和产品开发激发出新的市场和利润增长点。其核心是:打破产品类别界限,也就是打破产品功能界限、打破目标消费群界限、打破使用方法界限、打破使用场合界限、打破使用时间界限、打破渠道界限、打破价格界限、打破促销界限、打破营销组合方式界限,等等。各种打破有时还可能互相交叉。例如,把饮用的牛奶变成干吃的奶片,把米饭变成米锅巴。

但也有人指出:"横向营销"就像现代市场营销界的一支机动灵活的"游击队",靠各种新鲜的小玩意儿"打一枪换一个地方",这必将把已经开始走向成熟和正规的中国营销界引向无规则、无品牌、无积累的阶段。靠"横向营销"策划出来的各种打破原来产品界线的新鲜产品,厂家的确可以在一定时间内和一定程度上赚到金钱,但是对企业的长远发展,品牌形象的积淀、产品质量的提升都没有什么益处。例如,"自行车"卖不动了改"轮椅","轮椅"卖不动了改"担架",这种"横向营销"方向只能加重中国企业的"近视症",最终导致中国企业市场"寿命"的缩减。

一、一个乞丐的策划

曾经,有位策划人士(暂且叫他宣经理)在人民天桥上遇到一位乞讨者,大概而立之年,是一位男士。当他路过人民路天桥时,这位乞讨者笔直走过来向他乞讨,他没有搭理。那乞丐竟直追上去对他说:"年轻人,我也曾经经历过你这个年龄,我想向你咨询一下,看你应该能帮得上忙。"

"你讨钱还需要人帮忙?"

"我想请你帮我策划策划如何成功地乞讨。"

"策划乞讨,莫名其妙至极,从来没有听说乞讨也要策划。"

"说来惭愧,我以前也是个老板,做生意赔了,房子也抵了,老婆也跑了,干老板多年,除了有点脾气,什么本事也没有,现在只好乞讨为生,不过现在乞讨这个行业,门槛太低,竞争太激烈。想让你帮我出出主意,提高一下我的乞讨业绩。"

"你都混成叫花子了,还讲究什么业绩。"

"人即使再落魄,也得精益求精,追求卓越吧。"

"那好吧,就冲你这精神,我也将就着帮你想想吧。"

乞讨者很高兴。"我现在没钱付给你咨询费,等我挣了钱,我再给你,你看我现在应该怎么办?"

"你看,你要在乞讨业有所建树。就得先有个品牌。任何事物和人物都有自己的品牌。你贵姓?"

"姓李。叫花李,你看这个名字还可以吧?"

"不错不错,挺好听。"

"你有没有固定经营场所? 也就是你有没有固定乞讨的地方?"

"有啊,我一般上午在人民广场,那儿人多,上午站累了,下午,我就去散散步,顺便捡捡破烂。我干乞讨这个职业,虽然被人瞧不起,但也属于自由职业者。"

"叫花李,我给你一个建议,你一定要走专业化道路,不要又乞讨又捡破烂,你只有把你的乞讨这个主业做大做强之后,才能多元化经营。况且,既干这个,又干那个,品牌不够集中。"

"是,是,我以前就是这样搞死的。"

"你呢,以后每天就在人民广场守着,手里拿个碗,碗里先放上一些零钱,在你前面,立个牌子,上面写上'叫花李'。这样你就与其他乞讨人员不一样了,你已经有了自己的品牌。"

宣经理喝了口水,接着说:"有了自己的品牌,这还不够,你必须在乞讨方式与竞争者区别开来,你必须差异化经营。让别人觉得你有个性,有特色,就是和别人不同。"

"以后不管什么人给你钱,你只许收人家五毛。你还像过去一样,面对熙熙攘攘的人流,拿个碗,伸向人群,嘴里做着广告:'行行好吧! 行行好吧!'我估计大多数人连看你一眼都不看,躲着就过去了。你别泄气,这是正常现象,不要奢望把所有的人都变成你的客户。记住了,你只为一部分人服务,要找到你的目标客户群。我相信,肯定会有些人朝你碗里扔钱的,这时候,你一定要看清楚是多少钱,如果是五毛,就对人家说声谢谢。如果比五毛多,例如一块,你不要见钱眼开,赶紧把人家叫住,对人家说:'谢谢,我这里只收五毛。'然后,你再找给人家五毛钱。

如果人家给的不足五毛,比如两毛,你也把人家叫住,对人家说:'谢谢您的好意,我这里最低消费就是五毛,这两毛您还是拿回去吧。'"

叫花李有点不明白。"啊?! 照你这个策划,人家给一块,找回五毛,人家给两毛还不要,我岂不要得更少? 不行不行。"

"老李,不,叫花李,你听我说,你要想在乞讨业有所突破,你必须按我的话去做,刚开始是有点损失,但你和其他乞讨的不同了。你想想,当你找五毛钱给人的时候,那人是什么感觉,估计那人手里拿着那五毛钱,站在那得愣一会:怎么回事,要钱的还带找钱的? 你相信不相信,回家他就把这事宣扬出去,他会跟亲戚朋友说:人民广场有个叫花子,我给了他一块,他还找我五毛。那个给你两毛的家伙就更惊诧了,估计当时他就得跟你翻脸。'什么,你有没有搞错,你这还有最低消费? 我问问你,你还是叫花子吗?'回去,他也要为你宣传:今儿个我可遇见一件怪事,人民广场有个要钱的,有个性,我给他两毛,他还不收,告诉我最低只收五毛。这些人都免费为你宣传,免费为你做口碑广告,你想想,你的知名度增加了,无形资产就增加了,现在这个年代,是注意力经济年代。你只要聚集了人气,就不愁不来钱。"

"真的? 那我就试试!"。

过了两个星期,宣经理心里一直想知道策划的效果,于是便来到人民广场找叫花李。一进广场,老远就看到在广场一角围了一群人,挤进去一看,中间果真是叫花李。

在他面前,立着一个牌子,上书:著名职业乞讨师叫花李。旁还放着一本无家可归人员登记证。叫花李正忙着收钱,找钱。

人群中有位中年妇女说:"嘿,我们家那位回来跟我一说,我还不相信,天底下还有这样的叫花子,只收五毛,多了还不要,到这来一看,还真是,您看人家这个乞讨,还真够职业。"旁边一个小伙子气不过了:"我还不相信,有人会见钱不眼开。"

说着,走上前去,拿出一张一百元的大票来,递给叫花李:"看你挺辛苦的,别找了。"叫花李忙把他拉住,一边数出一堆毛票来塞给他,一边说:"谢谢大哥的好意,您也不容易,我就收您五毛,多了不收,欢迎您下次再来。"

围观的人看到这场景,竟然鼓起掌来。看到这里,宣经理觉得很满意,也没和叫花李打招呼,便从人群中钻了出来。

过了两三天,一个雨天,叫花李来了。"多谢你的策划,我现在的乞讨事业蒸蒸日上,要不是下雨,我都抽不出空过来看你。"

"老李,别客气,主要还是你自身的素质好,你本身就长了一个适合乞讨的脸,再加上经历了这么多风雨,满脸都是沧桑,稍微有点同情心的人就想给你点施舍。"

"宣经理,你说也怪了,那几个和我一同在人民广场乞讨的,长得比我惨,可他们一天却要不来几个钱。"

"这你就不懂了,麦当劳的老板曾经说过,不要以为麦当劳是经营快餐的,其实麦当劳是经营房地产的,通过做餐饮,把一个个好地方,都给占了。你也一样,不要以为,你是经营乞讨业的,你是经营娱乐业的。你在乞讨的同时,给大家带来新奇,带来快乐。"

"真的?没想到我的工作这么崇高。"

"你是赶上好时候了,要是几十年前,物质还十分缺乏,大家挣的钱只够吃饭,你要钱即使要出花来,也没人理你。现在不同了,物质是丰富了,可人越来越精神空虚,总想寻求刺激,如果听说哪有个三条腿的蛤蟆,都要开车几十公里去看看。大家给你钱,不是因为你值得同情,是因为你这个行为比较有趣。"

叫花李听得直点头:"我有点明白了,你是说很多人吃饱了没事干?"

"对。"宣经理见有人能听明白,说得就更来劲了:"现在是眼球经济,注意力经济,谁有个性,谁有特色,谁能吸引大家的目光,谁就能把哗哗的人民币吸引来。简单的现象其实背后都蕴含着深刻的道理!"

"好,我回去继续搞我的眼球经济,娱乐产业。"

过了几天,在当地的一个地方性小报看到了一篇报道,题目是《一个具有职业道德的叫花子》,看完之后,心想,这个叫花李,现在已经出名了,应该找他收点策划费。于是宣经理就来到人民广场去找他。老远就看到广场一角围了很多人,比上回人更多了。宣经理走上前去,挤进去一看,虽然地上放的牌子还是叫花李,可人已经换了一个人,"叫花李呢?"

"你问我老板啊?你去百货大楼门口找他吧。"

"他去那儿干吗?"

"他说要在百货大楼门口开个分店。我是他雇来的,在这看着老店……"

从这个搞笑的故事中,可以看出经典营销理论的策划逻辑:为了达到营销目标,首先要有一个品牌(叫花李),其次要走专业化道路(守株待兔,专业乞讨),再次要有差异化(每次只收五毛钱)。

二、江中健胃消食片

这是一个通过市场定位,把胃药策划成"日常助消化用药"的经典案例,该定位一举摆脱"吗丁啉"等强势产品的压制,在助消化药市场抢得先机,并创造了10亿元销售额。不久后,江中集团又推出"儿童装"产品,再次补缺助消化药市场。

我国早期的胃药是小苏打与食母生,后来有了"吗丁啉",由西安杨森制药有限公司出品,第一个提出了"胃动力"的概念,属于胃肠用药。其发展情况大致如下:1989年吗丁啉就以"止吐药"面市;1990年改为"消化不良药物"出售,广告诉求四大症状"上腹饱胀、餐后不适、腹胀、食欲不振",广告语为"消化不良找吗丁啉帮忙",经过1年的推广,销售直线攀升;1991年吗丁啉的销售是1990年的4倍,在1997年更达到了0.5亿盒,之后的4年销量开始平稳;2001年,为了扩大销量,吗丁啉在广告中诉求的症状增加为"胃痛""胃胀""胃堵""恶心""消化不良",广告语改为"恢复胃动力,找吗丁啉帮忙";至此,西安杨森开始在大众传媒上明确将吗丁啉定义成"胃药"。到20世纪90年代末,吗丁啉的销售就一直稳定在5亿~6亿元,市场多年来非常平稳。

策划过程,首先进行了市场研究,通过分析现有市场,主要有两个方面的重大发现。

(1)在消化不良用药领域,只有一个强势品牌——吗丁啉,没有明显的第二品牌、第三品牌,市场格局并不清晰。任何市场最终将形成两大主要品牌(非两大厂家)进行竞争的局面:如胶卷中的柯达与富士,可乐中的可口可乐与百事可乐。市场份额存在二比一关系,领导品牌占有40%左右,第二品牌约占20%。

(2)消化酶产品的地方品牌容量巨大。据权威机构的全国统计,酵母片、乳酶生、多酶片的销售数量与销售金额均排名靠前,三者合计数超过吗丁啉。

根据上述调研分析,最后确定了该产品的定位是:日常助消化用药,这样就避开了与吗丁啉的正面竞争,并向无人防御、且市场容量巨大的消化酶、地方品牌夺取市场。

根据该定位,广告诉求:反复告知消费者,江中健胃消食片是什么,能起什么作用,吸引消费者尝试和购买,从而开拓这个品类市场。广告语"胃胀腹胀,不消化,用江中牌健胃消食片"。传播风格凸现"日常用药、小药",广告风格则相对轻松、生活化,不采用药品广告中常用的恐怖或权威认证式的诉求。代言人郭冬临也符合这一广告风格。

但到2003年,山东宏济堂的神方小儿消食片尝试走出山东,在中央台投放广告,其广告明显针对江中健胃消食片市场而来,广告主张"孩子不吃饭,儿童要用小儿消食片"——其细分江中健胃消食片市场的企图十分明显。

为此,在策划者"成美"的协助下,江中药业迅速制订并实施了防御性反击方案:一方面在其山东大本营、安徽等其已上市的个别省份进行大规模、长时间的江中健胃消食片的"买赠"活动；另一方面在这几个省市加大江中健胃消食片广告（儿童片）推广力度，电视广告投放量增加 3 倍。

通过上述一系列营销活动，江中牌健胃消食片的销售额从 2002 年的 4 亿元飙升至 2003 年的 7 亿元。2003 年，999 皮炎平销售了 3.7 亿元、盖中盖高钙片销售了 3.85 亿元、脑白金销售了 5.49 亿元。到 2010 年，江中牌健胃消食片已成为中国 OTC 单品销售冠军，销售额达 15 亿元。

其后，该公司的主导产品不断扩展，包括：复方草珊瑚含片、健胃消食片、亮嗓以及古优牌复合钙片等 100 多个品种，还制定了 100 亿元销售目标，推出了成就百亿梦想的关键产品"参灵草"，该产品是一款主要用于提高人体免疫力的滋补佳品。

这个案例包含以下五个方面的主要内容：洞察需求，准确定位，广告拉动，积极防御，品类扩展。与此产品类似的定位方面的案例还包括：加多宝凉茶（原王老吉）——预防上火的饮料（怕上火，喝王老吉！）；盒装王老吉——王老吉，还有盒装；新盖中盖牌高钙片——中老年人专用钙；护彤牌小儿氨酚黄那敏颗粒——儿童感冒药领导品牌；巨人集团黄金酒——礼品市场，送给长辈保健的酒（送长辈，黄金酒！）；曲美家具——设计领先的现代家具（曲美现代家具，欧洲原创设计）；百雀羚草本——百雀羚草本护肤，天然不刺激！

三、盒马鲜生

2016 年 1 月 15 日，在上海金桥国际商业广场 1 座 B1 层（张扬路 3611 号）开出了一家名叫"盒马鲜生"的"支付宝会员店"，主营生鲜，会员只能用支付宝结账，也可以在该店 3 公里范围内，通过 App 手机订货，半小时送货到家。

"盒马鲜生"开张前，创始人侯毅曾说："盒马"与"河马"谐音，是大动物，张开河马大嘴，要让大家放心大胆地吃。之所以要把传统的"生鲜"两字倒过来叫"鲜生"，用意是想颠覆传统的"生鲜经营模式"。

我国电商是从淘宝的 C2C 渐渐走向天猫、京东、苏宁等 B2C 模式的，淘宝有很多非标配的商品，其他地方买不到的商品，在淘宝一定能"淘到"。但对于 B2C 平台而言，效率最高的就是标准化产品（标品），当电商平台也试图去触碰"生鲜"这个标准化程度不高，对供应链与配送要求极高的领域时，就遇到了瓶颈。

这个时候，盒马出现了。侯毅说：我们想用实体店来做生鲜电商。开业一年半的实践显示：上海十家店的综合订单覆盖，已经远远超越 B2C 电商。

由此,盒马鲜生也就成了新零售的标杆企业。侯毅说:"上海应该引领中国的新零售时代。"盒马鲜生应该是上海乃至全国新零售的代表之一。

生鲜食品的销售经历了"卖散菜""卖净菜""卖熟食""卖餐饮"四个阶段之后,如今已出现了"卖服务"的新阶段。"盒马鲜生"可以说是一家体验店,顾客到店体验之后,既可以再次光顾店铺,也可以在家订菜,"三公里范围,半小时送达"。这对其他生鲜模式是重大颠覆,以仓做店,线上与线下相结合,突破了传统零售业的坪效、劳效、时效等概念,有限的零售空间可能创造无限的销售额与净利润。例如,每当雨天,传统超市的生意都很不好,但盒马鲜生的网上订货量却猛增,总销售额有增无减。再如,卖场提供生鲜食材的烹饪加工服务,也吸引了不少食客光顾。下载盒马鲜生 App 之后,可以经常看到店铺推出的各种活动,如试吃、新品推介、会员活动,还根据消费数据分析,向消费者推送信息,以达到精准营销的效果。

（一）迎合了生活方式

盒马的支付方式有三种:支付宝、礼品卡、现金。如果用现金支付,实际上是一种用临时卡代客支付的方式,不能享受某些促销优惠。

与其他超市或菜场相比,盒马鲜生的东西并不便宜,当然也有既新鲜又便宜的东西,如 2.5 元一包"日日鲜蔬菜"。特别是"无最低消费额度的快速配送",这一点很适合现在人们的生活习惯。从前总是去超市或菜场买一大堆东西吃几天,其实这种生活方式不安全,最好是买一顿吃一顿,新鲜安全,使人安心。

（二）击中了消费痛点

以盒马本地直采品牌"日日鲜"为例,从不卖隔夜蔬菜(2017 年 6 月),不卖隔夜猪肉鸡肉羊肉(2017 年 9 月),到不卖隔夜鸡蛋。日日鲜鲜牛奶(2017 年 12 月)的推出,盒马日日鲜品牌对大众消费者日常需求最高的菜、肉、蛋、奶四大民生消费品类实现了全覆盖。迎合了消费者对生鲜食品的品质需求,背后是盒马鲜生对精简供应链、创新物流环节、降低损耗等全流程的再造。

（三）娱乐化消费场景

在盒马鲜生 App 的"我的盒马福利社"中,居然有了"养盒马领福利""购买金额排名"这些带有娱乐性的互动栏目。盒马鲜生每月还公布消费者"本月月榜",月度消费前 30 名可以领取奖品,如汇阳广场店 2017 年 9 月份的月榜 30TOP 获净水器一台。现在的大卖场、连锁店,也有类似的会员积分兑换活动,但没用趣味性,奖品也非常"小儿科",没有刺激消费的作用。盒马鲜生的做法,不仅有趣味,参与者觉得好玩,有点分享红包的味道,与当代生活方式很贴近,而且奖品也比较体面与大气。做商人不能做成尖刻小人,要成就大业,就要豁达大气。

（四）购物兼养电子宠物

养电子宠物是消遣娱乐,一度曾非常流行,但自从有了微信,电子宠物似乎不再"得宠",因为大众有了比这种消遣更有情感维系的新方式新途径,如发朋友圈获得点赞,很多人感觉很得意。如今,盒马折腾了一个新的"宠物玩法":把宠物的成长与顾客购买时间、金额以及优惠券等捆绑在一起,既具有娱乐性,又具有激励性。凡在盒马购物的消费者都可以领养一只小盒马,消费者为小盒马选择性别和姓名。特别值得一提的是小盒马的性别选项是男、女,而不是公、母。这样做的好处是赋予了小盒马人性,就如同消费者领养的孩子。中国消费者的消费心理是再苦也不能苦了孩子。即使自己没钱也要给孩子提供良好的物质条件。有些消费者为了把自己的盒马养好,即使没有特别需要也会想办法消费。主人自然盼望小盒马越长越大。小盒马的成长规则:每日成长需消耗 1 千克,每消费 10 元,次日 8 点前会长 1 千克的体重。小盒马每天都有成长记录。盒马用户在规定时间内完成相应的任务内容,即可获得相应的权益。任务包括规定时间内的购买天数,规定时间内的消费总金额。如:消费者连续 4 天购买到 500 元就能获得相应的权益。消费天数是为了保障盒马鲜生线上 App 的来客数,消费金额则是为了保障客单价,来客数和客单价相乘则是门店的销售收入。所谓顾客获得的权益就是盒马鲜生的消费者可以获得促销优惠券。为了给消费者有直观地反映,界面会直接显示针对该消费者的时间和任务的具体要求。盒马鲜生的 App 页面突出显示完成任务能够获得的优惠券,优惠券通常比较有吸引力,以期对消费者有巨大的激励作用。

消费者对生活必需品的价格非常敏感,但是消费一旦和娱乐消遣挂钩,消费者对价格的敏感度就会大幅度降低。"养盒马领福利",盒马福利社是盒马鲜生 App 的一个重要功能选项,该选项增加了在盒马购物的娱乐性和趣味性,与消费者建立感情联系。

（五）大数据助推消费者竞赛

为刺激消费,盒马鲜生利用消费数据推出了带有娱乐竞赛性质的"周周榜"。周周榜分"上周榜"和"本周榜",口号为"争逐周冠军,得吃货王牌",两榜均显示该店消费者的消费排名、消费金额。2017 年 9 月第三周,汇阳广场店"吃货王牌消费者"的消费金额为 9 393 元,十足的"土豪",一周消费上万元啊!排名第二的消费金额为 4 188 元,第三名为 4 174 元。盒马鲜生公布该店消费者的消费排名和金额,显然不单单是为了陪顾客娱乐,更是为了鼓励消费者"剁手"。少数消费者会把在盒马购物看成是消费竞赛,争夺第一,大部分的普通消费者据此可能看到位居前三名的消费者,消费实力如此之强,觉得自己太过"节俭",于是为自己找消费的理由,认为自己还可以再多消费一点。中国人多,大家稍稍改变一下观念,如每人多吃一块肉,肉就紧张,反过来肉就积压。所以,盒马鲜生其实是把一个"常量"转化成了一个"变量",我们通常是把一定人口的社区消费当作一个基本稳定的"常量",其实,除大米等主食外,其他消费品,基本上都是一个变量,心情好就会多购买,自己吃不了就会去分享,这样就使"常量"成了"变量"。

盒马鲜生的促销方式兼具两大特征:善于建立感情联系和充分利用大数据。他突破了传统"一对多"的促销方式,设计了一系列"一对一"的精准营销方式。实现了盒马创始人侯毅在盒马筹备期间所说的话:用多维击单维。这里的"多维"是指:一维干货,二维生鲜,三维熟食,四维餐饮,五维加工,六维在线,七维推送,八维精准。一般的超市只能做到三维或四维,盒马能做到八维,自然有更多的优势。所以,学盒马,绝不能只学其形,如果形似神离,后果会很严重。

盒马鲜生的背后隐藏了很多新技术,但这并不是盒马成功的关键。盒马鲜生之所以能引爆零售市场,最关键元素是零售本质与互联网思维的融合。

第三节　营销策划思维

思维是一个智力活动过程,是人们摄取、加工、运用信息的智力活动过程。不同的思维逻辑会产生截然不同的结果。在日常生活中,有些人遇到不顺时,总是抱怨环境不公,自暴自弃,不求上进,结果是一事无成;积极进取的人则把成功归之于环境使然,而将失败归因于自身努力不够,结果是天天向上。在经营活动中,传统的经营思维是"商品本身的盈利",在互联网背景下则是追求"商品以外的附加价值"。其实,这两者并不矛盾,如果没有商品本身的价值,商品以外的价值也难以获得。问题在于:经营者从什么视角以及用什么商业逻辑来发展经营。

一、思维导图

英国著名心理学家托尼·博赞(Tony Buzan),在研究大脑的力量和潜能过程中发现,伟大的艺术家达·芬奇在他的笔记中使用了许多图画、代号和连线。他意识到,这正是达·芬奇拥有超级头脑的秘密所在。在此基础上,博赞于 20 世纪 60 年代发明了思维导图这一风靡世界的思维工具。

"思维导图"是一种化繁为简的工具,用好思维导图有助于厘清思路,发散思维。制作思维导图的一般流程是:

(1) 准备好笔纸,在纸上的中心位置写出"核心主题",画个圈或方块,也可用彩笔画。

(2) 从"核心主题"延伸出几个主要的"分类主题"。

(3) 从"分类主题"中延伸出"细分类",可以用不同的颜色与插画。

(4) 做好各个"细分类"后进一步思考有没有缺失。主要展现"重点"和"难点",无关紧要的不要写得太多太杂,要用关键词概括,不要用一大段或一大句的话做分类。

(5) 主题之间的联系用线和箭头相互链接。连接线可以用不同的颜色或用虚线。补充内容就直接写在空白处。

(6) 思维导图有树型、神经脉络型等多种类型。用思维导图不仅能有助于记忆,更重要的是厘清主要问题与问题的主要方面,为有效做出决定提供依据。如图 2-1 所示。

图 2-1 思维导图

二、思维方式与思维定式

人类的思维活动可以按照不同因素划分为多种类型,直观行动思维、具体形象思维和抽象逻辑思维。一般把所有不按逻辑思维方式解决问题的思维活动,统称为非逻辑思维,如联想、灵感、直觉、想象等。因此,形象思维、直观思维都属于非逻辑思维的范畴。有人说,不用概念的思维是不存在的,而用概念来思维就是逻辑思维,所以,一切思维都是逻辑思维。但毛泽东曾经说过,写诗要用形象思维。在北方高速公路两边都种着白杨树,一眼望去,白茫茫的一长溜,感觉似白杨树开花,其实这是在阳光照耀下的白杨树被风吹过后的一种反光。这种形象与意境,是难以用概念来描述的,只能用文字来描述其形象与特征。这就是形象思维的重要作用。当然,在市场竞争与企业经营活动中,形象思维更是发挥着不可或缺的重要作用,如包装、广告等。

在营销策划过程中,既要遵守一定的逻辑思维和形象思维原理,但更要避免"思维定式"。预先设定的心理状态和惯性的思维活动就是思维定式。人们根据以往的知识和经验积累,逐渐形成一种判断事物的思维习惯和固定倾向,从而形成"思维定式"。思维定式是一种思维的惰性与惯性,是指人们按习惯的、比较固定的思路去思考与寻求问题及其解决方案。所以,又称"习惯性思维"。虽然运用经验与推理也能有创新,但思维定式往往会导致思维僵化,阻碍思维创新。

思维定式一般可以分为四大类,即从众定式、权威定式、常识定式、经验定式。

从众定式是一种横向的趋同。如认可型从众:因认可而主动地认同。迎合型从众:虽然不认可但迫于某些原因而被动迎合大多数人的趋向。盲目型从众:这是一种既不认可也不是刻意迎合,而是在缺乏独立判断,没有主见情况下地从众。广告商及其他经营者,往往会利用消费者的从众心理与从众行为来提升品牌的影响力,提高与扩大商品销售。尤其是在现代传播环境下,有些企业通过不断制造和操作焦点问题,以吸引众人"眼球",达到营销的目的。

权威定式是一种纵向的趋同。如魅力型权威(家族和宗教)、传统型权威(宗主、父权、封建制度)、官僚型权威(现代的法律和国家、官僚)。实际支配人们心理与行为的权威非常多,除了政治权威、行政权威、法律权威外,还有教育权威、专业权威、品牌权威等。

常识是众所周知的一般知识,或者是与生俱来的本能,或者是通过学习获得的日常知识。无论人还是其他动物，都存在常识定式。人所掌握的很多常识，不全是科学的，有的是误传，有的是条件改变。如喝水，常识告诉我们：每人每天需要 2 升左右的水。但由于人所处环境条件的不同，有的水并不安全，喝水越多，身体受水中有害物质伤害的可能性越大。因此，科学的常识也应随着环境条件的变迁而改变。

经验定式是依据从前的经验推测未来，做出决定或行为。过去的经验大致可以分为两类：一类是源于以往的成功经验，另一类是源于以往的失败教训。由于环境条件的改变，过去的成功与失败不一定会重演。事实上，受制于积极的经验定势往往将付出沉重的代价，过去有秦池、爱多等央视广告标王，还有如今有鄂尔多斯等十大"鬼城"。之所以会出现"鬼城"，就是因为没有出现预期的结果。而受制于消极的经验定势则往往会失去发展的机遇，在过去有很多事情不能做，但如果一直不做，别人抢先做了，再等待观望，最终将完全失去机会。

三、克服思维定式

很多成功人士之所以没能"从成功走向成功"，而是走了一条"因为成功，所以失败"的不归路，关键是没有认识到自己做得再好、再大，懂得再多、再深，还是一个"有缺陷的人"！连"圣人"也不例外，更何况"凡人"。

"圣人"孔子 56 岁那年，曾受鲁君之命执掌鲁国朝政，开始了百日"鲁国新政"。他以"仁政"理念为指导颁布了几项法令，农贸市场上禁止讨价还价；街上男女，一律分道，不许携手同行；凡各国宾客来访，一律由官府接待，好吃好喝，有接有送。结果皆以失败告终。

为什么"圣人"执政也会失败？第一，幻想背离人性，这可以说是"圣人"所犯的第一大错。人是逐利的动物，一时就要让所有人归顺"仁"，这不现实。第二，规则超越习惯。人的习惯根深蒂固，习惯背后隐藏着的力量没有被改变，就不可能改变习惯，即使暂时被强制改变，在没有监管的情况下就必然会反弹。实际上，人性与人文背景是形成习惯的基本元素。这正如有些公司请人来整改，结果由于外人不了解习惯背后的东西，花昂贵的代价让自己犯过的错误请别人再犯一次。

要养成思维创新的习惯，必须有思想、言语、行为作为基础，思想决定言语，言语决定行为，行为决定习惯，习惯决定性格，性格决定命运。一个企业的命运就是由员工的习惯所决定的。无论是个人还是企业，都存在着一条生死存亡链：思想-言语-行为-习惯-性格-命运。

首先,必须破除三个心理障碍:一是因循守旧,纵向思维,过分注重逻辑思维和因果关系;二是迷信权威,怕担风险,在"尽管,但是"的语义下,无法超越过去;三是认识片面,信奉非黑即白、非此即彼的观念,忽视了对"灰色地带"的认识与发现。

其次,要确立新的思维方式,要有思维创新,要有归零思维。归零思维要求人们忘记过去,不受成见束缚,从零开始。有这样一道小测试题:如果将一枚硬币任意抛掷了9次,掉下后都是正面朝上。现在请你再试一次,假定不受任何外来因素的影响,那么硬币正面朝上的概率是多少? 答案是:50%。硬币只有两面,即使之前任意抛掷100次都是正面朝上,在不受任何外来因素影响的情况下再试一次,正面朝上的概率仍然是50%,与之前抛掷硬币的概率没有任何影响和关联。这就是归零思维。

再次,要针对不同类型的思维定式,采取不同措施。如针对从众定式要注意全面观察与独立思考;针对权威定式要注意用事实与实验去挑战权威;针对常识定式要注意常识的前提条件有没有发生变化;针对经验定式要注意环境变化对以往经验的限制。总之,克服思维定式,一定要做到三点:自信、创新、实践。

四、互联网思维

自从出现了互联网尤其是移动互联网,商业环境与商业逻辑发生了质的变化。主要表现为以下三个方面:

(1) 平台型企业的崛起,把生产商、经销商、消费者都纳入了一个信息透明或基本透明的平台中,逐渐解决了传统商业环境中"信息不对称"的问题。

(2) 消费者之间的隔绝被打破,他们可以利用网络平台便捷地分享购物体验,从而构成最强大的竞争力,迎来了"消费者主权时代"。

(3) 消费者市场地位的提升,改变了商业运作模式,产品供应者与产品消费者的界限越来越模糊,消费者也渐渐成为产品的一个有机组成部分。

互联网的发展大致经历了两个阶段:第一阶段是"联",即通过平台把信息、商品在网上连接起来。在这个阶段,互联网对于企业和消费者来说,都是一种新增的渠道和工具,是对原有渠道和工具的补充。所以,在这个阶段,网商与店商基本处于两个商业世界中。第二阶段是"互",以微博、微信等社交类产品为标志,也被称为"社交阶段"。尤其是以智能手机为载体的移动互联网的出现,人参与到了互联网,互联网成为生活的一部分,人与人之间的关系从线性关系、交互关系转变为网状关系。于是就出现了六度空间理论(Six

Degrees of Separation)，这是一个数学领域的猜想，又称作六度分割理论或小世界理论。该理论指出：你和任何一个陌生人之间所间隔的人不会超过六个，也就是说，最多通过六个中间人你就能够认识任何一个陌生人。在这个时期，企业可以把商品直接销售给消费者，也可以直接将信息传播给消费者，消费者也可以把信息直接反馈给企业，信息可以在消费者之间自由传播。在这一背景下，商业世界的主体便逐渐从生产商、经销商、广告商、平台商转移到消费者，才真正出现了"消费者主权时代"的曙光。由此出现了一系列互联网思维。

在《互联网思维》一书中指出：用户、口碑、产品是互联网商业世界思考逻辑的起点，互联网思维可以概括：第一，创造让用户尖叫的产品；第二，诱发、引爆和吸纳用户的"尖叫"，核心是用户思维，包括产品思维与口碑思维。

产品是尖叫的必要条件。传统经济中也强调产品，但主要是强调产品的功能，在互联网时代则重视产品的用户体验。功能是冷的，体验是热的。由此导致了体验营销的繁荣。所以强调：产品不仅要功能好，更要有温度与鲜度，价值与颜值。一旦用户的"痛点"与"痒点"被有温度的产品击中，就会触发用户的"尖叫"。

口碑是"尖叫"的充分条件。口碑思维就是要想办法让用户发自内心地"尖叫"出来，并把"尖叫"传递出去，让更多的用户听到"尖叫"，并引发更多的"尖叫"，产生共鸣，由独唱升级为合唱，变成流行，去引爆新的需求，再吸纳用户的新需求新想法，让用户在传播中去自定义新的产品。因此，用户就成了产品开发的一个关键元素。

由此可见，在互联网时代做任何商业活动，都要符合"社会情绪"，顺流而动，顺势而行，借势而为。一切都看你能否引爆"社会情绪"。《引爆点》一书提出了三个引爆法则：个别人物法则、附着力因素法则、环境威力法则。《粘住》一书则指出：一个信息要有黏性，更容易被人记住，有六个原则：简约、具体、意外、情感、故事、可信。《影响力》一书还提出了六种提升影响力的策略：互惠、承诺一致、社会认同、喜好、权威、稀缺。所谓"引爆"，即通过有黏性的信息或创意（黏性），让目标群体顺从特定的意愿（影响力），让产品或服务在特定的群体中流行起来（引爆）。

我们也看到，引爆以后的维持可能比引爆本身更具有持久性与挑战性。很多产品被引爆以后，品牌越来越流行，但产品体验不尽如人意，最终还是会被用户抛弃。

此外，还有很多来自业界对互联网思维的认知，如雷军的口字诀"专注、极致、快";奇虎360周鸿祎的"免费";乔布斯的"少即是多",以及"微创新与快速迭代""大数据""粉丝经济""参与感""流量思维",等等。

本 章 小 结

(1)"用户"是所有事件的终端载体;"用户"需求的变化是引发价值改变的核心原因。所以,用户体验与反馈才是王道!

(2)营销策划是指为实现更适当的用户价值,实现一定的营销目标,通过合理分析,找出实现目标的有效途径。

(3)信息时代的三个关键问题:①消费者的决策过程发生了什么变化?②传统的市场营销将被怎样永久性地改变?③在新的商业环境里,一家公司应该如何与消费者互动,怎样通过分析影响消费者的信息源,制定真正有效的营销策略?

(4)营销策划基本要求是觉醒、创新、清醒。

(5)营销策划必须回答三个基本问题:为什么?是什么?怎么做?

(6)产品进入市场需求开拓不同的渠道,要把握三个空间,即心灵空间、渠道空间与货架空间。

(7)营销策划过程包括三个阶段:选择价值,提供价值,传播价值。

(8)营销策划的具体步骤包括:情景分析、目标、战略、战术、预算和控制。

(9)破除三个心理障碍:因循守旧,纵向思维;迷信权威,怕担风险;认识片面,信奉非黑即白、非此即彼的观念,忽视了对"灰色地带"的认识与发现。

(10)思维定式一般可以分为四大类,即从众定式、权威定式、常识定式、经验定式。

(11)互联网的发展大致经历了"联"与"互"两个阶段。

(12)六度空间理论(Six Degrees of Separation),是一个数学领域的猜想,又称作六度分割理论或小世界理论。该理论指出:你和任何一个陌生人之间所间隔的人不会超过六个。

(13)用户、口碑、产品是互联网商业世界思考逻辑的起点,互联网思维可以概括:第一,创造让用户"尖叫"的产品;第二,诱发、引爆和吸纳用户的"尖叫",核心是用户思维,包括产品思维与口碑思维。

(14)三个引爆法则:个别人物法则、附着力因素法则、环境威力法则。

(15)增强黏性的六个原则:简约、具体、意外、情感、故事、可信。

(16)六种提升影响力的策略:互惠、承诺一致、社会认同、喜好、权威、稀缺。

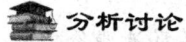 分析讨论

中国企业家需要"黄牛"精神

中国历来就是一个缺乏创新基因的国家。2 500 年前,一个名耳、字聃、姓李的楚国人,写了五千言的《老子》(即《道德经》),提出了"居后不争,不敢为天下先"的理念。直到中国近代打开国门以后,尤其是近四十年来的改革开放,极大地开阔了国人的眼界,提升了国人的欲望。富裕生活,成为国人创新的原动力。

其中,最典型代表群体是渗透于各个领域的"黄牛"。他们中的很大一部分是知青返城人员,不良的生存环境培育了他们灵敏的市场嗅觉。他们无孔不入,随需应变,与时俱进,是最活跃的市场因素。如今他们甚至以高科技武装自己,能破解 360 订票系统。他们不仅创造了营生,还培育了"体制缺陷发现机制","黄牛"是市场规则漏洞的发现者。

按理说,改革开放四十年,随着体制与监管越来越严格,他们的营生空间越来越小,这才是正常的。但实际上,"黄牛"如雨后春笋,层出不穷,花样不断翻新,技术不断更新,模式不断提升,日子还过得挺滋润。如果企业的每一个经营者,都有那么一点"黄牛"精神,相信中国商业创新的巨浪将席卷全球。

考察"黄牛"的盈利模式,有三个要点:一是发现需求,二是提供价值,三是成本控制。

"黄牛"首先要钻研的是市场需求,他们从来不做没有需求的营生。比如折腾商场返券的"黄牛"发现,返券的潜在顾客不仅仅是终端消费者,甚至还包括专柜经营者。所以,"黄牛"把自己定位于零供关系的协调者。我国商人创业初期都很有创意,也十分善于去发现市场新需求,但企业做大以后,这种发现需求的能力似乎降低了,渐渐演变出一种固化的模式,这一模式的特点是:以我为主、狂妄自大、故步自封、坐井观天、孤芳自赏,其结果是远离顾客,与市场法则背道而驰,这终将成为自取灭亡的导火线。

传统企业尤其是成功的大企业,为什么会被颠覆?"三只松鼠"创始人章燎原讲到了一个要点——线下好一点的企业,在网上评分反而最低,它们不受欢迎是因为根本不了解用户,这是传统企业被颠覆的原因!但他也告诫大家,不要低估这些对手!这些传统企业曾经也拥有类似"黄牛"的敏感性,只是企业做大以后,被"称霸行业"的梦想迷惑了方向,一旦他们回归本源,就会再度迸发出巨大的能量。梦想太大,想那些不切实际的东西,想称王称霸,常

常是企业没落的助推器。

我国消费者有太多需求（包括心理需求）被忽视，他们在寻觅消费价值的道路上走过了千山万水，吃遍了千辛万苦，仍然没有找到可以让他们安心的归宿。于是，他们变得越来越理性、越来越不忠诚。关键是他们没有获得与期望一致甚至能超越期望的"价值"！

什么是价值？价值是消费者能够感知到的、符合消费心智模式的、获得社会认同的、体现特定群体风格的要素组合。例如去年夏天，可口可乐在我国内地开展的"昵称瓶"营销活动，就为消费者创造了一种全新的价值体验。可口可乐瓶子上写着"分享这瓶可口可乐，与你的 XX。"如小萝莉、白富美、天然呆、高富帅、纯爷们、邻家女孩，等等。这些昵称大多数原创于互联网，昵称营销迎合了互联网文化。可乐还是可乐，加上这么一句话以及一个昵称，消费者的感觉就完全不同了！这就是消费价值！

我国市场的地域差异性、分层性、节令性等特征特别显著，消费需求以及消费价值的核心要点也就会随着这些要素的变化而千差万别。所以，商人们要提供的绝不是某种单一的东西，中国消费者更偏向于"喜新不厌旧"的消费习惯。

"黄牛"之所以有利可图，关键就在于他们能给客户提供价值。N 多年前，买软座火车票需要提供"县团级"证明，但从"黄牛"那里可以轻易买到软座票，并可以陪上火车，而且信守承诺。他们在赚钱的同时，也坚守着职业底线！

"黄牛"谙熟成本控制的重要性，并且身体力行，不该花的钱不花，花出去的每一分钱都要讲究回报和效果。这是"黄牛"精神之所以有价值的核心要点。

我们的工资不高，为什么东西就那么贵？贵在成本高！各类运作思维、运作模式与运作方式既烦琐又固化，成本肯定高！成本推动物价，消费者对商品价格的忍受力到底还有多少空间？这对于热衷于依靠品牌与传播来拉升商品价格的经营者来说，是一个值得深思的问题。

在当下社会化媒体时代，越来越多的人推崇互联网思维、互联网产品、互联网营销，但有一点不能丢弃：任何一个行业之所以有价值，那是因为有内容；某些"内容"之所以受青睐，那是因为有特色。但如今，产品本身似乎被人忽视，甚至并无多大特色的东西，在一夜之间、一年之中能获得疯狂追捧！

目前暂时成功的"网红"例子，都离不开"传播"两字！不是在做营生，而是在做传播！人们终究不能光靠传播吃饭，要吃饱肚子，还得有饭有菜有汤，而且必须真材实料。消费者十分期待"真材实料"的互联网时代的到来！对"真材实料"孜孜追求,是中国消费者最大的"梦想"!

在线下,消费者连抱怨的成本都很高！在商家主导的线下买卖根本容不下消费者发出声音,连呐喊也得不到任何同情！在线上,消费者个人虽然也并没有真正获得"敬重",但至少能感受到点滴的"尊重"! 正是这点滴感受,使消费者趋之若鹜,并宁可忍受由此带来的困惑与不爽。

技术改变了人与人之间的沟通方式,并由此派生出新的服务方式、营生模式与营销技巧,但这一切改变似乎还不够,总觉得多了一些伎俩,少了一些支撑。

中国企业家精神中应该包含一种叫作"黄牛"的精神,除上述要点外,"黄牛"精神还具有双重含义:一是埋头苦干的精神,如"人无压力轻飘飘,井无压力不出油"的大庆精神;二是巧干精神,改革开放至今,一代代"黄牛",推动了中国市场经济与法制经济的发展。中国当代文化的核心也在于"黄牛"精神。那是一种为了翻身求生而奋斗的精神,是一种游走于计划、法律、行政管制边缘的营生,这不仅需要无孔不入的商人本性,更需要有技术的支撑。

讨论问题:
(1) 为什么企业家要向"黄牛"学习?
(2) "黄牛"精神具体表现为哪些方面?

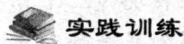 **实践训练**

1. 传统百货如何转型

最近十年,全球零售业遭遇业绩和估值"双杀"最为惨烈的是大卖场与百货店。英国玛莎百货宣布关闭天猫旗舰店,阿里也完成了入股高鑫零售的交易。大卖场与百货行业虽然都处于转型升级的十字路口,但变革动力有所差异,大卖场主要是外力推动,注入了互联网元素,百货行业则是地产推动,处于自生自灭的状态。

1) 可有可无的传统百货。三十年前,百货店是我国零售业的主导业态。三十年后,百货行业出现了购物中心化的发展趋势,传统的单体百货也试图通过转型升级寻求新的发展。

中国零售业的各种业态好比"儒、佛、道"三教,儒教像粮店,是传统文化的核心,传统的粮店如今已被众多的新业态所迭代,可以泛指食品店,如超市大卖场、菜场、生鲜店、超级物种、餐饮店、便利店、快餐店、大排档、奶茶铺、面包店、煎饼店、烧饼摊等等。道教好比药店，人生病的时候，需要去医院、药店或疗养院。而佛教，好比百货公司，你去也行，不去也行，去了烧香也行，不烧也行，总之，这是一个最任性、最随意的购物场所，看看逛逛，吃吃喝喝，完全是一个凭心情而行的地方。

买粮食与食品，过去很便宜，无差异，如今生活水平提高了，消费升级了，加上食品安全问题突出，出现了越来越明显的品牌化、差异化、高端化、时尚化、非主食商品主食化等趋势，但对价格还是很敏感。

药店与医院，与病痛和生命相关，价格就不是主要问题，药到病治，才是关键。从肿瘤医院出来的人打车，一般都是长途，到过这里的人，除了生命与健康，其他的一切全都是"小事"，而且根本不算啥事！

去百货店干吗？这是一个值得百货人深思的问题！位于上海南京东路步行街的"第一百货"，经过半年改造已于2017年年底重新开张。传统百货的生存与发展，光靠地段、老牌与情怀，是远远不够的，场景、内容与特色，才是重要的元素。"可有可无"的百货店，应该给顾客一个"到店理由"，这是百货公司的经营者们需要深入研判的问题。例如，让惦记着父母的子女们，在"第一百货"能找到"有温度"的商品，这也许就是一个理由。这也是向年轻人"引流"的一个途径，让年轻人在为父母亲人购买商品的同时，也带上自己喜欢的人去感受一下"情感体验"。

2）传统百货转型的实例。传统单体百货面临的问题主要表现为三个方面：一是店铺环境老化，二是内容同质化，三是性价比差。归根到底是缺乏百货经营的基本功，一方面是商品营运能力差，另一方面是服务状态差。如第一百货的明星服务员马桂宁，他在过去的服务场景中所呈现的眼神、手势，以及整个人的精神状态，似乎不是在"卖商品"，而是在给自己的儿女量体裁衣！顾客是上帝！顾客是老板！这些口号离顾客真的很遥远。零售服务的本质其实很简单：把顾客当"亲人"，服务才会有"灵魂"！正如马桂宁生前所说——"一店是我的家，柜台是我的根，顾客是我的亲人"。立场站对了，服务才会有温度。这才是零售的本质。

传统百货转型有成功也有失败，"天虹百货"的转型是比较成功的。天虹股份副总经理侯毅说：2015年至今，天虹有60%~70%的门店已经完成转型，主要是"三化"，即购物中心化、数字化、商品的主题化。在购物中心化方面，引进新业态，如增加即食业态以增强体验感，使客流明显回升；在数字化方面，适应移动化消费需求，为顾客提供便利服务，从而实现精准营销；在主题化方面，按照生活方式进行跨品类编辑与展示，服务主题更清晰，实现了差异化经营。传统百货通常按照商品归类的方式分为：男装、女装、休闲体育、儿童、黄金珠宝等，这种布局割裂了消费场景，难以激发消费欲望，按照生活方式与心理场景来设计商场布局，是商场改造过程中的一个重要方面。

在当今百货市场，消费者越来越理性，时尚品牌越来越占据更大的市场份额，尤其是对年轻消费者来说，与品牌相比，他们更关注自己的购物经验以及商品和价格是否适合自己。

国外百货公司也在不断改造升级。如 2017 年 4 月，日本名古屋与大阪的两家百货公司都进行了购物中心化改造后重新开业。名古屋车站高岛屋百货改造成为新老结合的购物中心，营业面积 10 万平方米，原百货基本不变，延伸出一个新的购物中心，有 150 个租赁店。改造后的大阪银座原松阪屋百货也基本是租赁形式，也是 150 多个店。在国内，这几年争论比较多的"招租还是自营"的命题，恐怕是一个伪命题。例如，合肥的安德里百货自营很成功；欧亚商业的招商也很成功。

在改造的过程中，还要注意另外一个问题：想聚集一些大品牌来提升店铺的集客能力，但是，结果出现三种不良情况：一是最好的位置廉价地被大品牌长期霸占，还补贴高额的装修费，使商店财物两空；二是改造完成并且开业了，大品牌迟迟不能入场，品牌商长期空缺；三是消费者不买账，他们其实要的不是"大品牌"，而是适合他们的商品与价格。

有些著名老百货改造以后，客流量与营业额反而减少。这是因为：商品与环境通过改造而拉升，老顾客需求与新商品定位不平衡，结果老顾客流失，但由于定位不清，新顾客又未能及时导入，这就必然导致经营的不平衡。

3）总结。有不少百货店，经过改造以后，硬件升级了，商品也升级了，但性价比、服务场景没有升级，光弄了一点吃的，看起来很热闹，其实是一种病态。

（1）传统百货转型升级，要提高自己的运行能力，商品营运要加强，迎合年轻人，拥抱新渠道。

（2）中外百货基因不同，中国是招商制，国外是买手制。自营与自有品牌都在探索中，但这并不是转型能否成功的关键。不少在做自营的百货，其实自营比例也不过 5%。

（3）做百货需要有情怀，但如果情怀不能与心理场景相结合，完全是一种劳民伤财的东西。百货公司的转型升级，不能光靠"情怀"，需要通过场景与内容，给顾客一个理由，拉近与顾客的距离。

（4）转型升级有一个过程，不要颠覆性变革，渐进比较有效。

（5）传统的按照商品物理属性分层展示的方式，应该有所变化，向生活百货方向转变。

（6）百货经营的核心能力是：顾客洞察＋定位技术＋商品力＋运营（环境＋服务＋营销＋数字化）。

（7）百货产品的设计需要改进。如内衣、T恤、衬衣等贴身的衣服，要命的吊牌为什么总是在领子背后，为了剪掉贴牌，常常把衣服剪破，厂家应该改一改贴牌位置。商家应该关注此类基于顾客最基本的思考点。

（8）"原价不实"现象在百货行业非常普遍，顾客也习以为常，但顾客是理性的，折扣大，不一定买，看重价格，而不是折扣。顾客懂行，所以，商家更要有诚信！

实践任务：

选择1～2家传统百货公司实地考察，提出改进建议。

2. 上海购物"购什么"

商贸行业的老前辈们说：在计划经济时代，上海自行车配给要砍"十三刀"。那时候，南京东路"东海商都"六楼有个房间专门放置着一个铁皮大箱子，里面装的全是宝贵的永久牌、凤凰牌自行车票子，由专人保管发放。每一刀都代表一个分配的领域，如外地、上海、军队、学校、机关等等，各部门实行总量控制，经办人对票证的花色品种有一定的调剂余地，所以，自行车票证主管，权力很大，连军队派来领票的高级别干部也要敬他三分。这才是真正的"朝南坐"的主！

那时候，全国印"票子"多了，上海就多生产些自行车、缝纫机等日用工业品，以回笼货币。如今，上海印钞厂破天荒地不用加班了，现钞用得越来越少，跳广场舞的大妈们从智能手机到微信支付再到支付宝，样样都活学活用。这些"110"后（50＋60）"新生代老年人"对新事物的热情甚至超越了"9000"后（90＋00）。

大约5年前，有专家调查发现：南京人到上海买房，但到香港或欧洲买商品。

从前全国人民来上海"买东西"，因为有"上海货"这个招牌，基础是"上海制造"。如今的"上海制造"体现在哪里？是大飞机、船舶、隧桥工程、地铁工程、生物医学？还是五香豆、梨膏糖、云片糕、小笼包、大白兔？

上海购物，到底"卖什么"？"买什么"？

（1）上海购物不是为了拯救老国企。2003年上海成立百联集团，2007年又成立了光明食品集团。两大集团拥有大量优质商业资源，曾经十分辉煌，如今也仍然拥有很大的商业体量。但无论经营业绩、消费者口碑、行业地位的提升，似乎都面临着企业自身难以逾越的障碍，倒是一个"小小的"盒马鲜生，做出了一个"大大的"新零售市场。这是为什么？有发展潜力的商业模式和商业集团，首先需要建立一个"商业逻辑"和"商业生态"。政府提出"上海购物"以后，国企积极响应，但如果没有把全行业发动起来，那是远远不够的。通过打造"上海购物"，应该建立起一个"开放、前卫、包容、融合"的商业服务与多样化消费的国际化平台。

（2）改善上海购物的营商环境。总的来说，内外贸流通体制、监管部门设置、法律法规、管理办法等，都存在传统做法与现代流通之间的矛盾。如自贸区的"卡口式"管理模式，部门分割的监管模式，前台一站式与后台孤岛式的信息平台等等，都需要变革与升级。零售餐饮化是大趋势，虽然餐饮证与流通证已经合并，可是餐饮项目与流通项目不能混合互动，必须按区块划分，并要求做明显的物理分割。这种管理模式，与消费需求差距极大。零售业娱乐化趋势明显，尤其是儿童场景设计更是吸引客流的重要手段，但2楼以上基本不能设置与儿童娱乐相关的项目，而且必须要设置专用的逃生通道。上海的很多区，如静安区、徐汇区、闵行区等很多"底商"商铺，都被"格式化"了，一样高低，一样颜色，看起来"标准"，实际上"毫无美感"，商业的奥妙在于"差异"，追求统一，实在是一种非常愚蠢的行为。在城乡接合部，区与区接合部，如松江与闵行接合部的莘松路一条街上，以及莘闵别墅区附近，有类似百联旗下"快客"的"快购"，有类似"7-Eleven便利店"的"7-Eleven超市"，有类似光明食品集团旗下的"可的""好德"的"可德"，还有类似麦德龙的什么店，在浦东还有类似全家的"全街"等等！这些都涉嫌违法，也许在工商部门有合法注册，但如此类似的店招是怎么通过查名的？

（3）让上海变得更有风情与温情。在杭州能真切地体会到传说中的"车让人"场景，这已成为司机的一种习惯！就凭这一点，让人感觉杭州除了多姿的西湖外，还多了一份温情。在上海，除了老上海的"老克拉风情"（或称为"老克勒"），更应该创立新上海"前卫的温情"。以"倒卖"为营生的"上海黄牛"，全国闻名。考察黄牛的盈利模式，有三个要点：一是发现需求，二是提供价值，三是成本控制。但黄牛太"算计"，属于"精于算计的小商人"，上海购物更需要有一大批、一大群有品质、有品位、有品格的"三品大商人"，要去掉一些"黄牛"的不良习气。这样才能跟上时代步伐，引领时代发展。

（4）上海购物从非购物入口。一个特大城市，其实就两个支柱产业：一是金融业,它服务产业,金融繁荣则产业繁荣;二是零售业,它服务民生,零售服务好,则民生安宁祥和! 这是上海的两张"王牌"! 如果能够把2 500多万上海居民服务好,让他们的生活更美好,才有可能去吸引更多的人来上海"消费"。上海市商业信息研究中心主任朱桦说,上海有些区,把服务类消费计入社零总额以后,总量几乎翻倍。让游客在上海虚度光阴,闲逛了一天,花费了几百几千,但什么也没有带走,这是从物质消费向精神消费的升级,这才是上海购物的最高境界! 大悦城就是一个范例,在苏州河北面,居然能打造出一个以摩天轮与大喇叭为标志的爱情地标! 很了不起! 500万客流淋浴式向下涌动,这个时侯,摩天轮的造价已经不重要。还有几点就是"玩、住、吃"三个字。玩一定要增加现代元素,如"上海科技馆"快变成"上海博物馆"了,应该规划重建。住的方面要盘活存量商业用房(如百货购物中心)。吃的方面,盒马鲜生的"海鲜大餐"可以作为一种值得推广的模式。玩得开心了,住得舒坦了,吃得满意了,虚度光阴了,离家多日了,怎么也得买点东西回去哄哄人! 购物是前面各项活动的结果,而不是目标。

(5) 以新零售业态引领全国发展。上海大型零售集团从早期的"洒向全国"到后来的"走向全国"再到如今的"退居上海",实际上是收缩。其实,零售绝对不是"轻资产"行业,不仅铺面与物流需要"重资产",人也需要有积累,也是"重资产"。如果不在"铺面""物流""人才"这三个方面有持续的投入,就根本不会有未来。在新零售背景下,再加上"技术"元素,合起来是四个基本要素。上海购物"不要钱"已经是共识,都用支付宝或微信支付了,大爷大妈都这么做了,都感觉好方便、好潇洒! 体验良好! 盒马鲜生创始人侯毅在微信说:"上海应该引领中国的新零售时代!"他所开创的零售新业态,其实是开创了一种新的商业逻辑,营造了一种新的商业生态,有可能实现引领全国零售业的新发展。此外,上海还应该挖掘更多诸如此类的"新业态",如"医养结合的养老场所",这将是最巨大最具有挑战性的未来服务市场。

(6) 创新商业服务新方式。上海乃至全国的商家,大部分都实施折扣销售,厂方与经销商预先都约定了相互的扣率,再虚拟一个"原价",然后做打折促销。这是占零售市场约40%份额的百货行业(单体百货店与购物中心)的"行规"。行业人士反映:这事本该在2005年前后就解决,但一直没有解决,怕实价销售影响业绩。零售不管怎么变革,效率、成本、体验等始终是核心。就顾客来说,不仅考虑价格,更考虑购物的时间成本、体力成本、比较成本、风险成本。互联网局部解决了一些信息不对称问题,但是,如何"减少顾客购物决策时间"是一个大问题,也是衡量商业文明程度的一个重要标志。建议摒弃一切"不实原价",营造一个良好的购物生态。例如:上海虹桥二号航站楼,一个便利店的年租金高达600多万元人民币,卖的商品普遍价高,连香烟的价格也比市区高,35元一包的蓝牡丹、细枝凤凰都买45元一包,软中华卖80元一包。虹桥高铁站甚至不让小店卖方便面,是怕盒饭不好卖?再看日本的例子:无论在机场还是小巷,价格基本相同,消费者无需关注价格,省去了很多麻烦。实际上是供货商在调节供货价格,地价贵的地方,往往是出货多的地方,进货价格就低了。内心有光明,哪怕在黑夜,也是光明的。这也是"诚信上海"的重要标志。

(7)上海零售业与欧洲、日本、美国的差距,主要不是在大店,而是在小店。杂货铺小店在全国有几百万家。上海有多少家?没有很全面的统计,只有5 000多家便利店有统计。统计局应该有这个数据。阿里、京东、大润发都想做面向小店的"B2B"业务。其实现在被马云引爆,被记者炒爆的新零售,由五个方面构成逻辑架构:体验+技术+资本+效率+形象。最后一个讲的就是整个社会商业的形象与格调问题,我们在外国看到,哪怕是一个小镇的一个小店,哪怕店主是老太太、老头儿,那服务,真的不像是在卖货。上海的第一百货(马桂宁)有一句名言——把顾客当亲人!真能做到这样境界,还有什么东西卖不出去?!这就又回到了"人"。原大新公司(即现在的第一百货)的女服务员一个人工作,能养活全家。所以,商业职工的福利问题,也不能忽视。杂货铺的面貌体现了一个城市的温度。也是城市居民消费升级的重要标志。

(8)上海要打造几个拿得出手的"商品"与"品牌"。关于品牌,我们总是念念不忘百年老品牌。其实,对90后、00后来说,他们已经不过分依赖品牌,而是靠自己的购物体验、性价比以及时尚性、颜值来决定购买——商品不重要,快递要到位;品质诚可贵,颜值价更高!"喜茶"有什么底蕴?"盒马鲜生"有什么底蕴?但消费者喜欢就是王道!上海人特别愿意接受新品牌、新技术、新产品,全国消费者都是如此。他们甚至有点叛逆,不想要百年老牌。

上海购物是个"大命题",首先上海要从"小商人"转变为"大商人",不能光靠"算计",更要靠"算法",要培育独特的商业逻辑与商业生态;其次上海要从"大商人"转型为"小商人","大集团"要培育自下而上的"创新力",基层有动力、活力与创新力,把每一个小店都经营好了,整个社会的消费生态才会面貌一新;最后,上海购物得挖掘购物背后的商机,风情加温情,才能留得住人,让客人来了再来!

实践任务:

提出"上海购物"的发展思路。

第三章　营销策划调研

有这样一首诗:半亩方塘一鉴开,天光云影共徘徊。问渠哪得清如许,为有源头活水来。这是南宋哲学家朱熹写的诗,它告诉我们,水之所以清,池塘之所以如镜如画,在于源头上的活水。同样,做营销策划也是如此,好的营销策划要从调研开始。

第一节　营销调研

一、什么是营销调研

通俗讲,营销调研就是营销调查与研究,或者简称为营销调查。营销调研是指运用科学的方法,客观地收集、整理和分析各种来源的营销资料和数据,做出系统的判断、预测或决策的过程。它包括确立调查主题、提出问题假设、规划调查方案、设计调查量表、落实信息收集来源与方法、数据分析以及调查报告撰写等。

一般而言,营销调研流程包括 11 个步骤:

(1) 确定市场调研的必要性。

(2) 确定调研主题。

(3) 确立调研目标。

(4) 设计调研方案。

(5) 确定信息的类型和来源。

(6) 确定收集资料方法。

(7) 设计调研问卷(调查量表)。

(8) 确定抽样方案及样本容量。

(9) 收集资料。

(10) 资料整理与分析。

(11) 撰写调研报告。

二、营销调研活动的简单分类

营销调研按调研目的进行分类,可以分为四类:探索性调研、描述性调研、因果性调研、预测性调研。

探索性调研（Exploratory Research），一般是在调研专题的内容与性质不太明确时，为了了解问题的性质，确定调研的方向与范围而进行的搜集初步资料的调查，通过这种调研，可以了解情况，发现问题，从而得到关于调研项目的某些假定或新设想，以供进一步调查研究。探索性调研是为了界定问题的性质以及更好地理解问题的环境而进行的小规模的调研活动。探索性调研特别有助于把一个大而模糊的问题表达为小而精确的子问题以使问题更明确，并识别出需要进一步调研的信息（通常以具体的假设形式出现）。探索性调研在增加见识和建立假设方面具有灵活性的特点。调研经验表明，二手资料调研、经验调查、小组座谈和选择性案例分析在探索性调研中特别有用。

描述性调研是一种常见的项目调研，是指对所面临的不同因素、不同方面现状的调查研究，其资料数据的采集和记录，着重于客观事实的静态描述。大多数的市场营销调研都属于描述性调研。例如，市场潜力和市场占有率，产品的消费群结构，竞争企业的状况的描述。在描述性调研中，可以发现其中的关联因素，但是，此时我们并不能说明两个变量哪个是因、哪个是果。与探索性调研相比，描述性调研的目的更加明确，研究的问题更加具体。描述性调研的目的主要包括五个方面：一是描述某个有关群体的特征；二是估计某个群体中某种行为方式的发生比率；三是测量有关产品的知识、偏好与满意度；四是确定不同营销变量之间的关系（购物与外出吃饭）；五是进行预测。

因果性调研（Causal Research）是指为了查明项目不同要素之间的关系，以及查明导致产生一定现象的原因所进行的调研。通过这种形式调研，可以清楚外界因素的变化对项目进展的影响程度，以及项目决策变动与反应的灵敏性，具有一定程度的动态性。因果关系调研的目的是找出关联现象或变量之间的因果关系。描述性调研可以说明某些现象或变量之间相互关联，但要说明某个变量是否引起或决定着其他变量的变化，就用到因果关系调研。因果关系调研的目的就是寻找足够的证据来验证这一假设。在因果性调研中，一般对要解释的关系有一种期望，如预期价格、包装、广告花费等对销售额有影响。这样，研究人员对研究课题必须要有相当的知识，理想的状况是研究人员能估计一种事件（如店内展示）是产生另一种事件（销售量的增加）的手段。因果性调研试图认定当我们做一种事情时，另一种事情会接着发生。我们一般采用回归方法和相关方法，去探讨变量之间的因果关系。在分析因果关系时，需要尽量解释清楚一因一果、一因多果、多因一果、多因多果以及互为因果现象。

预测性调研是指专门为了预测未来一定时期内某一环节因素的变动趋势及其对企业市场营销活动的影响而进行的市场调研。它要回答的问题是"未来市场前景如何",其目的是要找出事物变化的原因和现象间的相互关系,找出影响关键变量或因素。最理想的是,如果能够找出关键变量之间的函数关系,那么事件就简单多了。例如,市场上消费者对某种产品的需求量变化趋势调研,某产品供给量的变化趋势调研等。这类调研的结果就是对事物未来发展变化的一个预测。不可否认,预测性调研的意义重大。商业市场瞬息万变,虽然有一定历史有因可循,但是面临更多不确定性。为了减少商业活动可能产生的实际损失或机会损失,获得更多的实际收益或机会收益,商业必须要进行预测性调研活动。

此外,对营销调研的类别也有其他分类方法。例如,按市场调研对象的不同,可以分为:法人的调研和自然人的调研;根据调研时间连续性进行分类,可以分为一次性调研、定期性调研、经常性调研;根据调研目的分类,可以分为单项目市场调研和多项目市场调研;根据市场范围分类,可以为分宏观市场调研和微观市场调研;根据地域范围分类,可以分为省市内调研、国内调研和国际调研;根据行业的不同,可以分为汽车业调研、实体零售业调研、化妆品业调研、教育业调研、服务业调研,等等。

三、营销调研与营销策划的关系

如今,市场营销由传统的生产观念发展到现代营销观念,更注重产品和服务,更注重顾客与需求,更注重环境保护与利益相关者利益。为此,市场营销不是一次仅仅的买卖行为,也不是生产与销售的反复循环,它更加注重创造、创新和创意。市场营销不断地创新发展,需要营销策划,也需要营销调研。甚至在市场营销过程中,营销策划离不开营销调研,营销调研也离不开营销策划。

首先,就整个营销过程而言,营销策划具有统领性作用,营销调研具有重要辅助性作用。营销策划是根据企业的营销目标,通过企业设计和规划企业产品、服务、创意、价格、渠道、促销,从而实现个人、企业或组织的交换过程的行为。可见,营销策划既瞄准目标,也跟踪了结果,在营销过程中起到了统领性作用。而营销调研是为了营销特定目标展开的,例如为销售目标,为广告目标,为预测目标,或者为策划目标等,开展调研活动,形成调研报告。可见,营销调研可以看作为重要的辅助工具。

其次,营销调研的策划让营销调研成为一个完善体系。营销调研是一项复杂的、严肃的、技术性较强的工作,为了在调研过程中统一认识、统一内容、统一方法、统一步骤,圆满完成调研任务,就必须事先制定出一个科学、严密、可行的工作计划和组织措施,以使所有参加调研工作的人员都依此执行。这就需要营销调研的策划,要确定调研的目的、调研对象、调研范围,制订调研量纲和调研量表(或调研问卷),进行相关资金预算、调研时间、调研地点、调研人员的计划,确定调研方法,预测调研结果。

第三,营销策划的调研让营销策划更具有科学性、客观性和系统性。营销策划是一项务实的、系统的工作,需要客观资料、科学认知和全盘考量。为了让营销策划更有说服力,必须进行营销策划的调研。只有营销调研才能让数据说话,让事实说话,让论据说话,从而全面支撑营销策划的科学性和系统性。例如,在网络营销时代,"事件炒作"是一个重要策划方法之一,但是营销策划怎样才能做得更好,这就需要调研,参照以往的成功案例,借鉴失败的原因,借助科学方法与创新思维,让策划做到完善和极致。

第四,营销策划的核心要点是有机组合策划各要素,营销调研的核心要点是要科学分析影响市场各要素,它们目标具有一致性,都是为了最大化提升企业价值。营销策划整合营销的产品、价格、渠道、促销的理论与方法,根据市场环境、企业特点、产品特色、需求层次等现实情况,实现品牌价值最大化,提升企业最大价值。营销策划适合任何一个产品,包括无形的服务,它要求企业根据市场环境变化和自身资源状况做出相适应的规划,从而提高产品销售,获取利润。营销调研核心要探究现实情况及背后的原因,最终目的是为科学决策提供依据,降低决策风险,实现企业或组织价值最大化。

最后,营销策划与营销调研时常交织在一起,难以分清先后。经常有学生问,到底是营销策划先于营销调研,还是营销调研先于营销策划? 这个问题比"先有鸡还是先有蛋"的问题更为复杂,因为两者经常交织在一起。也就是说,在做营销调研时,需要进行营销调研的策划;在做营销策划时,需要做前期的营销调研。营销调研的策划工作,可以为营销调研起到事半功倍的效果。营销策划之前的营销调研工作,能够降低决策风险性,会使得营销策划更具有科学性和系统性。

第二节　营销调研技术和渠道

一、营销调研技术的主要内容

古语说得好,"工欲善其事,必先利其器"。而且,营销调研是一门科学,体现调研方法的技术性。从技术手法来讲,营销调研方法的主要内容有:定量营销技术(Quantitative Marketing Techniques)、定性营销技术(Qualitative Marketing Techniques)、观察上的技术(Observational Techniques)、实验性的技术(Experimental Techniques)。

定性营销研究是最常被使用的技术,简单来说就是从受访者回答选项的数字排序中去分析,不针对整个人口、也不会做大型的统计。常见的例子有:焦点族群、深度访谈、专案进行、新产品欢迎程度等。

定量营销研究是主要采用假说的形式,使用任意采样,并从样品数来推断结果的技术。这种手法经常用在人口普查、经济力调查等大型的调研。常见的例子,是对大型问卷、咨询表、统计报表等数据的分析。

观察上的技术是由研究员观察经济或市场现象,并自行设定交叉法,进行水平式比较和垂直式的比较。常见的例子有:性别和婚姻对产品的偏好分析、产品使用分析、浏览器的 Cookie 分析。

实验性的技术是指由研究员创造一个半人工的环境测试参与者表现的方法。这个半人工的环境能够控制一些研究员想要对照的影响因子,例子包括了购买实验室、试销会场。

二、二手资料调研

市场调查研究员经常需要综合使用上述四种技术手法,但是必须要有调研的渠道。二手资料调研和一手资料调研,就是营销调研正常进行的重要渠道或过程。

所有调研活动的一切都要事先从第二手资料(Secondary Data)开始。二手资料调研,有时也被称为"案头调查",是指查寻并研究与调研项目有关资料的过程,这些资料是经他人收集、整理、公布或出版发行的。从二手资料获得一些背景知识,然后再有针对性地确定调研主题,设计问卷,进行全面市场调研。

通过第二手资料的调研,市场策划人员可以把注意力集中到那些应该着重调查的某些特定的因素上,有针对性地去思考和设计营销策划内容。在营销策划中,二手资料调研的作用主要表现在如下两个方面:一是寻求重要的信息来源,为营销策划设计奠定基础;二是案头调研可以为营销策划的实地调研提供必要的背景资料,使实地调研的目标更加明确,从而节省时间和调研成本。

1. 二手资料的主要来源途径

(1)各级政府部门发布的有关资料。各级计委、财政、工商、税务、银行、贸易等部门经常定期或不定期发布各种有关政策法规、价格、商品供求等信息。

(2) 各级统计部门发布的有关统计资料。各级统计部门每年都定期或不定期地发布国民经济统计资料。各级统计局每年还出版统计年鉴,内容包括综合、人口与就业、投资、财政、工业、农业、建筑业、商业、对外贸易、人民生活、文化、教育、卫生、环保等许多重要的国民经济统计资料。

(3) 行业协会或行业管理机构发布的本行业的统计数据、行业市场分析报告、市场行情报告、工商企业名录、产业研究、商业评论、行业政策法规等数据和资料,这些资料是研究行业状况和市场竞争的重要依据。

(4) 各种信息中心和信息咨询公司提供的市场信息资料。这些专业信息机构资料齐全,信息灵敏度高,专业性强,可靠程度大。为满足客户需要有时还代办咨询、检索、定向服务或市场调查。

(5) 各种公开出版物。如订阅有关科技书籍、杂志、报纸。这些出版物经常登载科技信息、文献资料、广告资料、市场行情、预测资料和各种经济信息。

此外,还有电视广播提供的各类资料;各类研究机构的各种调研报告、研究论文集;各类专业组织的调查报告、统计报告以及相关资料;各种博览会、展销会、交易会和订货会;各种国际组织、外国使馆、驻外使馆、办事处等提供的各种国际市场资料。随着互联网的发展,其具有查寻方便、复制方便、存储方便、使用方便、成本低、可跨地域国界等特点,而且其信息几乎可覆盖所有主题,因而,来自互联网所提供的信息会越来越多。

2. 二手资料的主要获取方法

(1) 查找法。这是获取公开信息的基本方法。根据查找的原则,首先,在企业内部的信息资料库查找,这是最为快捷、方便的。如果企业信息系统完备,在企业内部不仅可以获得大量反映企业本身经营状况的资料,还可以获得关于供应商、竞争对手、客户、市场等方面的资料。其次,还需要到企业外部查找,主要是到一些公共机构查找。

(2) 索取法。即向占有信息资料的单位或个人无代价地索取。由于索取无代价,其效果在很大程度上取决于对方的态度。因此,在索取资料时应注意:①尽量向平时有联系的单位或个人索取;②索取资料时要和该单位人员友好沟通;③索取的资料数量应适可而止。

(3) 购买法。这是指通过付出一定量的资金向有关单位和部门购买所需资料的方式。随着信息的商品化,许多专业信息公司的信息实行有价转让,如专业咨询机构、行业协会、信息中心等单位定期或不定期出版的市场分析报告等。在购买资料时,调查者应注意进行鉴别,确保购买到的信息的质量,同时控制有价二手资料的比例。

(4) 交换法。这是指与信息机构或其他单位进行对等的信息交流。这是一种信息共享的合作关系,交换的双方都向对方无代价提供资料。

(5) 接受法。这是指接受外界主动、免费提供的信息资料。随着现代营销观念的确立,越来越多的企业或单位为宣传自身及其产品和服务,主动向社会广为传递各种信息,包括广告、产品说明书、宣传材料等。作为信息资料的接受者,要注意积累这些信息。

三、一手资料调研

一手资料也称原始资料,是指调查研究人员自己直接经过搜集整理或通过经验所得,包括原创性的文献资料、实物资料、口述资料等。简单说,一手资料调研就是指获取一手资料的调研过程。通过一手资料,研究人员可以直接获取事件、活动或行为的事实、信息或数据,了解人们对事物的看法、打算、动机等情况。作为调查研究最直接的证据,一手资料的真实性、生动性、可信性、原创性、保密性的特点,使其比转手的、间接获取的二手资料更具价值。营销策划时,针对社会发展日新月异和商业市场波谲云诡,新的市场策划方案设计和营销调研亟须获取有效的一手资料。

一手资料调研是一项技术含量相当高的工作,从制定调查方案到选取样本、从调查执行到信息、数据的整理,从信息、数据的分析到形成结论指导决策,都需要一定的专业性工作。一般情况下,一手资料的收集按照以下步骤进行:

第1步:确定调查研究的目的;

第2步:确定收集一手资料的内容和来源;

第3步:确定收集资料的方法;

第4步:收集资料;

第5步:对收集到的资料再确认;

第6步:正确使用收集到的第一手资料。

关于一手资料的获取方法,主要包括观察法、实验法、访问法和问卷法。

(1) 观察法(Observation)是社会调查和市场调查研究的最基本的方法。它由调查人员根据调查研究的对象,利用眼睛、耳朵等感官以直接观察的方式对其进行考察并搜集资料。例如,市场调查人员到被访问者的销售场所去观察商品的品牌及包装情况。

（2）实验法（Experimental）由调查人员根据调查的要求，用实验的方式，将调查的对象控制在特定的环境条件下，对其进行观察以获得相应的信息。控制对象可以是产品的价格、品质、包装等，在可控制的条件下观察市场现象，揭示在自然条件下不易发生的市场规律，这种方法主要用于市场销售实验和消费者使用实验。

（3）访问法（Interview）可以分为结构式访问、无结构式访问和集体访问。

结构式访问是事先设计好的、有一定结构的访问问卷的访问。调查人员要按照事先设计好的调查表或访问提纲，以相同的提问方式和记录方式进行访问。提问的语气和态度也要尽可能地保持一致。

无结构式访问没有统一问卷，由调查人员与被访问者自由交谈的访问。它可以根据调查的内容，进行广泛的交流。如对商品的价格进行交谈，了解被调查者对价格的看法。

集体访问通过集体座谈的方式听取被访问者的想法，收集信息资料。可以分为专家集体访问和消费者集体访问。

（4）问卷法（Survey）是通过设计调查问卷，让被调查者填写调查表的方式获得所调查对象的信息。在调查中将调查的资料设计成问卷后，让接受调查对象将自己的意见或答案填入问卷中。在一般的实地调查中，以问答卷采用最广；同时问卷调查法在网络市场调查中运用的较为普遍。

第三节　如何进行营销策划的调研

一、调研方案的策划与设计

市场调研方案是指在正式调查之前，根据市场调查的目的和要求，对调查的各个方面和各个阶段所做的通盘考虑和安排。市场调查总体方案是否科学、可行，关系到整个市场调查工作的成败。从本质上讲，设计调研方案过程就是一次营销策划。

市场调查方案的规划，就是根据调查研究的目的和调查对象的性质，在进行实际调查之前，对调查工作总任务的各个方面和各个阶段进行的通盘考虑和安排，提出相应的调查实施方案，制定出合理的工作程序。要使规划的市场调查方案可行，市场调查总体方案的规划主要包括下述内容。

1. 确定调查目的

明确调查目的是调查方案规划的首要工作，只有确定了调查目的，才能确定调查的范围、内容和方法,否则就会列入一些无关紧要的调查项目,而漏掉一些重要的调查项目,无法满足调查的要求。例如,公司准备进行一次促销活动,在进行营销策划前需要进行调研,即明确参与对象是"怎样的群体",那么首先就要确定这个调查目的。

2. 确定调查对象和调查单位

明确了调查目的之后,就要确定调查对象和调查单位,这主要是为了解决向谁调查和由谁来具体提供资料的问题。调查对象就是根据调查目的、任务确定调查的范围以及所要调查的总体,它是由某些性质上相同的许多调查单位所组成的。调查单位就是所要调查的社会经济现象总体中的个体,即调查对象中的一个个具体单位,它是调查中要调查登记的各个调查项目的承担者。例如,为了研究某市各广告公司的经营情况及存在的问题,需要对全市广告公司进行全面调查,那么,该市所有广告公司就是调查对象,每一个广告公司就是调查单位。

3. 确定调查项目

调查项目是指对调查单位所要调查的主要内容,确定调查项目就是要明确向被调查者了解些什么问题,调查项目一般就是调查单位的各个标志的名称。例如,在消费者调查中,消费者的性别、民族、文化程度、年龄、收入等,其标志可分为品质标志和数量标志,品质标志是说明事物质的特征,不能用数量表示,只能用文字表示,如上例中的性别、民族和文化程度;数量标志表明事物的数量特征,它可以用数量来表示,如上例中的年龄和收入。标志的具体表现是指在标志名称之后所表明的属性或数值,如上例中消费者的年龄为30 岁或 50 岁,性别是男性或女性等。

4. 制订调查提纲和调查表

当调查项目确定后,可将调查项目科学地分类、排列,构成调查提纲或调查表,方便调查登记和汇总。调查表一般由表头、表体和表脚三个部分组成。表头包括:调查表的名称、调查单位(或填报单位)的名称、性质和隶属关系等。表头上填写的内容一般不做统计分析之用,但它是核实和复查调查单位的依据。表体包括:调查项目、栏号和计量单位等,它是调查表的主要部分。表脚包括:调查者或填报人的签名和调查日期等,其目的是为了明确责任,一旦发现问题,便于查寻。

调查表分单表和一览表两种,单一表是每张调查表只登记一个调查单位的资料,常在调查项目较多时使用。它的优点是便于分组整理,缺点是每张表都注有调查地点、时间及其他共同事项,造成人力、物力和时间的耗费较大。一览表是一张调查表可登记多个单位的调查资料,它的优点是当调查项目不多时,应用一览表能使人一目了然,还可将调查表中各有关单位的资料相互核对,其缺点是对每个调查单位不能登记更多的项目。

5. 确定调查时间、期限和地点(范围)

调查时间是指调查资料所属的时间。如果所要调查的是时期现象,就要明确规定资料所反映的是调查对象从何时起到何时止的资料。如果调查的是时点现象,就要明确规定统一的标准调查时点。调查期限是规定调查工作的开始时间和结束时间。它既包括从调查方案设计到提交调查报告的整个工作时间,也包括各个阶段的起始时间,其目的是使调查工作能及时开展、按时完成。为了提高信息资料的有效性,在可能的情况下,调查期限应适当缩短。

在调查方案中,还要明确规定调查地点。调查地点与调查单位通常是一致的,但也有不一致的情况,当不一致时,尤有必要规定调查地点。例如,人口普查,规定调查登记常住人口,即人口的常住地点。若登记时不在常住地点,或不在本地常住的流动人口,均须明确规定处理办法,以免调查资料出现遗漏和重复。

6. 确定调查方式和方法

在调查方案中,还要规定采用什么组织方式和方法取得调查资料。搜集调查资料的方式有普查、重点调查、典型调查、抽样调查等。具体调查方法有文案法、访问法、观察法和实验法等。在调查时,采用何种方式、方法不是固定和统一的,而是取决于调查对象和调查任务。在市场经济条件下,为准确、及时、全面地取得市场信息,尤其应注意多种调查方式的结合运用。

7. 确定调查资料整理和分析方法

采用实地调查方法搜集的原始资料大多是零散的、不系统的,只能反映事物的表象,无法深入研究事物的本质和规律性,这就要求对大量原始资料进行加工汇总,使之系统化、条理化。目前这种资料处理工作一般已由计算机进行,这在设计中也应予以考虑,包括采用何种操作程序以保证必要的运算速度、计算精度及特殊目的。

随着经济理论的发展和计算机的运用,越来越多的现代统计分析手段可供我们在分析时选择,如回归分析、相关分析、聚类分析等。每种分析技术都有其自身的特点和适用性,因此,应根据调查的要求,选择最佳的分析方法并在方案中加以规定。

8. 确定提交报告的方式

它主要包括报告书的形式和份数,报告书的基本内容、报告书中图表量的大小等。其中,最为重要的是,调研报告的形式。市场调研报告有多种分类方式,根据不同分类标准,可以分为各式各样的市场调查报告。首先,根据呈报方式的不同,市场调查报告可分为书面市场调查报告和口头市场调查报告,或书面报告和口头报告。其次,根据阅读对象的不同,市场调查报告分为专业性报告和简要报告。再次,根据内容的不同,市场调查报告分为综合报告和专题报告。最后,根据写作方式的不同,市场调查报告分为反映基本情况的调查报告、总结典型经验的调查报告、揭露问题的调查报告等三种形式。

9. 制订调查的组织计划

调查的组织计划,是指为确保调查实施的具体工作计划,主要是指调查的组织领导、调查机构的设置、人员的选择和培训、工作步骤及其善后处理等。必要的时候,还必须明确规定调查的组织方式。

10. 经费预算计划

在调研方案设计中,必须要考虑预算问题,这是营销策划所要考虑的重要问题之一。良好的预算,是保证调研能在人员、财务、物流、信息等条件限制下完成的前提。一般项目预算是参照"成本-效益分析法"进行的,即要求在成本限制下达到最大的效益,或者在预期的效益基础上使用最小的成本。当然,在方案执行过程中,预算的费用可能会有所变化。在这种情况下,一般不会中止调研,而是修改预算,减少费用或增加费用。但是,这样就会给调研带来较多麻烦。由此可见,良好的经费预算是相当重要的。

11. 编制营销调研策划书

营销调研策划的编写,也是营销策划设计重要体现形式之一。调研方案内容确定之后,策划人员需要将这些内容汇总并撰写成调研策划书,供企业领导审批,或者作为执行人员实施的依据。

二、调查问卷设计

调查问卷在一些场合也称为调查表,是市场调查的重要工具,是收集市场信息和相关数据的基本方式。在一些商科教材上,调查表和调查问卷并不是同一个概念。一般而言,调查表是用纵横交叉的表格按一定顺序排列调查项目的形式,它主要用于数据搜集;调查问卷是根据调查项目设计的,对受访者进行调查、询问、填答的测试问卷或记录清单,既可以是口头提问的提纲,也可以是可供受访者填写的问卷,它不仅应用于数据搜集又可用于测定态度、行为、动机等定性项目。但是,两者总体上大同小异,调查者在使用时没必要刻意区分两者的区别。有时,调查表可以改成问卷的样式,调查问卷也可以改成调查表的样式;更多时,两者混在一起,合二为一。在本书中,调查表与调查问卷统称为调查表。因此,调查表是指以表单样式或问卷形式,向受访者征询并收集市场信息的调查工具。

1. 调查问卷的类型

调查表根据调查者对调查内容的控制程度,可以分为结构型调查表和非结构型调查表。

1) 结构型调查表。结构型调查表又称标准化或控制式调查表。它的特点是每个问题的提问方式和可能答案都是固定的,提问方式在调查时都不能改动,所有被调查者都回答同一种结构的问题。结构型调查表还可分为封闭式调查表、开放式调查表和半封闭式调查表三种样式。

(1) 封闭式调查表。它是指对提出的问题规定了备选答案,被调查者只需从已给定的答案中做出选择的问卷。它的优点是:答案标准化,便于归类整理;可事先编码,有利于信息处理;被调查者只需选择其中的答案,可以节省答卷时间。但是,封闭式问卷由于规定的答案有限,往往不能充分体现不同回答者的各种意见;同时,不同的人对同一问题的理解是不相同的,甚至会产生相反的理解,因而对问题的不正确理解难以识别。

(2) 开放式调查表。它是指只提出问题,不提供任何备选答案,由被调查者自由回答的调查表。这种调查表所列的每个问题对被调查者来说都是一样的,但可根据自己的理解自由回答。其优点是,回答者可以充分发表自己的看法和意见,对某些答案过多的问题尤其适宜。但开放式调查答案多种多样,不规范,资料分散,难以量化,编码困难,对某些较复杂的问题,回答者要用较多的时间去思考,容易引起回答者的不快或拒绝回答。此外,这种问卷要求回答者要具有一定的写作技巧和语言表达能力。

(3) 半封闭式调查表。它是封闭式问卷和开放式问卷相结合的调查表。如在一个问题中,除给出一定的标准答案外,还列出"其他"等开放式答案以备被调查者在"其他"下自由作答。或者在整个调查表中,一部分问题是封闭性的,一部分问题是开放性的。半封闭式调查表可以兼顾封闭式问卷和开放式调查表的优点,克服其局限性。

2) 非结构型调查表。非结构型调查表是指事先不准备标准表格、提问方式和标准化备选答案,只是规定调查方向和询问内容,由调查者和被调查者自由交谈的调查表。需要指出的是,非结构型问卷并不是真正没有结构,只是调查表结构没有固定的形式而已。为了了解某方面的情况,调查者必须事先准备一些问题,写在纸上或留在记忆中,然后对被调查者进行提问。在不改变调查内容和方式时,可以改变提问的方式。如"你旅游的目的是什么?""你为什么要旅游?"这样提的目的都是一样的,只不过是提问的方式不同而已,被调查者不受标准答案的限制,作自由式的回答。非结构型调查表所需人力、物力较多,花费的时间较长,因此它只适用于小样本调查。其优点是,可发现新情况,可用于探索性调查,也可用于检验结构型调查表的准确性。

通过调查表进行调查可以进一步明确调查主题,能使调查内容具体化、条理化、规范化,有利于在调查中简明地填写记录所需的数据或资料,也有利于调查后对这些数据或资料进行分类、汇总、整理和分析。调查表的设计是否科学完善,直接影响调查的质量与效果,它是执行市场调查的重要环节。

2. 调查表设计的原则与构成

1) 调查表设计的原则。

(1) 目的性原则。调查表是服务调查主题的,因此调查表所拟定的问题不能偏离调查主题。这就要求在调查表设计时,重点突出,根据实际需要,既不能漏掉应取得(包括相关性)的资料,也不能收集不必要的资料。

(2) 匹配性原则。匹配性原则是指要使被调查者的回答便于进行检查、数据处理和分析所提问题都应事先考虑到便于对问题的结果做适当分类和解释,使所得资料便于做交叉分析。

(3) 顺序性原则。顺序性原则要求问卷中的各种问题要排列有序、合理。一般而言,要把握"先易后难,先简后繁"要领,把容易回答的问题放在前面,较难的问题放在中间,敏感性问题放在后面,把封闭性问题放在前面,开放性问题放在后面。同时,要注意问题的逻辑顺序,如按时间顺序、类别顺序等合理排列。

(4) 简明性原则。简明性原则要求调查表中的提问要注意用语准确,含义清楚,简明扼要,切忌模棱两可和诱导性提问。

(5) 可接受性原则。可接受性原则要求调查表征询的问题和内容,要能够让被调查者接受。在设计调查表时要注意在问卷说明词中把调查目的告诉对方。说明词要亲切、温和,提问要自然、有礼貌和有趣味,必要时可采用一些物质鼓励,并承诺为被调查者保密,以消除其心理压力,使被调查者自愿参与,认真填好调查表。

(6) 穷尽性原则。穷尽性原则是指每个问题中所列出的备选答案应包括所有可能的回答。这是为了使所有被调查者都能在给定的备选答案中至少选择出一项适合自己回答的答案,不至于因所列出的答案中没有合适的答案可选而放弃回答。

例如：您的最高学历背景是（　　）。

A. 初中　　　　　　B. 高中　　　　　　C. 大学　　　　　　D. 研究生

该题设计明显违背了穷尽性原则，存在两个问题：一是初中以下情况的没有反映，二是中专、高职等情况没有反映。

（7）互斥性原则。互斥性原则要求在调查表设计时，问题的答案应当清晰、明确、互相排斥，不允许出现两个或多个答案交叉重叠的现象。

（8）客观性原则。客观性原则要求调查者在设计调查表时，要遵守客观性原则，不能持有主观性立场，避免诱导式或引导式提问，杜绝个人感情流露到调查问题上。

例如，有如下四个备选问题：

A. 科学表明，钙是人体生理上不可缺少的元素。您认为您的孩子需要补钙吗？

B. 保护环境是一项基本国策。您认为污染严重的企业要"关停转"吗？

C. 中国传统尊崇"洞房花烛夜"，您如何看待婚前同居问题？

D. 一些商家打折总是先提价后打折，您是否反对"打折"销售？

显然，以上四个问题均存在主观性倾向，将会诱导被调查者答案的选择。

2）调查表的构成。一份完整的调查表，主要包含调查表表头、说明词、主体内容和附注四项。

（1）表头。调查表表头，主要用来表示调查表的标题，填写单位的名称、性质、隶属关系等基本情况，以及调查表的编号。这些资料中，有的是复核调查资料的依据，有的则是对资料进行分类的标准。

（2）说明词。说明词可以看作为调查表的导言和介绍词。说明词要通俗易懂、简明扼要、用语得体，不仅要向受访者介绍调查的目的和意义，也要向被调查者表示感谢和承诺保密隐私。好的说明词，能够起到激发被调查者兴趣的功效。

（3）主体内容。这是体现调查项目和内容的部分，是调查表的主体。它包括需要调查的各种项目、标志或指标名称，以及纵栏和横行的编号、计量单位等。

（4）附注。附注主要包括调查人或填表人的签名和调查日期，以及有关调查项目的注释或说明。

三、数据处理与分析

(一) 常用数据处理工具

处理和分析数据的工具较多，在这里重点介绍 Excel、SPSS、SAS 三种常用的数据处理工具。

1. Excel

Excel 也称为 Microsoft Excel，即微软 Excel，有时在中文里翻译为表格软件。在市场调查中，Excel 是重要的、基本的数据录入、处理和分析工具。它主要有三个用途：一是作为录入数据的基本工具；二是绘制图和表使用；三是数据分析。

Excel 作为录入数据的基本工具，是最早使用的微软软件之一，很多使用者在学生时代就非常喜欢使用这一软件，因此纵然在工作时使用更为强大的数据处理工具（如 SPSS、SAS）时，仍然喜欢先将数据录入 Excel，然后再从 Excel 中把数据导入所需要使用的软件。

Excel 的工具栏中有"插入"选项，"插入"项的图分析就包含柱形图、拆线图、饼图、条形图、面积图、散点图等，使用者可以根据需要选择适当的图分析。而且，Excel 本身就是表格样式，所以可以根据数据分析的需要很容易绘制精美、准确的表格窗口，甚至可以复制到 Word 和 PPT 等软件。正是因为如此，Excel 深受使用者喜爱。

运用 Excel 分析数据，需要在 Excel 上安装必要的插件，也需要专业人士的操作。

2. SPSS

SPSS 最初软件全称为"社会科学统计软件包"（Solutions Statistical Package for the Social Sciences），但是随着 SPSS 产品服务领域的扩大和服务深度的增加，SPSS 公司已于 2000 年正式将英文全称更改为"统计产品与服务解决方案"（Statistical Product and Service Solutions），这标志着 SPSS 的战略方向正在做出重大调整。它最突出的特点就是操作界面极为友好，输出结果美观漂亮，在管理、财经、金融等领域有着广泛的应用。

SPSS 几乎将所有的功能都以统一、规范的界面展现出来，使用 Windows 的窗口方式展示各种管理和分析数据方法的功能，对话框展示出各种功能选择项。用户只要掌握一定的 Windows 操作技能，粗通统计分析原理，就可以使用该软件为特定的科研工作服务。SPSS for Windows 是一个组合式软件包，它集数据录入、整理、分析功能于一身。用户可以根据实际需要和计算机的功能选择模块，以降低对系统硬盘容量的要求，有利于该软件的推广应用。SPSS 的基本功能包括数据管理、统计分析、图表分析、输出管理等。SPSS 工具具有界面友好、操作简便、编程方便、功能强大等特色。它比 Excel 界面更完善、功能更强大，比 SAS 软件编程更简单，因此更适合应用于社会科学的研究与分析。所以,本书将重点讲述如何运用 SPSS 进行数据处理和分析。

3. SAS

SAS(Statistics Analysis System)"统计分析系统"是美国 SAS 软件研究所研制的一套大型集成应用软件系统,具有完备的数据存取、数据管理、数据分析和数据展现功能,提供了包括统计分析、经济计量分析、时间序列分析、决策分析、财务分析和全面质量管理等工具。由于其具有强大的数据分析能力,一直为业界著名软件,在数据处理和统计分析领域,被誉为国际上的标准软件和最为权威的优秀统计软件包。

由于 SAS 系统的操作至今仍以编程为主。因此,系统地学习和掌握 SAS,需要花费一定的时间和精力。但不管怎样,SAS 作为专业的统计软件已广泛应用于政府行政管理、科研、教育、生产和金融等不同领域,并已成为专业研究人员进行统计分析的标准软件。

(二) 描述性统计

描述性统计分析是市场调查资料分析中最常用的定量分析方法,主要用于描述和评价调研现象的数量特征和规律。例如,规模、水平、结构、集中趋势、离散程度、增长速度、发展趋势等,都是需要用描述性统计进行衡量的指标。以下,将重点介绍频数、集中趋势和离散程度的相关指标和描述性统计。

1. 频数、频率

样本数据的测试各式各样,有的是数值、有的是顺序,也有的表示名义。但是,在有限的样本数据集中,都面临着同样的样本出现的次数问题。由此,在一个样本集中,同样的样本(值)出现的次数,我们称为频数或频次(Frequency)。

与频数相对应的是频率,频率就是该类样本值出现的次数占总样本量的比重。在描述性统计中,由于总样本数量是不同的,频次的大小也不相同,为便于不同样本之间的比较,频率的应用会更加广泛。如果一个样本数据集中,总样本数量为 n,由此某类样本(值)出现的频率就可以由以下公式计算:

$$某类样本值的频率 = 该类样本值出现的频数/n$$

2. 集中趋势

(1)众数。众数(Mode)是一组数据中出现次数最多的数值,用 M 表示。简单地说,众数就是一组数据中占比例最多的那个数。它表示数据在统计分布上具有明显集中趋势点的数值,能够较好代表数据的一般水平(众数可以不存在或多于一个)。

例如:1,2,2,3,3,3,4,4 的众数是 3。

(2) 中位数。中位数(Median)又称中值,它代表一个样本、种群或概率分布中的一个数值,其可将数值集合划分为相等的上下两部分。对于有限的数集,可以通过把所有观察值高低排序后找出正中间的一个作为中位数。如果观察值有偶数个,通常取最中间的两个数值的平均数作为中位数。例如,数据组:23、29、20、32、23、21、33、25、20。我们将数据排序 20、20、21、23、23、25、29、32、33。其中间数为 23,这个数就是中位数。

(3) 均值。平均数是最简单统计值,也可以表示一组数据集中趋势的量数。小学数学里所讲的平均数一般是指算术平均数,也就是一组数据的和除以这组数据的个数所得的商。在统计中算术平均数常用于表示统计对象的一般水平,它是描述数据集中位置的一个统计量。既可以用它来反映一组数据的一般情况和平均水平,也可以用它进行不同组数据的比较,以看出组与组之间的差别。用平均数表示一组数据的情况,有直观、简明的特点,所以在日常生活中经常用到,如平均速度、平均身高、平均产量、平均成绩等。一般提及的均值,都是运用算术平均值衡量的。

设 X_i 是 n 个样本数据的某样本值,则其算术平均值 $\bar{X}$ 的计算公式为:

$$\bar{X} = \frac{1}{n} \sum X_i$$

3. 离散程度

对样本数据集合的离散特征的描述,可以分为两大类:一是点状描述;二是区间描述。前者主要包括极大值与极小值、上下四分位点等。后者包括极差、样本离差和样本方差等。

1) 关于点状描述。

(1) 极大值与极小值。适用于顺序级以上的数据,可以对各个数据值进行从小到大排序,位于这组序列的第一个数据就是极小值,位于最后一位就是极大值。也可这样认为,这些数据中的最大值就是极大值,其最小值就是数据中的极小值。

(2) 上下四分位点。上四分位点(Lower Quartile)与下四分点(Upper Quartile),有时也称为上四分位数和下四分位数,它们在一定意义上反映了样本数据的离散情况。针对适用顺序级以上的数据组,上四分点把排序后的样本数据集合成了左、右两部分,使左边部分包含 75%(3/4)的样本总个数,右边部分包含 25%(1/4)总个数。同样,下四分点把排序后的样本数据集合,分成了左右两部分,使左边部分包含 25%(1/4)总个数,右边部分包含 75% (3/4)的样本总个数。一般情况下,下四分位点记为 $Q1$,上四分位点记为 $Q3$。

2) 区间特征的离散程度描述。

(1) 极差。极差(Range)定义很简单,即为极大值与极小值之差,一般计为 R,它反映了样本数据离散的最大范围。例如 $X_{max} = 303$, $X_{min} = 180$,则 $R = 303 - 180 = 123$。

(2) 四分位距。四分位距(Interquartile Range)是指样本数据的上四分位数与下四分位数之差,一般计为 Iqr。即有,$Iqr = Q_3 - Q_1$。它反映了集中在中间大部分数据的离散程度。

(3) 离差平方和。理解离差平方和概念,首先要了解样本离差。样本离差是每一个样本值与样本均值的差,它又称为样本中心化数据。设 X_i 是样本数据的样本值,则样本离差为 $X_i - \bar{X}$。

显然,样本离差有正有负,所有样本离差之和必然为 0,这样便不能反映样本整体对样本均值的偏离情况。所以,采用离差平方和的方式来反映样本数据对均值的总偏离程度,就具有重要意义。

由此,离差平方和定义:$\sum_1^n (X_i - \bar{X})^2$。

(4) 样本方差。根据统计学知识知道,离差平方和 $\sum_1^n (X_i - \bar{X})^2$ 是由 n 个离差平方和相加,但实际上仅有 $n-1$ 个有意义。故统计学,把样本方差 S^2 定义为:$\frac{1}{n-1} \sum_1^n (X_i - \bar{X})^2$。样本方差,也称为标准差。

(三) 主要定量分析

1. 假设检验分析

做假设检验分析之前,首先应了解以下相关概念。

原假设 $H0$:在统计学中,把需要通过样本去推断正确与否的命题,称为原假设,又称零假设。它常常是根据已有资料或经过周密考虑后确定的。

备择假设 $H1$:与原假设对立的假设。

显著性水平 α:确定一个事件为小概率事件的标准,称为检验水平,亦称为显著性水平。通常取 $\alpha = 0.05$,或 0.01 或 0.1。

另外,假设检验的步骤如下:

(1) 提出假设:原假设 $H0$ 及备择假设 $H1$。

(2) 选择适当的检验统计量,并指出 $H0$ 成立时该检验统计量所服从的抽样分布。

（3）根据给定的显著性水平,查表确定相应的临界值,并确定拒绝域。

（4）根据样本观察值计算检验统计量的值 H_0、H_1。当检验统计量的值落入拒绝域时拒绝 H_0 而接受 H_1;否则不能拒绝 H_0,可接受 H_0。

假设检验可以运用 SPSS 进行处理。录入数据后,依次点击"分析"→"比较均值"→"独立样本 t 检验",然后选择"检验变量"和"分组变量"及"置信区间",就可以得到相关结果。相较其他分析,SPSS 处理假设检验较为简捷,在此不再引例详述。

2. 方差分析

在商业研究和市场调查中,很多情况下需要研究和发现影响行业、企业、部门或项目的绩效(收益、效率、利润、销售额等方面的指标)受哪些因素影响,而且为了提高绩效,有必要找出哪些因素对它有显著影响,哪些因素没有显著影响。以市场调查为例,经常会发现影响产品销售量和销售额的因素有很多。影响产品营销效果有很多因素,有内部因素有外部因素,有主观因素有客观因素,例如广告、销售渠道、公共形象、产品质量、销售人员素质等。改变它们其中任何一个因素,都有可能影响到产品销售量和销售额,或者公司经营业绩。既然如此,可以根据实际情况,剥茧抽丝,对那些关键性因素加以区分和控制。而且,我们一旦掌握了这些关键性因素,就会知道如何来加强营销管理,降低营销成本,从而改善经营业绩,提高企业利润。因此说,方差分析是市场调查分析数据常用的、有效的统计方法。

方差分析(ANOVA)是分析可控因素(也称控制变量,如营销方式)的不同水平是否对试验指标(也称观察变量,如销售额)产生了显著影响,如果可控因素的不同水平对观察变量有显著影响,那么它和随机因素的共同作用必然使试验指标的数据有显著变动。可见,方差分析就是鉴别各因素效应的一种判断统计方法,它是从相同因素的不同水平(单因素方差分析)或整体上不同因素(多因素方差分析)对响应变量的影响是否存在差异进行分析的方法,甚至能通过对数据变异来源的分析,判断哪些因素或因素间交互效应是影响数据差异的众多因素中的主要因素。根据可控因素的个数。可以将方差分析分成单因素方差分析和多因素方差分析。

3. 简单的相关分析

变量之间的关系一般分为两种:一是确定型关系,如函数的变量之间关系;二是不确定型关系,如随机统计量之间关系。如果知道一个变量对另外一个变量的影响程度,就通过控制一个变量去影响另外一个变量。那么,如何测随机统计量之间相互关系或相关程度,便成关键之所在。著名统计学家卡尔·

皮尔逊设计了统计指标——相关系数(Correlation Coefficient)，便解决了这一问题。最简单情形为，存在两个随机变量 X 和 Y，经过 n 次抽样，可以得到样本组 $(X_1, Y_1), (X_2, Y_2), \cdots, (X_n, Y_n)$，则样本的相关系数 γ 定义如下：

$$\gamma = \frac{\sigma_{XY}^2}{\sigma_X \cdot \sigma_Y} = \frac{\sum (X_i - \bar{X})(Y_i - \bar{Y})}{\sqrt{\sum (X_i - \bar{X})^2} \cdot \sqrt{\sum (Y_i - \bar{Y})^2}}$$

其中，$-1 \leqslant \gamma \leqslant 1$。当 $\gamma > 0$，X 与 Y 之间存在正相关；当 $\gamma < 0$，X 与 Y 之间存在负相关；当 $\gamma = 0$，X 与 Y 之间完全不相关；当 $|\gamma| = 1$，X 与 Y 之间完全相关。

4. 线性回归分析

对于自变量 x，因变量 y，如果存在形如 $y = a + bx + \varepsilon$ 的线性关系(ε 随机扰动项)，由最小二乘法，则有：

$$b = \frac{n \sum x_i \cdot y_i - \sum x_i \cdot \sum y_i}{n \sum x_i^2 - \left(\sum x_i \right)^2}$$

$$a = \bar{y} - b\bar{x}$$

以上线性回归为最简单的一元线性回归模型。

如果因变量 Y 变动受多种因素影响，如 $X_1, X_2, \cdots, X_k$ 等。则可以建立多元回归模型如下：

$$Y = b_0 + b_1 X_1 + b_2 X_2 + \cdots + b_k X_k + \varepsilon$$

其中，$Y = (y_1, y_2, \cdots, y_n)^T$，$X_i = (y_{i1}, y_{i2}, \cdots, y_{in})^T$，$\varepsilon = (\varepsilon_1, \varepsilon_2, \cdots, \varepsilon_n)^T$。

取 $X = (1, X_1, X_2, \cdots, X_k)$，$B = (b_0, b_1, b_2, \cdots, b_k)^T$，则有 $Y = XB + \varepsilon$。由最小二乘法，得到

$$\hat{B} = (X^T X)^{-1} (X^T Y)$$

若 k 等于 0，则以上模型就退化为一元线性回归模型，可见一元线性回归模型是多元线性回归模型的特例。

四、撰写调研报告

市场调查的结果最终将报告形式展现其智力成果，这就是市场调查报告。市场调查报告是围绕市场调查课题，依据客观的市场调查资料，整合与

调查课题相关的信息,通过科学的市场调查分析,完成市场调查课题的总结和汇报。它既可以书面方式向管理者或用户报告调研的结果为口头汇报和沟通调研结果的依据,还可以制作成多媒体演示课件,向决策者或客户演示、解说和沟通。一般而言,市场调查报告是调查报告的一个重要种类,它是以科学的方法对市场的供求关系、购销状况以及消费情况等进行深入细致地调查研究后所写成的书面综合报告。市场调查报告的作用在于帮助企业了解掌握市场的现状和趋势,增强企业在市场经济大潮中的应变能力和竞争能力,从而有效地促进经营管理水平的提高。

(一) 市场调查报告的意义

市场调查报告是市场调查分析与预测的最终成果,也是完成市场调查课题任务的集中体现。这就如同,市场调查报告是最终产品,市场调查和分析是流水线上半成品,最后的撰写就等同于产品的最后组装;再好的半成品,如果没有组装好,也将会前功尽弃。事实表明,无论调研课题多么有价值,调查表设计多么详细周密,样本量选取多么具有代表性,数据收集、质量控制多么严格,数据分析多么科学严谨,如果最终交不出一份清晰的、务实的、高质量的市场调查报告,那么就无法了解市场和掌握市场,无法为企业决策提供客观依据,那么也可以说,这样的市场调查活动是不成功的。因此,市场调研报告具有十分重要的意义。

(1) 市场调查报告是市场调查活动的重要环节,也是完成市场调查课题的重要标志。我们知道,当进行一个市场调查课题时,我们可能是市场调研人员,也可能是市场调研课题的委托人,但不管理怎样,最终都要把市场调查结果以市场调查报告的样式,交付给企业经理人员、最高管理层、营销主管,或者市场调查课题委托人。如果没有市场调查报告,这个市场调查过程就没有完成。所以,市场调查人员或委托人最为关心的核心就是市场调查报告。

(2) 市场调查报告是市场调查活动成果的集中体现。市场调查报告是调查与分析成果的有形产品,它将调查研究的成果以文字和图表的形式表达出来。市场调查报告一般是以书面形式呈现的,内容极为丰富,分析过程具有系统性。它可以介绍调研背景,说明调研原因,陈述调研过程,讲明调研方法,分析调研资料,说明调研结果,得出调研结论,给出调研建议,并由此可以方便决策者参考,进而采取相应行动决策。因此说,市场调查报告是市场调查成果的集中体现。

(3) 市场调查报告是衡量市场调查工作质量水平的重要标志。市场调查报告不仅是市场调查成果的集中体现,也是市场调查成果的历史记录,以衡量市场调查工作的质量水平。尽管市场调查与市场预测所采用的方法、技术、组织过程及资料分析、预测的方式也是衡量市场调查质量的重要方面,但市场调查报告无疑是最重要的部分。市场分析报告是调查活动的有形产品。当一项市场调查与市场预测项目完成以后,调查报告就成为该项目的少数历史记录和证据之一。作为历史资料,它有可能被重复使用,进而实现其使用效果的扩增。

(4) 市场调查报告是指导市场活动实践的基本依据。市场调查的最后一个环节,是提出调查与预测结论和建议,并追踪调查结果,这需要调查报告的呈现为相关企业(行业)的市场经营活动提供有效的导向作用,为企业(行业)的决策提供客观依据。市场分析报告比调查资料更便于阅读和理解。从某种意义上说,市场调查目的是为了写出科学满意的调查报告,去指导营销实践工作。市场调查报告是市场调查成果的综合体现,也是指导市场实践活动的基本依据。

(二) 市场调查报告格式

良好的市场调查报告格式,表现出调查者的优秀业务素养。一篇结构清晰的调查报告,不仅可以真实反映调研内容和调研结果,而且可以让委托方或阅读者准确、快速地了解调研结果。

美国市场调查专家雷斯·马尔霍查在他《市场调查》一书中提出了规范的市场调查报告格式。他认为,市场调查报告格式应当包括扉页、信函、目录、经理览要、正文、附件等六大部分。

其中,扉页是指在报告封面或衬页之后、正文之前的一页。扉页上一般显示调研参与者、委托方、调研时间等。扉页起装饰作用,可以增加报告的整体美感。信函主要包括递交信、委托信等。目录包括总目录、表格目录、附表目录、证据目录等。经理览要主要是为经理人阅读提供简要报告。正文部分主要包括提出问题、分析问题、解决问题等内容,具体需要阐释问题界定、解决问题方法,介绍调查设计,进行资料分析,指出调研结果,说明局限和警告,最后总结结论与建议。附件主要是调研过程中所产生量表、辅助证明材料,以及数据分析结果等。而国内一般市场调查报告的常用格式主要包括标题、目录、概述、正文、结论与建议、附件等几部分组成。

1. 标题

标题和报告日期、委托方、调查方,一般应打印在扉页上。关于标题,一般要与标题在同一页,把被调查单位、调查内容明确而具体地表示出来,如《关于哈尔滨市家电市场调查报告》。有的调查报告还采用正、副标题形式,一般正标题表达调查的主题,副标题则具体表明调查的单位和问题。

2. 目录

如果调查报告的内容、页数较多，为了方便读者阅读，应当使用目录或索引形式列出报告所分的主要章节和附录，并注明标题、有关章节号码及页码，一般来说，目录的篇幅不宜超过一页。例如：目录 1. 调查设计与组织实施；2. 调查对象构成情况简介；3. 调查的主要统计结果简介；4. 综合分析；5. 数据资料汇总表；6. 附录。

3. 概述

概述主要阐述课题的基本情况，它是按照市场调查课题的顺序将问题展开，并阐述对调查的原始资料进行选择、评价、得出结论、提出建议的原则等。主要包括三方面内容：第一，简要说明调查目的。即简要地说明调查的由来和委托调查的原因。第二，简要介绍调查对象和调查内容，包括调查时间、地点、对象、范围、调查要点及所要解答的问题。第三，简要介绍调查研究的方法。介绍调查研究的方法，有助于使人确信调查结果的可靠性，因此对所用方法要进行简短叙述，并说明选用方法的原因。例如，是用抽样调查法还是用典型调查法，是用实地调查法还是文案调查法，这些一般是在调查过程中使用的方法。另外，在分析中使用的方法，如指数平滑分析、回归分析、聚类分析等方法都应作简要说明。如果部分内容很多，应有详细的工作技术报告加以说明补充，附在市场调查报告的最后部分的附件中。

4. 正文

正文是市场调查分析报告主体部分。这部分必须准确阐明全部有关论据，包括问题的提出到引出的结论，论证的全部过程，分析研究问题的方法，还应有可供市场活动的决策者进行独立思考的全部调查结果和必要的市场信息，以及对这些情况和内容的分析评论。

5. 结论与建议

结论与建议是撰写综合分析报告的主要目的。这部分包括对引言和正文所提出的主要内容的总结，提出如何利用已证明为有效的措施和解决某一具体问题可供选择的方案与建议。结论和建议与正文部分的论述要紧密对应，不可以提出无证据的结论，也不要没有结论性意见的论证。

6. 附件

附件是指调查报告正文包含不了或没有提及，但与正文有关必须附加说明的部分。它是对正文报告的补充或更详尽说明。包括数据汇总表及原始资料背景材料和必要的工作技术报告，如为调查选定样本的有关细节资料及调查期间所使用的文件副本等。

本 章 小 结

（1）理解营销调研。营销调研是指运用科学的方法，客观地收集、整理和分析各种来源的营销资料和数据，做出系统的判断、预测或决策的过程。在实践中，运用营销调研的 11 个步骤。并且理解和认识探索性调研，描述性调研、因果性调研，能够在营销策划中选择适当的调研方式。

（2）调研就是为了获取相关信息，获取信息或资料，分为一手资料和二手资料。其中，二手资料是调研的前提和基础。获取二手资料主要是通过公开的或非公开数据，进行查找。获取一手资料，主要采用观察法、访问法、实验法和问卷法。其中问卷法是最为常见的使用方法，特别是在网上或移动端上的问卷形式是大学生当前最喜欢的调研方式。

（3）进行营销策划的调研，主要包括四个方面的内容：一是调研方案的策划与设计；二是调查问卷设计；三是数据处理与分析；四是撰写调研报告。

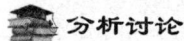 **分析讨论**

克莉丝汀经营现状的调研报告①

一、调研背景

中国烘焙业从无到有经历了 30 多年的发展历程——从 20 世纪 80 年代初跟风日式、港式面包起步，到 90 年代大批台资烘焙厂商涌入内地，再到近几年国内烘焙企业已然初具实力。据权威调查显示，近年来，我国烘焙行业增长速度一直保持在 20% 以上，目前已经达到 2 500 亿元的产业规模，预计到 2016 年整个行业产业规模将达到 3 000 亿元。烘焙产业以及电商的高速发展也带动线上交易，预计 2016 年线上交易量将达到 500 亿元。相关专家预测甚至未来 30 年烘焙市场仍将高速增长，并且二三级城市烘焙市场容量的增长速度可达 30%，2017 年我国烘焙食品行业销售收入将达到 4 700 亿元。巨大的市场潜力吸引了众多参与者，从而引发了烘焙市场白热化竞争。

20 年前，克莉丝汀刚刚从我国台湾地区进军内地市场时，作为一种新潮西式文化的典型代表主营中西糕点、面包、裱花蛋糕和月饼等，但如今，随着外资烘焙品牌不断涌入中国市场，克莉丝汀逐渐变得低端，已然失去了原本

---

① 该调研报告由上海商学院杨祖惠、朱瑶君、张姝婷、朱梦婷、张方方五位同学完成。

的小资形象。为此,克莉丝汀仍在努力转型升级,不仅研发并升级了好邻居店,更积极开拓了西式冷链市场以及网上商城。

二、调研方案设计

以克莉斯汀企业为例,分别从官方数据、消费者调查问卷、门店访谈三个方面来研究其现状和存在的问题,并分析得出其经营管理的优缺点以及对其他同行业企业可提供的借鉴之处。

三、调研目的

对克莉斯汀企业的经营管理等方面进行调研,分析得出其优点,给其他面包店提供借鉴之处,并从中发现问题,提出改善建议。

四、调研方式和方法

(一)调研方法

(1)官方数据。

(2)消费者调查问卷。

(3)门店访谈。

(二)调研对象

(1)官方数据:克莉斯汀企业官方网站数据、年度报表。

(2)消费者调查问卷:社会各年龄层人员。

(3)克莉斯汀门店店长及售货员。

五、调研数据与分析

(一)官方数据调研与分析

1.克莉丝汀现状

(1)营业额亏损。克莉丝汀自从台湾进入内地市场以来,一直引领烘焙行业的潮流,稳居市场老大地位,已是家喻户晓的品牌。但受竞争与电商冲击,其经营形势不容乐观,实体门店的整体经营状况空前严峻。根据2016年4月17日发布的克莉丝汀2015年下半年财报显示,其营业收入约为10.6亿元,较2014年营业收入12.53亿元减少约15.27%;毛利润为5.01亿元,同比下降幅度约15.33%。同时为了维持企业的整体效益,克莉丝汀甚至通过关闭亏损门店来减少赤字,官方数据指出其门店总数由2013年年底的1 052家减少至2015年年底的760家,门店净减少292家,其中2015年一年共关闭门店192家。

(2)线上渠道。克莉丝汀不仅进驻了天猫网上平台,同时自建渠道拥有自己的官方商城。

同时,为了把握住线上消费者的需求,克莉丝汀针对线上消费者普遍年龄较轻、拥有一定的经济实力、追求新奇的特点开发了"少糖、少盐、少油"的西式冷链产品。

为加强物流配送服务，克莉丝汀表示首先会与第三方合作，然后逐渐在顾客较为集中的地区自己建设物流配送体系，仅把较边远的地区交由第三方来配送。

（3）线下渠道。公司在苏浙沪地区包括上海、南京、杭州等地拥有五间中央烘焙工厂，工厂向邻近门店提供产品、提供支援，减少了门店现场烘焙的压力。克莉丝汀门店目前大多数分布在苏浙沪，之后会着重向长三角市场的二、三线城市渗透。克莉丝汀目前销售网络包括克莉丝汀旗舰店、各大地铁站内以及附近的地铁店还有好邻居店。

2. 竞争环境分析

（1）优势。克莉丝汀打造的是"安心供给链"，克莉丝汀曾是经过 2010 世博会考验的面包供应商。克莉丝汀保证从源头开始的原料出产制作，到物流运送配送，以及到最终的门店销售，每一个产品生产运输环节都经过了严格的检查。

克莉丝汀占有一定的地理优势，大部分都设立在校区周围或者客流量大的交通路口，有利于增加客流量和来店人数。

采用"中央工厂制造＋直营连锁零售"的业态模式，克莉丝汀仍然坚持只做直营店，以确保整个产业链的安全以及产品的安全质量，不接受加盟。

克莉丝汀的品牌形象已经深深植入了苏浙沪地区的消费者心中，克莉丝汀对产品的严格把控让消费者对于克莉丝汀的产品安心放心。

（2）劣势。克莉丝汀已经连年亏损，并且关闭了很多亏损门店。

宣传力度不够，对于全新模式西式冷链和新系列产品的推出没有及时推广到消费者中去，收效甚微。

克莉丝汀的网上商城对于消费者来说认知度不高。

（3）威胁。外来品牌的不断涌入，目前烘焙行业的界限也更加模糊化。如今很多烘焙连锁店开始从内部摆设比如提供休闲座椅、产品线等方面向休闲的氛围改变。让顾客在店内就能享受饮品和糕点，营造一种休闲的氛围以吸引更多的客流。

克莉丝汀之前在团购市场做得很大，大都是政府企业订购送礼，在政府提倡反腐、限制三公消费的一系列政策影响下，全国月饼销售额受到了巨大的影响。克莉丝汀在这块业务受到很大冲击。之前克莉丝汀门店支付 60％都是使用预付券支付，如今在"三公"的影响下，预付券的销售量也受到了巨大影响,导致营业额收入下降。

房价上升导致房租成本上升,随着上海等地最低收入工资标准的提高,员工成本也在上升,导致克莉丝汀的经营成本大大上升。

(4) 机会。随着经济发展和文化的进步,烘焙食品已经从最初的饭后点心演变成了具有一定规模和市场前景,并且蕴含巨大商机的"行业蛋糕",各类品不仅深入百姓生活,以至于烘焙市场形成了巨大的行业市场。

但是我国的烘焙食品与国际的烘焙水平还有一定的差距,比如产品质量、产品品种、生产规模以及加工技术方面,还有很大的空间可以进步。

中国出现了许多关于食品安全方面的问题,所以人们对食品的要求越来越高,人们始终把健康放在第一位。而且人们现在的饮食观念也有了一定的改变,不再只关注于食品的口味。更关注于食品的天然、营养、保健、卫生、安全。因此。烘焙食品也必须以安全、卫生为最基本的发展趋势,要适应人们对营养的追求。克莉斯汀坚持品质和选料严格,将是一个发展的契机。

新推出的西式冷链方式方法不仅创新了产品结构,也延续了克莉丝汀一贯健康、绿色的宗旨,有很大机会受到消费者的青睐。

(二) 消费者调研结果与分析

本次调查共收到 80 份调查问卷,女性为 54 人,而男性人数为 26 人,顾客年龄分布最多的年龄段为 18~30 岁,所占比例为 45%,其次是 31~35 岁,所占比例为 37.5%。

在所调查的人中,在校学生和公司职员所占比例是最多的,分别为 30% 和 41.5%。在所调查的人员中,91% 的人都买过克莉丝汀的产品。通常克莉丝汀和 85 ℃ 是消费者最常光临的门店,所占百分比相同,为 70%。其次是宜之多。可见人们对克莉丝汀的消费热度还是挺高的。

表 3-1　消费者购买过的产品

选　项	小计	比　例
烘焙类面包、糕点、饼干	68	85%
奶油、冰激凌、慕斯、乳酪蛋糕	47	58.75%
果汁、功能型饮料	12	15%
零食、糖果	7	8.75%
其他	6	7.5%
本题有效填写人次	80	

从表 3-1 中可以看出,人们购买克莉丝汀产品时,烘焙类面包、糕点、饼干所占比重是最大的,为 85%,可见也是人们在克莉丝汀消费最多的产品。其次是奶油、冰激凌、慕斯、乳酪蛋糕,果汁、功能型饮料以及零食和糖果买的人相对较少,克莉丝汀主要出售烘焙类产品,因此人们对于零食和糖果的消费欲望也不高,也不常在克莉丝汀进行购买饮料。

人们在克莉丝汀的消费次数平均一个月为 1~2 次的比重占得最大,为 51.25%,还有 20% 的人一个月内在克莉丝汀的消费次数为 0 次的,人们较少在克莉丝汀门店进行消费,且他们一个月内在克莉丝汀的花费也较少,多数集中在 50 元以下,其次是 50~100 元,极少数会在克莉丝汀消费 200 元以上。

表 3-2　消费者购买的原因

题目\选项	1	2	3	4	5	平均分
品牌历史悠久,信任度高	5 (6.25%)	6 (7.5%)	26 (32.5%)	19 (23.75%)	24 (30%)	3.64
商品品质好,口感佳	9 (11.25%)	8 (10%)	25 (31.25%)	23 (28.75%)	15 (18.75%)	3.34
商品品种多,选择余地大	9 (11.25%)	11 (13.75%)	34 (42.5%)	14 (17.5%)	12 (15%)	3.11
用料健康,制作卫生	6 (7.5%)	5 (6.25%)	21 (26.25%)	24 (30%)	24 (30%)	3.69
店内环境优美	6 (7.5%)	5 (6.25%)	30 (37.5%)	27 (33.75%)	12 (15%)	3.43
工作人员服务态度好	8 (10%)	7 (8.75%)	28 (35%)	23 (28.75%)	14 (17.5%)	3.35
设有网上商城,购买渠道多样	9 (11.25%)	13 (16.25%)	39 (48.75%)	10 (12.5%)	9 (11.25%)	2.96
包装设计吸引人	8 (10%)	15 (18.75%)	36 (45%)	14 (17.5%)	7 (8.75%)	2.96
习惯性选择	10 (12.5%)	8 (10%)	28 (35%)	20 (25%)	14 (17.5%)	3.25
顺路购买	9 (11.25%)	5 (6.25%)	21 (26.25%)	28 (35%)	17 (21.25%)	3.49

从表 3-2 可见,消费者购买克莉丝汀产品的原因,主要是因为克莉丝汀

在制作产品时用料健康、制作卫生且品牌历史悠久,信任度高,由于追求方便,顺路购买也是很大一部分原因,其次是商品品质好、口感佳。可以看出消费者在购买产品时主要追求的是产品的安全与美味。

表3-3 消费者对克莉丝汀各方面的看法

题目\选项	1	2	3	4	5	平均分
产品定价	7 (8.75%)	5 (6.25%)	36 (45%)	22 (27.5%)	10 (12.5%)	3.29
产品口味	7 (8.75%)	6 (7.5%)	40 (50%)	18 (22.5%)	9 (11.25%)	3.2
产品种类	4 (5%)	8 (10%)	39 (48.75%)	23 (28.75%)	6 (7.5%)	3.24
门店设计	4 (5%)	10 (12.5%)	41 (51.25%)	16 (20%)	9 (11.25%)	3.2
服务态度	6 (7.5%)	5 (6.25%)	40 (50%)	19 (23.75%)	10 (12.5%)	3.28
促销活动	5 (6.25%)	11 (13.75%)	35 (43.75%)	18 (22.5%)	11 (13.75%)	3.24
创新程度	9 (11.25%)	15 (18.75%)	37 (46.25%)	12 (15%)	7 (8.75%)	2.91
广告宣传	12 (15%)	12 (15%)	38 (47.5%)	11 (13.75%)	7 (8.75%)	2.86

从表3-3中可以看出,人们对于克莉丝汀各个方面表现的满意程度,人们最满意它的商品定价与服务态度,可见消费者认为克莉丝汀的商品定价适中可以接受。但在调查中发现,消费者对于其创新程度与广告宣传的满意度是较低的,他们认为克莉丝汀的面包包装缺乏创意,不够吸引顾客,在广告宣传力度上也有所欠缺。

该矩阵图的平均分为3.15,大多数消费者对克莉丝汀的满意程度是满意,看来克莉丝汀在消费者的心目中还是认可的,但是也没有哪一方面能够拿到特别高的分数,克莉丝汀没有什么独特的标签让人印象深刻。

对于克莉丝汀好邻居店正在推出的西式冷链、现场烘焙加热的产品,绝大部分人认为很好且愿意尝试。人们会认为这是一种新的消费模式且愿意接受,也会引导人们去克莉丝汀进行消费。但是多数人从未听说过,也有少部分人是听过但没购买过,克莉丝汀没有能够让消费者了解接触到西式冷链,在宣传方面需要加强,这样才能吸引消费者来尝试。在推出新品时,克莉丝汀可以适时地抓住最佳宣传时机,结合顾客群体的需求将新模式和新产品的宣传与推广努力做到位,使其深入顾客的心中,并给予顾客充分的尝试与体验。

问卷调查的局限与不足:

(1)调查的人数有限,只有80人,不能很好地代表整个市场。对于调研的对象仅限于上海地区,有一定局限性。

(2)有些问题的选项范围太大,有些选项有引导性,得出的结果不够精准。

(三)门店访谈结果与分析

1. 访谈内容

访谈一

(1)地点:克莉丝汀仓场二店,上海嘉定。

(2)时间:2016年5月2日。

(3)采访对象:店长。

Q1:如今整个行业的竞争越来越激烈,加上互联网的冲击,克莉丝汀依然能够屹立不倒的原因是什么?有什么过人之处?

A:相对于目前正热的互联网销售模式,克莉丝汀企业历史悠久,根基较深,原先就占据了一定的市场份额。同时,公司总部现在也在不断调整产品。

Q2:就本店来说,本店还能够正常发展的原因是什么?

A:本店地理位置较为优越,位于城镇中心地段,公交线路汇集众多,客流量较大。并且在这一片区域内,同类具有较好口碑的品牌产品目前较少。

Q3:本店有没有在这样的大环境下出现什么问题,有什么需要改进的地方?或者说克莉丝汀在经营管理上有没有什么需要改进的地方?

A:面对网商的冲击,作为实体店来说,客流量确实遭到一定的影响。特别是在节假日中,网商团购活动较多且优惠力度大,相对来说更吸引消费者。克莉丝汀应在这方面也相应做出改进,更多地让利给顾客,吸引顾客,刺激消费。

Q4:您认为现在克莉丝汀转型推出的好邻居西式冷链是否能够得到消费者的青睐?

A:推出全新的西式冷链模式确实是一个不错的尝试,也是总部经过一定的调研后做出的决定。但就目前来说,好邻居西式冷链推广宣传做得还不到位,在顾客群体中知名度不高。所以要先吸引到顾客的目光,才能使他们做出尝试。不过我认为顾客还是会比较喜欢这种模式的。

Q5:克莉丝汀是否会大力发展线上销售,是否会考虑提供送货上门的服务? 为什么?

A:应该会发展,但主要由总部的电子商务部门负责。

Q6:如果方便的话能否提供下本店的销售量,最畅销的产品是什么?

A:日均约在 8 500 元。三明治系列是最畅销的产品。

Q7:请问本店租金大致需要多少? 人工成本大致需要多少?

A:租金由于合同规定不方便透露。人工差不多和本市最低人均工资持平。

访谈二

(1) 采访地点:克莉斯汀通河河路店,上海宝山。

(2) 时间:2016 年 5 月 2 日。

(3) 采访对象:店员。

Q1:您认为现在克莉丝汀转型推出的好邻居西式冷链是否能够得到消费者的青睐?

A:我们这家门店就是好邻居店,只是目前还没有完成装修,现场烘焙的工具和设施也还没布置到位。我认为这种模式肯定会受欢迎的,现在人们都倡导健康绿色的饮食,这种模式能够看到食物的原材料和制作过程,食材也相对新鲜。

Q2:如今整个行业的竞争越来越激烈,加上互联网的冲击,克莉丝汀依然能够屹立不倒的原因是什么? 有什么过人之处?

我们克莉丝汀的产品主打的就是健康,并且产品多样,种类丰富。另外据我所知,总部在南京设有很大的工厂,食品制作过程中把控十分严格,产品的质量绝对是令人放心的。现在推出的 GABA 胚芽系列中的 GABA 元素就是一种天然的氨基酸,非常健康,对人体特别好。

Q3:本店有没有在这样的大环境下出现什么问题? 有什么需要改进的地方? 或者说克莉丝汀在经营管理上有没有什么需要改进的地方?

问题肯定还是存在的,但我也不是管理人员,也不是太清楚具体的内容。

(4) 采访时发现的其他问题:

首先,进入这家店,有很重的气味,装修后的味道还没有散开。环境确实耳目一新。但很多设备都还没有安置好,然后收银员收银,POS 系统还不能正常使用,收银员手写记录。但是由于之前贴的告示是 5 月 1 日开张,所以只能匆忙开张。

访谈三

（1）采访地点：克莉丝汀华山路店，上海徐汇。

（2）时间：2016 年 5 月 6 日。

（3）对象：店员。

Q1：如今整个行业的竞争越来越激烈，加上互联网的冲击，克莉丝汀依然能够屹立不倒的原因是什么？有什么过人之处？

因为我们是品牌老店，口碑较好，顾客对我们也比较信任，回头客较多。管理制度也相对完善，管理比较到位，没有什么大的问题。

Q2：您认为现在克莉丝汀转型推出的好邻居西式冷链是否能够得到消费者的青睐？

A：我们店的面包都是现场烘焙的，用料健康新鲜，过程也是全透明的，顾客看得见健康，吃的也放心。我们不使用一次性餐具，减少不明成分的安全隐患，同时也减少二次污染；店内设有专门的餐具清洗消毒机器，对餐具的卫生也可以放心。

Q3：本店有没有在这样的大环境下出现什么问题？有什么需要改进的地方？或者说克莉丝汀在经营管理上有没有什么需要改进的地方？

A：对于实体门店来说，服务是比较重要的，只有将服务水平提升了才能给顾客很好的体验，这包括了产品的质量和门店店员的工作态度。

2. 访谈分析

克莉丝汀作为上海烘焙类面包店的名牌企业，在当前电子商务崛起的大环境下，以实体门店直营为主的克莉丝汀仍然能够屹立不倒的原因主要是它深入人心的品牌形象，对产品质量的严格把控和总部对门店完善的管理模式。企业所倡导的健康、绿色饮食方式也正符合了当下消费者的饮食习惯。

然而在这样的时代浪潮下，克莉丝汀虽没有被吞没，但也受到不小的影响。同类网店的出现势必会瓜分克莉丝汀实体店的份额和市场，导致克莉丝汀实体店顾客群体的减少。从访谈中我们也可以了解到，尤其是在促销活动上，由于网店没有实体门店，成本相对减少，这样他们可以更多地让利给顾客，团购活动、节假日促销活动层出不穷，这是克莉丝汀实体店不能与之抗衡的。针对这一情况，克莉丝汀门店店长也表示需在一定幅度内调整促销力度，来吸引消费者。

从 2014 年开始，克莉丝汀将一些门店转型升级。与克莉丝汀门店原本酒红色系的店标和暗色系的店堂不同，现在以紫罗兰为主色调，时尚而高雅，集烘焙店、便利店、快餐店三种模式为一体，带来了实体门店革命性的变化。与门店的升级更新一起推出的还有全新的西式冷链。西式冷链主要是将一些欧式的面包、蛋糕等在中央工厂生产出来后，通过急速冷冻、全程冷链运输的方式配送至各个门店，再冷冻储存、展示和销售。在门店中，解冻后的欧式面包、蛋糕等可现场进行微调理，或和其他新鲜食材进行现场自主搭配。在给顾客带来全新的模式、新颖的体验的同时也增加了更多选择和趣味性。另外，新门店增加了浓好 GABA 系列现制饮品，将 GABA 健康元素与各种新鲜蔬果搭配。这一系列的改革与创新都延续了克莉丝汀一贯健康、绿色的宗旨。

但是对于全新模式和新系列产品的推出，克莉丝汀没有适时地抓住最佳宣传时机，将新模式和新产品的宣传与推广做到位，使其深入顾客的心中。

在对于一些新开张门店或者是升级装修旧店的管理上，总部对于个别分店的管理和沟通上没有做到位，比如在采访中提到的油漆味还未散去、器械设施也没有布置到位，只是因为前期宣传的开张时间已至而匆忙开门迎客。这样不仅对提高销售没有帮助，还会给消费者留下不好的印象。克莉丝汀是倡导绿色健康的，而企业形象的树立更是尤为重要，所以总部在对于分店的日程管理方面要更加科学、严格把关。

六、提出建议

克莉丝汀在转型升级过程中显现出的问题与优势可以给同行业提供一定的警示与借鉴意义。对于不足去其糟粕，而精华则要积极汲取。面对不断激烈的市场竞争，烘焙店不仅转型需谨慎，切勿盲目跟风。在日常经营与管理中，也要时刻把握消费者的需求，寻找特色化的经营方式并不断完善提升。

首先，必须坚持选料严格和保证品质。克莉丝汀从始至终秉承了绿色健康的经营宗旨，这是其数十年来屹立不倒、成长为行业巨头的重要因素之一。而纵观市场也很容易发现人们在选择品牌或商品时始终把健康放在第一位，对食品的要求则尤为明显。因此，烘焙行业无论选择何种经营扩张方式都必须做到对产品及服务质量的严格把控，从而为品牌发展奠定厚实稳健的基础，并在消费者心目中维持良好的企业形象。

其次，时刻保持创新意识。如今在互联网主导的大环境下，不少烘焙类实体店都遭受到或多或少的网商冲击。而在这波浪潮中克莉丝汀之所以能够站稳脚跟，除了得益于其坚实的根基，企业能够及时意识到自身存在的缺乏创新、形象沉闷等问题并积极做出的改善措施则在很大程度上提升了克莉丝汀的整体实力。所以创新是非常有必要的。不仅仅在问题凸显时才意识到创新，烘焙行业应时时刻刻保持活跃的创新意识。关于如何创新可以从产品和服务两方面分别入手。首先对于产品,烘焙企业应着重打造真正属于自身标志性的同时能够吸引大部分客户的系列产品。具体而言,企业可充分利用我国各种杂粮比如荞麦、绿豆、黑麦、高粱、燕麦等品种的丰富且多样的特点开发出不同品种、不同颜色、美味营养安全保健且富含中华民族内涵的特色烘焙食品,从而吸引消费者的眼球。另外我们应当注意到在如今的市场环境中企业已不再可以凭借单一的低价占领市场,而是需要通过"服务"来赢得市场。因此在服务方面,烘焙店应注重加强与顾客的互动过程并提供积极的服务态度。例如,良好专业的售前咨询及售后指导都可以作为优质的附加价值捆绑提供给消费者,从而提升整体的顾客满意度。

第三,加强宣传。对于克莉丝汀来说,不论是品牌形象还是产品的宣传都没有实现与消费者的良性互动,导致消费者对于品牌的忠诚度较低,没有对新产品产生新鲜感与购买欲。因此,企业对于线上线下的宣传都需要着重加强。以线上为例,克莉丝汀在推出新系列产品时可以大胆借助新媒体新技术比如微信、微博等平台进行广泛宣传,将新品信息巧妙地传递给消费者,从而提高产品的知名度,刺激消费。另外还可以建设一些知识类网站或博客,方便顾客在了解一些烘焙知识的同时激发其消费欲望,并且潜移默化地培养起消费者的品牌忠诚度和信赖度。

第四,改善O2O经营模式。实体店和电商拥有不同的特性和功能,只有在线上线下相结合的基础上强化两者的不同侧重点,才能实现电商与门店的积极互动,使门店成为线上坚实的后盾,而电商则弥补门店布局的空白。因此,烘焙行业在发展实体店时,应着重于实体店与网商的差异以及服务质量的提升,以此稳定住已然拥有的空间市场。而在网商的扩展方面可以借鉴已然发展成熟的网站如天猫等,在与其合作的同时发展自己的网上商城,建立属于自己的电商渠道,实现自主经营。在后续的扩大网上销售市场方面,需以消费者的需求为出发点,结合网上商城的特色,并借助坚实广泛的门店力量开展宣传推广活动。例如,结合线下门店开展针对网上商城的独享优惠和新产品尝鲜价购买活动,以及加强在知名网站上的广告投放等,从而增加网上商城的知名度和在消费者群体中的曝光度以刺激销售。

问题讨论:

(1) 该报告主要运用了哪些调研方法?

(2) 调研的内容,有哪些需要进一步补充?谈谈自己的看法。

(3) 该报告的格式,有哪些值得肯定的地方?有哪些不足?

实践训练

(一) 市场调查计划书撰写

1) 目的:分析二手数据,确定调查主题,撰写市场调查策划书。了解市场调查策划书的内容,明确调研目的,列出调研内容,懂得调研预算等。

2) 要求:

(1) 分组讨论(3～5 人为一小组)。

(2) 参考某行业(某产品、某创业项目)的相关二手资料。

(3) 行业二手数据分析,运用 SWOT、PEST 工具进行分析。

(4) 确定调研主题。

(5) 撰写并提交调查计划书。

3) 成果提交方式:调查计划书。

(二) 一手资料收集与设计调研问卷

1) 目的:掌握一手资料的调研方法,理解问卷设计原则及技巧,能够熟练使用问卷调研法,学会问卷设计。

2) 要求:

(1) 分组讨论(3～5 人为一小组,根据第一次分组固定下来)。

(2) 在第一次实践基础上,按照调研策划书的要求和安排,确定调研内容的问卷设计。

(3) 15～20 项调研内容,至少有一项开放式问题。

(4) 提交调查问卷,并指出每一项的设计合理性。老师修改后,着手发放问卷,进行资料搜集。

3) 成果提交方式:提交调查问卷。

(三) 整理和分析调查数据

1) 目的:能够运用 Excel 录入数据,掌握一种或多种数据分析工具,能够建立简单的模型,能够分析调查内容及相关因素之间的联系,掌握相关预测方法,能够解释数据处理的结果。

2) 要求:

(1) 分组(3～5 人为一小组,同上)。

(2) 延续以前调研情况,收集调研问卷(不少于 100 份),整理和录入数据。

(3) 简单描述性统计。

(4) 学会建立数据模型,分析变量间的关系,并能够对相关变量进行预测。能够掌握一种或多种实证分析方法。

（5）解释数据分析的结果。

3）成果提交方式：收入数据的过程，数据处理情况，描述性统计，实证分析的结果及解释，汇成报告。

（四）撰写市场调查报告

1）目的：掌握市场调查报告撰写的格式和主要内容，整合和汇总以往的实践成果。

2）要求：

（1）分组（3～5人为一小组，同上）。

（2）延续以前调研情况，在市场调查计划书、数据处理结果报告等基础上进行。

（3）撰写市场调查报告，字数4 000～8 000字。

（4）调查问卷、原始数据作附件，附在报告后面。

（5）PPT演示。

3）成果形式：市场调查报告及PPT演讲。

第四章　营销策划文案写作

　　一个营销活动的开展源于一个好的创意、一个好的策划文案及一支强有力的执行团队。仅有好的创意,但是对于具体营销活动的细节考虑不周全的文案,好创意也无法达到好效果。策划文案涉及企业各类资源的协同与配合,需要在有限的资源里获得最大的经济效果,营销策划是一项系统工程。因此,本章重点讲述策划文案写作中需要考虑的因素及文案写作的基本要求。

第一节　营销策划文案撰写原则及思考力

　　当企业中有新产品发布、新产品市场推广、不同季节或不同节日的产品促销、企业或品牌形象树立、VIP 会员招待、公关公益活动等,都需要企业营销部门通过组织各种营销活动来实现。而如何组织这些活动,营销部门需要调动哪些资源,在什么时间、什么地点去实施,实施过程可能会遇到哪些困难,活动实施如何保障,等等。对这些问题的思考,并将其详细描述下来,就构成了营销策划文案。

　　在撰写营销策划文案时,首先要把握原则,思考清楚那些关键问题,才能进行文案撰写。

一、营销策划文案撰写原则

1. 目的与目标原则

　　营销策划文案的撰写一定要结合企业的实际情况,明确本次营销策划的目的与目标原则。目的是要实现什么,相对比较抽象,带有普遍性、统一性的宗旨或者方针,如企业通过营销策划活动要实现销售业绩增长,提高品牌知名度,扩大市场份额等。而目标是目的的具体体现,是某种活动具有特殊性、个性化、阶段性的实现要求,如通过某次营销策划活动,销售业绩增长百分之多少,市场份额扩大百分之多少,是一个需要用具体数据反映的、企业应该在某个时间段实现的要求。目的是总的纲领,贯穿于各个具体目标中;多个不同阶段的目标的实现,最终达到目的。

2. 逻辑思维原则

任何文案的写作都需要遵循逻辑思维原则。逻辑思维是人类思维的核心形态,也是人类最基本、运用最广泛的思维方式,是依靠概念、判断和推理进行的思维活动。一切正常的人都具备逻辑思维能力。营销策划的目的在于解决企业营销中的问题,需要按照逻辑性思维的构思来撰写策划文案,文案结构要符合逻辑,文案内容亦要符合逻辑。首先是设定情况,交代背景,分析市场现状,提出策划的目的与目标;其次详细阐述具体策划内容;最后明确提出解决问题的对策。逻辑思维在营销策划文案撰写中体现了发现问题、目标设计、设想筛选、评价成果、总结提高等方面的作用。但这种思维模式同样存在局限性,容易形成思维定式,制约人们在营销活动创新方面的思维。

3. 可操作原则

营销策划文案撰写目的在于指导企业营销活动开展,涉及企业人、财、物各类资源的调用,涉及企业多个部门之间的协调与配合,因此文案中所设计的每个活动环节都应该具备可操作性要求。不能操作的方案创意再好也没有任何价值,而不易操作的文案也必然会造成企业大量人、财、物资源的耗费,导致管理复杂、显效低下。

4. 创意新颖原则

营销策划要具有创新性,提出的策划"点子"要新、内容要新、表现手法也要新,给人以全新的感受。新颖的创意是策划文案的核心内容。如在两广一带流行的"凉茶",经过重新定位,把"药饮"变成了"预防上火"的大众饮料。北京她他饮品公司,重新进行产品市场细分,把饮料分出男女,"让男女分别喝不同的营养水"的产品诉求,通过营销策划得到很好的体现,2004 年 3 月,"他+她-营养水"正式推向市场,其独特的创意立刻成为焦点,好评如潮,一周内产品订货量超过 2 亿元,并在 3 个月内创下了 6 亿元的订货量新高。

在互联网背景下,新技术的不断涌现,跨界营销成为企业营销活动的重要场景,创意更需要具有互联网特别是移动互联网思维、跨界场景思维、大数据思维、社交化网状思维等。

二、营销策划文案撰写的九项思考力

营销策划的目的是为了达成营销目标,对所要进行的营销活动的系统思考,并将思考的结果转化为策划方案,付诸实施。因此,任何营销策划需要做大量的准备工作。这些准备工作可以简单归结为九项思考力,即"6W+2H+1E"。如果这九项内容想明白了,营销策划撰写文案的主要内容也出来了!

1. "6W"含义

在管理职能中,计划是最为基本的管理职能。计划要明确的是为实现目标对所需要资源的配置,合理配置可以避免资源浪费,实现高效率。

(1) What goal(目标是什么),即进行营销策划目标是什么。

(2) When(何时完成),即开展的这项营销策划活动需要花费多长时间。

(3) Who(谁负责执行),即这项营销策划活动由哪些部门执行,谁来负责。

(4) Where(在哪里进行),即这项营销策划活动需要在哪里实施,涉及哪些区域。

(5) Whom(目标客户在哪里),即这项活动是针对哪些人开展的,想清楚目标客户群特性或需求特点。

(6) Why(为什么要这样做),即这项营销策划的缘由、背景及未来的前景是怎样的。

2. "2H"含义

(7) How to do/How to reach(如何做才能实现),即这项营销策划活动需要通过哪些环节、哪些步骤才能实现,事实上是要整合营销策略的有关内容,如定位、客户、产品、渠道、定价、促销等,特别是促销策略的整合。

(8) How much(营销预算),即这项营销策划活动需要多少开支,我们希望的是花小钱做大事。

3. "1E"含义

(9) Evaluation(有形效益与无形效益评估),即要对这项营销策划活动的结果进行评估,以检验活动是否带来预期的效果。

特别值得一提的是,要注意 How much 和 Evaluation 对整个营销策划的重要意义。如果忽视营销策划的成本投入,不注意营销策划实施效果的预测,那么,这种营销策划就不是一种成功的策划。

第二节　营销策划文案思考的重点内容

一般而言,营销策划文案是一个统称。不同行业,不同企业或非营利性机构,都需要开展营销策划活动,需要形成各类营销策划方案。具体可在细分为:产品策划案、渠道策划案、促销策划案、定价策划案、公关策划案、服务策划案、广告策划案、经营组织改革策划案、媒体策划案、公益策划案、现场店面环境策划案、作业流程策划案、市场调查策划案、品牌策划案、新事业拓展策划案、自有品牌策划案、商业模式策划、网络营销策划等。这些不同类型的策划案的文案撰写,都需要围绕上述九项思考力进行。

在这里我们介绍一般性营销策划文案,利用九项思考力需要思考的具体内容。具体反映在以下方面。

1. 活动背景、缘由

任何一项活动都不是凭空想象出来的,需要基于一定背景或者企业经营过程出现问题,通过有创意的营销活动打破现状,获得新局面。这就是九项思考力中"Why"所要思考的内容。

2. 活动目标

这是九项思考力中最为重要的一个内容,也是策划活动要做的目的。你需要回答:为什么要举办这次活动? 动机是什么? 要达成怎样的目标? 这个目标必须很有意义。比如推出一种新产品,或者让消费者更加深刻记住某个品牌,或者通过活动奖励优秀的销售人员,等等。不要将活动演变成一种掩饰策略,比如将有缺陷或者销路不好的产品,试图通过举办一次营销策划活动来扩大其销路,这样不仅不能解决问题,还会造成极大浪费。

在进行营销策划时,营销目标一定要提出具体数据,并作为考核与评估的依据。进行营销目标研究时要特别注意以下六大目标:①金额目标;②百分比目标;③数量目标;④排名目标;⑤预赛目标;⑥策略性目标与政策性目标。

例如,进行产品目标、促销目标、市场目标、品牌目标、客户满意度目标、渠道目标、服务目标、广告目标等设计时,可以考虑如下因素。

1) 产品目标:

(1) 新产品开发数(每年)达成率。

(2) 既有产品改善数(每年)达成率。

(3) 产品等级扩张延伸达成率。

(4) 产品线或产品组合完整性达成率。

2) 促销目标:

(1) 业绩大幅度提升。

(2) 会员/卡数大幅度提升。

(3) 卡运用频率提升。

(4) 顾客忠诚率再购率提升。

(5) 顾客层扩大。

3) 市场目标:

(1) 市场占有率目标。

（2）市场领导地位目标。

4）品牌目标：

（1）品牌知名度、喜爱度、忠诚度、信赖度、情感度。

（2）双品牌、多品牌、副品牌目标。

5）客户满意度目标：

（1）客户满意度。

（2）客户再购率。

（3）客户意见反馈数。

（4）客户良好口碑反应目标。

6）渠道目标：

（1）渠道多元化目标。

（2）渠道普及率（密集度）目标。

（3）各渠道贡献度目标。

（4）各渠道竞争力目标。

（5）加盟店净增加数目标。

（6）直销店净增加数目标。

7）服务目标：

（1）创新服务项目达成率。

（2）改善既有服务项目达成率。

（3）顾客黏着度提升。

8）定价目标：

（1）促销定价目标。

（2）提高定价目标。

（3）多元定价目标。

（4）差异定价（依地区/时段/消费者身份）。

9）广告目标：

（1）品牌知名度提升。

（2）销售业绩提升。

（3）企业形象提升。

（4）公益责任提升。

（5）品牌资产积累。

（6）市场占有率提升。

（7）新产品上架成功。

3. 活动主题、活动口号(标语、标志)

在产品推广、促销、节日庆典等活动中,不仅需要确定活动目标,还需要确定活动主题。活动主题是对整个策划内容的浓缩与提炼,而策划活动往往都是围绕这一活动主题开展的;也可以将其作为一次策划活动的口号,便于消费者理解与记忆。如一商家在 2015 年"七夕节"这一天开展一项促销活动,其活动的目的是:以"七夕节"为契机,密切公司与客户之间的关系,树立公司口碑,增强客户对公司的认同。活动目标:节日当天,使客流超过平时客流的30%~50%。活动主题:"2015 年七夕情人节活动心动 party!"或者"浪漫七夕,幸运 77!"这些主题也可以成为活动的宣传口号,并可以设计活动标志(LOGO),通过各种传播途径,快速吸引消费者,积极参与活动。

对 2 与 3 项内容的分析就是九项思考力中"What goal(目标是什么)"的具体体现。

4. 活动策略

营销活动的开展离不开营销战略与策略的实施。因此,需要思考如何运用营销战略及营销策略。一般,营销战略可以分为:竞争战略、市场地位战略、产品生命周期战略、发展战略。具体的内容如图 4-1 所示。

营销策略主要体现在:产品策略、价格策略、渠道策略和促销策略。

1)产品策略:

(1)丰富产品层次(核心产品、形式产品、附加产品、期望产品、潜在产品)。

(2)优化产品组合(产品组合的宽度、长度、深度与关联性);实施品牌营销(品牌使用、品牌名称、品牌定位)。

(3)设计包装与标签;实行服务营销(人员、

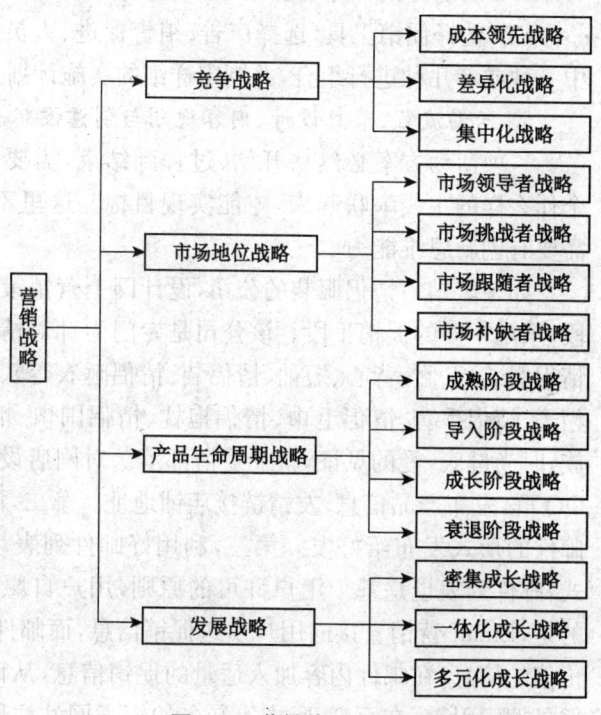

图 4-1　营销战略分布图

展示、过程）。

2）价格策略：

（1）选择定价方法（成本加成定价法、认知价值定价法、通行价格定价法、拍卖定价法）。

（2）进行价格调整（产品组合定价、价格折扣与折让、促销定价、差别定价）。

（3）发起价格变更与反应（发起降价、发起提价、对竞争对手的价格反应）。

3）渠道策略：

（1）选择渠道方式（自营渠道、中间商渠道、跨界等）。

（2）渠道设计决策（分析服务产出水平、建立渠道目标和结构、识别主要渠道选择方案与方案评估）。

（3）渠道管理决策（选择、培训、激励、评价渠道成员）。

（4）建立渠道系统（垂直渠道系统、水平渠道系统、多渠道系统）。

4）促销策略：

（1）明确促销目标（提升产品知名度、扩大产品销售、品牌推广等）。

（2）选择促销工具（选择广告、销售促进、人员推销、公共关系、直复营销中一种或者几种进行组合，并制定详细的实施计划）。

5. 活动流程、节目设计、内容规划与创意设想

一项活动方案必然从开始、过程到结束，需要全方位的思考。需要用一个什么样的主线串联起来，才能实现目标。这里不仅需要逻辑思维架构，更需要有创新思维能力。

如一家销售情侣服装的公司，设计网上营销策划方案时划分为不同的阶段，采用不同的促销手段。该公司是专门为针对情侣的，材质为竹纤维，包括情侣服装（T恤、背心、短袖、情侣装、情侣睡衣等）、情侣礼品、情侣饰品、情侣帽子、情侣手套、情侣毛巾、情侣抱枕、情侣围巾、情侣摆设。策划主题：竹之族，时尚健康，爱的见证，就在爱情部落。对网店设计的策划内容：第一，利用QQ群，发布产品信息，友情链接店铺地址。第二，群邮件，就是把产品信息用邮件的形式发布给好友。第三，利用好邮件列表，这也是一种 Email 营销方式，邮件列表也是基于用户许可的原则，用户自愿加入，自由退出，稍微不同的是，Email 营销直接向用户发送促销信息，而邮件列表是通过为用户提供有价值的信息，在邮件内容加入适量的促销信息，从而实现营销的目的。第四，登录搜索引擎，在百度、雅虎等知名的搜索网站注册自己的店铺，让更多的人

注意到。第五，信息发布，如新产品信息，优惠促销信息等，以充分发挥网站的功能。第六，实施会员制营销。第七，个性化营销，包括：用户定制自己感兴趣的信息内容，选择自己喜欢的网页设计形式，根据自己的需要设置信息的接收方式和接收时间等。第八，微营销，可以利用微博或者微信公众号进行营销。申请很多有名的微博，建立后多关注同行业用户，每天发表一些相关的信息，微博用户普遍具有"爱凑热闹、喜欢娱乐性"的特点，需要想让自己的微博被广泛传播，就要关注这两点。微信公众号，是这两年流行的一种营销传播途径，与微博一样，需要找到消费者关注的话题，引发共鸣，营销传播才会有效果。

这些内容的思考，是将网络上可以进行传播的途径都考虑到了。当然这些形式很多企业都会采用，主要看内容是否新颖，如微博，如何引起人们关注，每天的话题是什么，这些都是一种创新的活动。

6. 活动媒体宣传的做法

很多营销策划活动都需要利用线上或线下的媒体，如上述这个例子所采用的就是线上传播方式。当然在移动互联网的今天，传播途径更多，线上广告，微信，朋友圈等。线下传播往往包括传统的传播媒介，如电视、广播、报纸、杂志、路牌、灯箱、霓虹灯、车载视频、宣传海报、邮报、POP 等。并非所有的媒体都需要采用，不同的策划应有所选择。一定要找到最为适合自己的传播媒介。

以上 4、5、6 三项内容是九项思考力中"How to do/How to reach（如何做才能实现）"的具体体现。

7. 活动项目小组参与人员分工表

这项内容是指策划活动实施者，不仅包括企业内部不同部门的参与人员，还包括企业外部人员。很多时候策划活动的开展是厂商联合开展的活动。如某超市要举行周年店庆活动，市场部策划了营销活动，涉及多个产品的促销。此时，不仅仅是商场人员需要参与，厂家也要提供相应的产品及参与促销的人员，这是双方共同完成的促销活动。一个简单方法就是将涉及的部门及人员分工后填入相应的人员分工表中，表中要有工作内容、时间与地点。

8. 活动主持人、代言人、活动走秀表演

有些策划活动需要邀请知名人士参与或者明星代言。但是要注意，如果是请明星代言产品，要符合新广告法规定。这里会涉及时间与费用的问题。如果是现场路演，哪些表演队、什么时间、怎样的费用也是必须要实际思考的

内容。

9. 活动邀请嘉宾、媒体记者

有些重大的策划活动,如开业策划、新产品发布、公益宣传等,可能需要邀请嘉宾、媒体记者,参加活动的对象等。需要考虑邀请哪些嘉宾,包括政府部门的、行业协会、同行等;哪些媒体,区域性的还是全国性的,需要以怎样的方式进行报道等。

以上 7、8、9 三项内容是九项思考力中"Who(谁负责执行)"的具体体现。

10. 活动时间:日期、期间

这项内容很清楚是九项思考力中"When(何时完成)"内容。有些策划活动相对单一,如某个节日促销,一般周期短,环节相对较少。而有些策划,如产品推广,一般是在相对较长的时间完成,可能会有多个环节与内容,有些活动内容是同步进行,有些活动内容有先后顺序,有些活动内容有交叉,而所有的活动都需要有清晰的时间表,这样让执行者很清楚每个阶段应该做什么,对于活动的管理者而言,也易于掌握活动进程。可采取网络图技术,将所有活动清晰描述下来。

11. 活动地点、活动形态、活动现场布置规划、活动安全

这是九项思考力中"Where(在哪里进行)"内容。一般来讲活动地点主要针对线下,如某个城市、某个区域中具体位置,不同活动需要的地点大小不同,还需要了解使用这些地方是否有相应的规定。还有活动形态呈现的方式应该是怎样的,安全措施如何保障,国内曾经因为某个企业的促销活动没有估计到来的人数导致出现踩踏事故,特别是在较为狭小的空间,货物的堆放由于人多也可能出现意外。这些都是在考虑这个因素的时候必须要考虑到的。

12. 活动对象

任何一项策划活动,都是针对特定消费者的。企业需要经过市场细分,找出可以进入的目标市场,针对目标市场消费者特性进行准确定位,以此开展一系列的营销策划活动。如凉茶对象为喜欢晚上熬夜、易上火的年轻人;"钻石恒久远,一颗永流传!"一句经典广告语道出钻石成为爱情象征,即将结婚的年轻人都会选择;"脑白金"的系列广告,成为大众礼品市场的典型代表;苹果手机代表了时尚,面向喜欢时尚的人群,而小米手机代表了物美价廉,通过培养自己的米粉获得目标客户群的口碑,等等。这些内容就是在做营销策划时必须要思考的"Whom(目标客户在哪里)"。

13. 活动预算

一般策划活动会发生哪些费用呢？我们可以做一个初步的预算样本，如表 4-1 所示。

表 4-1 策划活动预算表

	预算内容
与场地相关费用	场地租金
	布置费用
	音乐
	娱乐
	舞台布置
	视听设备
	灯光
	特殊效果
	装饰
	……
与人相关的费用	邀请函
	住宿
	交通
	发言人
	摄影师
	保安
	劳务费
	礼品
	菜单
	座位卡
	工作人员工资
	……
与宣传相关的费用	媒体与宣传材料
	公关费用
	……

（续表）

预算内容		
其他费用	食品	
	饮料	
	鲜花	
	电费	
	邮寄	
	各种杂费	
	保险	
	……	

14. 活动效益分析

根据掌握的情报,预测策划方案实施后的效果。策划方案是可执行与操作的,每个环节、每个步骤都可以做出预测,因此,一个好的策划,其效果是可期待的、可预测的,而且结果经常与事先预测的效果相当接近。预测的内容最好具体化、数量化,不要有空泛的内容。当然,市场的环境是多变的,在进行营销策划时必须要考虑到环境条件变化可能会导致策划方案发生变化,一旦条件改变,也应该考虑到有应对的措施与预备方案。

上述营销策划文案重点思考的问题与九项思考力的对应关系如表 4-2 所示。

表 4-2　营销策划文案重点思考问题与九项思考力对应表

营销策划文案思考内容	对应九项思考力
1. 活动背景、缘由	Why
2. 活动目标	What goal
3. 活动主题、活动口号	
4. 活动策略	How to do/How to reach
5. 活动流程、节目设计、内容规划、创意设想	
6. 活动媒体宣传做法	
7. 活动项目小组参与人员分工表	Who
8. 活动主持人、代言人、活动走秀表演	
9. 活动邀请嘉宾、媒体记者	

（续表）

营销策划文案思考内容	对应九项思考力
10. 活动时间：日期、期间	When
11. 活动地点、活动形态、活动现场布置规划、活动安全	Where
12. 活动对象	Whom
13. 活动预算	How mach
14. 活动效益分析	Evaluation

15. 活动文案结构纲要

最后要思考的内容是一份策划报告结构应该是怎样的。因为不同行业、不同企业、不同的策划内容，其报告结构都会不一样。在思考完上述问题之后，就需要构思策划报告的架构。一般营销策划书框架纲要应该包括：缘由、问题界定、环境分析、问题点与机会点、营销目标、营销战略、营销组合策略、行动方案、活动预算、策划方案控制、附录等内容。如图4-2所示。

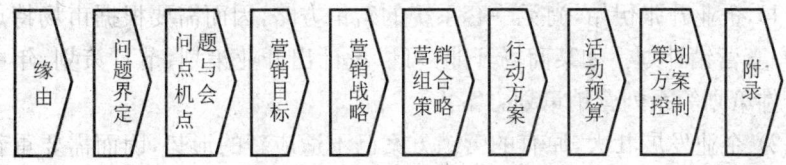

图4-2 营销策划方案框架纲要

第三节　营销策划文案撰写技巧

一、营销策划文案基本格式

营销策划文案又称营销策划书，也可以称营销策划报告，其没有一成不变的格式，它依据产品或营销活动的不同要求，在策划的内容与编制格式上也有变化。但是，从营销策划活动一般规律来看，其中有些要素是共同的。

二、营销策划文案的基本内容及编写要求

1. 营销策划文案的封面

一般封面，要求把相关的基本信息提供给阅读者，包括：①策划文案的名

称;②被策划的客户;③策划机构或策划人的名称;④策划完成日期及本策划适用时间段。因为营销策划具有一定时间性,不同时间段上市场的状况不同,营销执行效果也不一样。

2. 营销策划文案的正文部分主要内容

策划文案的正文部分,首先必须思考上述九项思考力涉及的内容,营销策划文案的写作框架也可以依据上述给定结构进行编写,也可以根据策划需要达到的目的不同、策划内容不同,其结构可以进行删减。企业营销策划大到可以涉及企业整体战略层面的策划,也可以小到某一个节日的策划活动。总之,任何营销活动在实施前都需要有全面的思考,特别是策划目的,环境分析与问题点,策划中具有创意的内容、实现形式,涉及的资源,经费预算,策划活动实施之后的效益分析等,这些都是策划文案必须要反映出来的。

1)关于营销策划目的。任何营销活动的开展最终都是需要围绕企业经营目标实现进行的。之所以要进行营销策划活动,是因为企业营销活动出现了问题,需要企业进行精心策划打破局面。企业营销上存在的问题纷繁多样,但概而言之,可归结为以下方面:

(1)企业开张伊始,尚无一套系统的营销方略,因而需要根据市场特点策划出一套营销计划。如某商场开业,可以设计出开业策划、节日策划、年中策划、事件策划等系列营销策划方案。

(2)企业发展壮大,原有的营销方案已不适应新的形势,因而需要重新设计营销方案。如新技术出现,营销活动的方式与方法发生变化,需要借助新技术开展营销活动,如利用互联网、移动互联网开展营销活动,打通线上线下之间的壁垒,给用户更好的场景体验,等等,都需要进行新的营销策划活动。

(3)企业改革经营方向,需要相应地调整营销策略。这是战略层面的策划,如跨界的营销活动的开展,新业态的推广等,事件营销、病毒营销、数据营销等,这些营销活动的开展都必须围绕企业战略总目标,有秩序地开展营销活动。

(4)企业原营销方案严重失误,不能再作为企业的营销计划。如品牌的重新策划与推广,最为典型的案例是红罐加多宝的营销策划,从产品定位开始改变,通过产品在不同场景的消费体验,让消费者感同身受,很容易就接纳了产品,使其市场效应达到空前。

(5)市场行情发生变化,原营销方案已不适应变化后的市场。最为典型的就是互联网特别是移动互联网出现后,消费者的消费行为发生较大变化,营销方案的制定必须研究消费者,根据消费者特性进行制定,如视频直播、网红、微博、微信等，传播渠道发生颠覆性改变，因此，企业营销活动不得不思考这些变化，需要重新适应市场。

（6）企业在总的营销方案下，需在不同的时段，根据市场的特征和行情变化，设计新的阶段性方案。最为典型的就是零售企业的促销策划，一年52周均可以设计不同的主题进行策划；一年中多个节日，可以根据节日特点进行策划；还可以针对不同的消费群体进行策划，如针对学生的开学季策划、针对老年人群体结合重阳节的策划、针对教师群体结合教师节的策划、针对女性群体结合三八节的策划，等等。

所以进行营销策划，首先需要分析企业目前的状况，搞清缘由，明确我们要做什么。明确策划需要达到的目标、宗旨，树立明确的观点，作为执行本策划的动力或强调其执行的意义所在，成为全员统一思想、协调行动的总纲领，大家共同努力保证策划高质量地完成。

如有一个关于"某公司计算机市场营销策划书"一文案中，对企业要做的策划活动的目的说明得非常具体：首先，强调9000B型号产品的市场营销不仅仅是公司的一个普通产品的市场营销，然后说明9000B营销成败对公司长远、近期利益对公司系列的影响的重要性，并要求公司各级领导及各环节部门需要达成共识，共同完成任务。这样的描写使得整个方案的目标方向非常明确、突出。

如某连锁超市针对母亲节开展策划活动，公司提出：5月第二个星期日是西方传统的母亲节，此次活动旨在让男同志多关爱家庭，特别是母亲、妻子，带上家庭成员，一起逛超市，增加门店客流，提升门店销售。这是这项策划活动的背景或者缘由，因此，确定的此次营销策划的目标就是：结合线上消费者，整合线下消费，提升O2O体验。重点落在体验，围绕体验，不同门店就需要将体验做到极致，需要吸引大量的家庭到现场。

如某家连锁店的店庆活动，其策划目的也非常清晰：通过非食品75折促销，拉动下半年卖场销售；在周年庆期间，丰富卖场活动，活跃卖场气氛，注重卖场体验与卖场氛围；以大力度的促销吸引顾客，增加卖场客流。

营销策划文案的描述，需要简洁清晰，直截了当。这样执行者就会很明确要做的事情是什么，才会去思考如何做。

2）分析当前的营销环境及市场机会发现。任何营销活动都离不开当时的市场环境，因此做策划时需要分析清楚目前企业所处的行业情况、产品市场前景等因素，因此开展市场调查是必不可少的。关于营销策划调研，我们在第三章已经讲过。这里将策划调研需要考虑的内容提示一下。

　　第一，当前市场状况及市场前景分析。主要包括：①产品的市场性、现实市场及潜在市场状况。②市场成长状况，产品目前处于市场生命周期的哪一阶段上。对于不同市场阶段上的产品公司营销侧重点如何，相应营销策略效果怎样，需求变化对产品市场的影响。③消费者的接受性，这一内容需要策划者凭借已掌握的资料分析产品市场发展前景。

　　第二，对产品市场影响因素进行分析。主要是对影响产品的不可控因素进行分析：如宏观环境、政治环境、居民经济条件，如消费者收入水平、消费结构的变化、消费心理等，对一些受科技发展影响较大的产品，如计算机、家用电器等产品的营销策划中还需要考虑技术发展趋势方向的影响。

　　有很多咨询公司会有专门的关于某类产品或者某行业的发展前景分析报告。在进行企业营销活动策划时，首先可以先从这些行业咨询报告中找出与自己产品有关的市场发展的前景预测，其次需要对面临的竞争对手的产品状况进行分析，最后也是非常重要的一个调查内容是关于消费者购买特性、消费偏好及对产品或者品牌的接受度及黏性调查。

　　第三，关于消费者，是企业营销策划活动目标对象，如果目标客群不清晰，企业定位及商品结构就会受到影响，其营销策划结果也必然受到影响。营销的本质是需求管理，因此营销活动首先就是要发现消费者未满足的需求，或者是潜在需求，这就是市场机会。市场机会存在于社会生活的各个方面，是多种多样的。如现在人们的生活方式已经离不开智能手机，早上起来第一件事就是看手机微信、看新闻，从客厅到卫生间到饭桌，手机始终离不开人们的视线。购物、出行发生的各种支付，一部手机全部解决问题，因而近几年的"O2O"模式、全渠道模式、新零售等层出不穷。处于这样一个变革的时代，我们企业的市场机会在哪里呢？需要通过分析市场上存在哪些尚未满足或尚未完全满足的显性或隐性的需求，以便企业能根据自己的实际情况，找到内外结合的最佳点，从而组织和配置资源，有效地提供相应产品或服务，达到企业的营销目的的过程。

　　例如，以经济实力为前提、享受文化的50～60岁为对象制作的"日本茑屋书店"，以30～40岁男性为主要目标顾客的"韩国 Electro Mart"的成功事例，说明定位与消费群体的契合度，是企业成功的基础。目前大部分零售企业都关注80后、90后的消费者，这样的现象就是由科学技术的急速发展及消费阶层等原因引起的。虽然80后、90后他们的消费能力非常强，对新事物抱有很大的热情。但50后、60后、70后也是有购买力的消费群体。另外，男性们也是其中一个有经济能力的消费群体；随着老龄化趋势日益严重，独身人口也逐渐增多,这一阶层的消费能力不比80后和90后低。换句话说,零售企业可以根据确定明确的目标客群,而不需要相互扎堆。

下面我们列举男性消费群的一些特征。有专业咨询公司针对目前男性消费者进行调查,我们节选一些特征,表明尽管是消费阶层中的小部分群体,也越来越受到关注。

从对女性的购物时间调查来看,与男性一起的购物时间比与其他人的时间差异更为明显,如表4-3所示。这说明,现在的卖场应考虑男性的特征,通过对男性购物行动特点的考虑,从而增加顾客滞留时间。

表4-3　男性与同行人卖场滞留时间

同行人	滞留时间
女性朋友	12分5秒
母亲	12分20秒
孩子	11分42秒
单独	7分23秒
男性	5分41秒

男性顾客的特征如下:①喜欢短时间内的购物。从直观能力和分析能力的均衡和调节相比,男性更重视直观,寻找质量好的商品,在单方面的判断下短时间内购买。②对于商品的主观性强。女性对商品使用情况的考虑很执着,但男性对商品的自我主观性很强。③男性偏好易懂的卖场。女性喜欢购买而男性是为了达到目的购买商品。男性顾客对自己很难懂的店铺会出现排斥反应,但是一旦成为顾客,就会成为忠诚度高的顾客。④交流。不管什么事,自己想要解决的目的很强烈。如果服务员提出不同意见,就怀疑服务员的倾向,对自己的意见持肯定态度就会变得软弱。

表4-4　男性与女性购买特征差异

内 容	男 性	女 性
直观/分析力	左右大脑的纽带作用不太好,缺乏分析力,重视直观	左右大脑的纽带作用良好,直观能力与分析能力的均衡和调节能力良好
单方面/多面	单方面,集中在一个点	多面,分散性(商品的比较性强)
费用/风险意识	弱	强

（续表）

内 容	男 性	女 性
购物时间	短	长
喜欢的商场	有高品质商品的商场	比较购物,比较商场
购物目的	达成目的手段	自我实现
购物的态度	被动(不得不)	主动(充满活力)
行动	与服务员很难沟通	与服务员积极沟通
忠诚度	高	低
偏好商场	易懂的商场	亲密感的商场
主观的对象	对于商品选定的主观	在乎其他人的视线,对使用习惯的固执倔强
关心	最新商品和技术因素	使用商品愉快相处的情况和关注与他人的交流
偏好事项	商品为主的商场及广告	商品带来的快乐的气氛为主的商场及广告
对不懂事的态度	不要咨询沟通,尽量自己解决	积极交流
对话	希望判断标准和想法得到肯定的评价,对话是确认自身优势的手段	享受对话本身,为了决定积极请求帮助

　　在撰写这部分内容时,可采用条目,将分析的内容罗列出来,并采用数据进行说明,也需要简洁明了,最终是通过市场分析发现目标市场特性,由此制定企业的营销策划方案。当然在进行市场分析时还需要对企业目前所具有的优劣势进行分析,看看企业自身具有的优势是否能够满足发现的市场机会,或者还需要什么政策或者资源。总之,营销策划是需要针对性围绕企业目标客群或者未来客群所开展的活动。

　　3) 关于营销策划创意及表现形式。营销策划中能够搅动市场,让消费者乐此不疲的就是营销策划有创意的内容,特别是面对 90 后、00 后的消费群,他们接受新鲜事物的能力极强,更需要新颖、刺激、好玩的创意,更需要良好的环境及体验场景,才可能吸引他们。

　　星巴克构建了一个场景:你在公园跑步,然后突然你想要喝一杯星巴克,于是掏出手机讲一句话"给我来杯星巴克",十分钟后就会有一个星巴克的小伙骑着电动车从后面追上你,把星巴克送到你的手上,你也不用再掏钱付款,只要拿着你的至爱继续跑步就可以了。这样的一个场景,看起来很温馨很贴切,消费者非常容易接纳这个场景,也都会想去尝试。创意源于生活。

这个场景非常简单,但是背后的商业链条却非常有趣,你打开手机,讲要星巴克,这句话就会发送给星巴克总部,星巴克会根据区位授权确定你的位置,然后将信息发送给离你最近的店铺,店里的配送员会根据你的位置配送,这个过程中都省去了你付款的流程,手机可自动根据语音识别并认证支付。现在技术的发展,指纹支付、刷脸支付等,各种支付认证方式不断涌现。上海"盒马鲜生"的出现,刚开始最具吸引人的不是它的各类海鲜产品,而是店内购买只能使用支付宝,现金不受理。由此还引发热议,当然宣传效果也达到了,现在人们已经习惯出行与购物的无钞化。场景化创意的关键便是"杀客",如何能够杀客于无形,让用户直接产生购买,就需要我们去构建"支付"的场景,让用户快速、便捷地得到。

便利店场景:早上急匆匆赶到公司写字楼下,还没有吃早餐,去便利店购买一个套餐早餐,支付宝扫描付款后被告知今天满25元送5元,当天累计有效。晚上回家,路过便利店门口,想到有个快递需要取,于是进店取件,营业员提醒今天满25元送5元还可以累计,于是买瓶果汁凑齐25元,然后又返还5元到自己的会员卡上。这样的场景对于上班族来讲,再常见不过,便利店通过场景的创造不仅将用户留住,也使得便利店连续快速发展,已成为人们身边不可缺少的商业形态。

2014年中秋节,华美"会说话的月饼"首创"四微立体式营销"引发6 000万网民中秋传真情。在物质极丰盛的今天,商场里的品牌琳琅满目,月饼堆积如山。而月饼市场大部分购买者都是送给亲朋好友的,怎样才能脱颖而出?华美食品,还原了"送祝福"的本来面目:传情达意,首创了"会说话的月饼",以互联网思维和技术打造中秋祝福新玩法。华美月饼打出了"会说话的月饼"概念,给了消费者一个购买的理由,我买的不仅是月饼,而是"会说话的月饼",更是能录制祝福、传递祝福的月饼。让月饼会说话,替你传递祝福。将传统的食品品牌通过社交化媒体营销打造成全新的互联网品牌模式,充分应用最新的移动体验,将微信、微视、论坛、排行、微博等各类新媒体结合应用,从而一月累计互动82 593次。"月饼会说话"的概念,既新颖有趣,又能唤起亲情,让月饼回归传递祝福的本质,重拾传统节日的精髓。

如何让"月饼会说话"?华美食品采取微信、微视、微博、微视频四管齐下的方式,利用社交媒体打造"四微立体式营销"。

微信：作为"我为亲人送祝福，会说话的月饼更传情"活动入口，通过扫描二维码进入"我要晒祝福""赢取抽奖号"等活动，同时结合热点开发了一系列微信小游戏，持续拉动活跃度。更有华美君"陪聊式服务"极大地提升了消费者的品牌忠诚度。加之微信拉新活动等好玩、新颖的活动，4次小活动累计阅读量达12.9万人次。

微视：社群扩散。各类祝福视频采用微视来录制的，以最受明星欢迎的微视平台为依托，让消费者轻松打造独具个性的祝福视频，发布的视频也能带动微视好友一同参与，在社交圈内引发传播。同时以微视播放量排行来颁发奖品，刺激消费者参与。

微博：集中引爆、链式扩散。在微博上，"华美君"与名人大V、网络红人、明星进行互动，华美君"进可卖萌退可高冷、发得了奖品、写得了段子、讲得了故事、扮得了清新、开得了玩笑"的形象深受粉丝追捧，惹得众女粉丝纷纷示爱！同时通过原创创意内容及有奖活动，引爆链式传播、提升曝光、为活动导流，1个月内，累计话题阅读量达5 484.6万人次。

微视频：借势热点、病毒传播。病毒微视频，以动画的形式，用诙谐幽默的手法，讲述了月饼的前世今生，以及"会说话的月饼"来历，更融入了当下互联网热门的"国民岳父韩寒""卖互联网内衣的苍老师""中国好备胎袁晓鸥""万万没想到王大锤"等元素，瞬间引爆网络。短短2天内，获得了超100万点击，累计获得121万点击。并获得优酷主页首页、娱乐版首页推荐。

技术的快速发展，营销策划活动的表现形式也呈现多样化，如上述"会说话的月饼"的"四微立体式营销"，如果没有移动互联网，没有微信社交平台，就无法将这个创意很好地实施。同样，2017年的"VR"的盛行。某企业就利用这个新技术来吸引年轻新顾客转化为企业的忠实顾客，强化客户资源管理，树立企业的创新形象，拓展线上线下整合渠道。公司提出"穿越时空的购物"创意，结合VR技术，带顾客穿越到不同的虚拟场景，如童话世界（结合母婴类商品）、海洋世界（结合海鲜水产）、大草原（结合生鲜牛羊肉产品）、童年生活（结合生活日用品）……直接利用VR眼镜在线上购买所需商品。当脱下眼镜回到现实时，主人公却躺在床上，无需出门，就逛遍各种场景，实现线上购物。同时还能结合线上与线下的资源，线上购物线下自提。

营销策划活动的实现形式可以是多种多样的，传统媒体、新媒体各有其特点，策划者必须清楚策划对象的各种习惯，以很巧妙的方式引导他们参与活动。传统媒体传播的特点是单向的，新媒体则是双向互动的，更多需要创意场景、增强体验效果，这样的创意策划活动往往会吸引消费者的参与。

4) 策划方案的经费预算及方案调整。这一部分记载的是整个营销策划方案推进过程中的费用投入,包括营销过程中的总费用、阶段费用、项目费用等,其原则是以较少投入获得最优效果。相对而言,经费投入中不同的传播媒介、资源使用、人员经费等其使用费用不同传播效果也不同,策划人员需要仔细分析可能需要使用的各类传播媒介、资源等,做好详细的经费预算。

一般而言,营销策划活动执行中涉及人财物等各种资源的调用,甚至是供应商资源的调用,因此在设计策划一个完整方案时,必须考虑到有突发情况发生时候的应急预案。一家商业企业开业时,曾经为了吸引大量顾客前来,与供应商合作采用招来价格策略,将店内某商品作为吸引顾客的主力商品,最后因为大量顾客的涌入而出现踩踏事件。有的企业为了吸引顾客,将商品堆积成高高的商品墙,也容易发生坍塌事故。为避免此类事件发生,在做营销策划方案时必须从安全角度进行思考,更为重要的是需要考虑有可能发生的意外情况,并设想如何应对,必须做好各类情况发生的预案或备案或调整方案。

下面请看两个事例,一是某家商业企业提出的创意营销策划方案,二是网络吸粉策划。

事例1:关于"穿越时空的购物"创意营销方案

一、创意营销方案对象

(1) A公司各业态现有目标顾客群(目前该公司现有业态包括标超、便利店、大卖场等)。

(2) 追求潮流善用移动网络、拥有不断强大购买力的年轻顾客群。

二、创意营销方案内容

(一) 方案背景及目标

随着公司网站的上线以及公司各业态实体店的不断发展,O2O营销模式也从计划到落地实现发展得如火如荼,而今一个新名词"VR新技术"刚刚为人们所知,当VR(虚拟现实)这项新技术渐从小众走向大众化,它不再仅是极客们的玩具,而是以VR+的形式渗透到多行多业。如果说2016年的电商关键词是O2O,那2017年的关键词必定有"VR"的一席之地。A公司虽为拥有丰厚底蕴的老品牌代表,但是老品牌也有新面貌,前有O2O,后有VR——它并不会替代传统的实体购物,而是作为购物方式的一个补充。

因此为吸引年轻新顾客转化为忠实顾客,强化客户资源管理,树立企业的创新形象,拓展线上线下整合渠道,特设计此营销方案。

（二）方案主题

"穿越时空的购物"

"穿越时空的购物"结合新兴起的 VR 技术,带顾客穿越到不同的虚拟场景:

> 童话世界(结合母婴类商品)
>
> 海洋世界(结合海鲜水产)
>
> 大草原(结合生鲜牛羊肉产品)
>
> 童年生活(结合生活日用品)

直接利用 VR 眼镜在线上购买所需商品。当脱下眼镜回到现实时,主人公却躺在床上,无需出门,就逛遍各种场景,实现线上购物。同时还能结合线上与线下的资源,线上购物线下自提。

（三）基础准备

（1）设备:手机终端、VR 眼镜。

（2）技术开发:VR 系统模块、App 应用模块等。

（3）商品:商品 360 度图片展示、商品价格、折扣力度、卖点等信息。

（4）支付:输入密码或者免密支付,虹膜识别或者是指纹识别。

（四）方案内容

1）场景 1:童话世界(母婴类商品)。

目标顾客:准妈妈、准爸爸。

活动设计:

（1）顾客进入场景,首先进入眼帘的是充满云朵、鲜花、可爱婴儿的童话小镇(此时背景是轻柔的鸟叫、孩童嬉戏声)。

（2）小镇的幕布揭开,是各个品类＋品牌维度的店铺,店铺门口主推热卖的爆款商品(针对爆款商品顾客可以近距离 360 观察其商品细节及材质)。

（3）特别设置海外购虚拟货架,不用出国一站式购买进口母婴商品。

2）场景 2:海洋世界(海鲜水产)。

目标顾客:家庭主妇、各年龄段顾客。

活动设计:

（1）顾客进入海洋世界场景,以游泳姿态在水中漂浮(背景音乐为泡泡声、海水声)。

（2）进入海底世界后,商品以品类＋爆款维度展示,每个爆款商品均悬浮在海水泡泡中(顾客选中想了解的商品后,展示该商品的来源、做法等信息)。

3）场景 3:大草原(生鲜蔬菜、牛羊肉产品)。

目标顾客:家庭主妇、单身白领等各年龄段顾客。

活动设计:

(1) 顾客进入场景,以草原牧场为背景,可以看到不同品种的牛羊,选择牛/羊后,展示牛/羊身体细节部位(包括口感、做法等);进入菜园场景,可以看到各式蔬菜(备注属性、做法)。

(2) 针对没有时间买菜、需要经常买菜的客户,开设线上生鲜私人定制购物专页,在线上下单,并结合线下世纪某 A 公司、华联/某 A 公司超市或者小区作为发货点。

(3) 每日当天在网上下单,3 小时内配送到家(特定时间段内)。

4) 场景 4:童年生活(生活日用品)。

目标顾客:白领、宅男宅女等各年龄段顾客。

(1) 顾客来到线下门店场景,以现实店铺为虚拟场景,仿佛跻身超市。

(2) 路过糖果柜台,可利用 VR 技术闻到糖果香味;路过零食柜台,闻到薯片香味等。

(3) 同时结合线上与线下的资源,生活日用、休闲零食类商品,可进行线上购物线下自提。

三、创意营销方案具体实施

(一) 部门分工

(1) 财务部:负责保证各项活动所需资金及时到位。

(2) 信息部、技术部:负责设计程序,确保活动正常开展。

(3) 活动总负责人:负责整个活动的统筹跟进,广告宣传设计及媒体发布,监控落实各个促销环节。

(4) 市场部:完成推广页面、宣传海报设计。

(5) 业务部:完成所有商品、赠品的订货、补货和采购。

(二) 媒体计划

(1) 会员短信 20 000 条。

(2) 微博微信自有媒体宣传。

(3) DM 广告 20 000 份。

(4) EDM 电子邮件广告。

(5) 广播广告每日 20 次,每次 5 秒分时段广播。

四、创意营销方案预期效果

(1) 增加活动在媒体的曝光率,实现潜在客户来访渠道的多样化。

(2) 提升网站的有效访问量,提高将潜在客户从网站访问者转变为客户的转化率,网站 IP 流量提升 25 000 以上。

(3) 增加产品服务的实际销售量和通过网络获得的业务咨询量,成交量超过 10 000。

(4) 有效提升企业形象和知名度,打造网络品牌。

事例 2:微营销策划活动

一场成功的微投票活动,本质就是通过各个环节来调动人的虚荣心、攀比心、好胜心,形成你争我赶的竞争局面,最终实现曝光量和粉丝的双丰收。谭木匠通过一场微营销策划活动,成功吸引粉丝达到 10 万之众。活动基本思路如下。

1. 活动策划定乾坤

整体的活动策划要紧紧围绕平台的活动定位、用户画像、财政预算、活动预估进行考虑(见表 4-5)。

表 4-5 微投票活动内容

活动主题	活动入口	奖项设置	投入费用
根据平台定位确认	微信公众平台、QQ、个人微信号、朋友圈	一等奖价值	奖品地推等
活动时长	投票机制	奖品发放	
报名期投票期	每人票数每天票数		获奖名单发布时间

2. 活动设置重细节

(1) 投票机制。每天投票、每人限投,实时调整,前期尽量缩小差距,以吸引更多人报名为目的;后期,放开每人限投,尽量扩大差距,增强竞争氛围。

(2) 投票福利。设置投票福利,投票者可以随机获取相应礼品,不断激励用户参与投票,商户也可鼓励用户截图发送后台,后续形成图文,做投票激励图文推广。

(3) 时间设置。微投票活动时间一般控制在 3+12 天较好,3 天预热报名期,12 天投票期。

3. 正式活动环环相扣定输赢

(1) 投票前预热是"助燃剂"。对于微投票来说,预热期也是报名期,但预热期不宜过长,3 天最佳。为了做好预热期,要注意:①个人微信号先加目标用户群。很多商户都有自己的微信小号,聚集一定的忠实用户,群发推送,可以实现定向传播,通过 KOL 传播引爆活动。②正式图文发布注重时机。可以根据自身用户最佳活跃时机进行发布,一般来说,晚上 8~9 点钟,用户活跃度较高。③预热海报每天一张。预热 3 天,即报名 3 天,海报内容注重吸引用户前来报名,一般来说,均是大奖诱惑。

（2）正式投票重传播:①活动造势。在活动爆发期、平稳期、衰退期,根据处于不同时期,找到刺激用户点,从利益和情感方面,制作不同海报,进行转发,保持活动热度。②组建投票群。通过海报及正式图文推送,邀请粉丝入群,互相投票,并实时在群里发送活动效果等情况。③吸粉开关重控制。随着强制关注管控程度加强,用户可以合理控制开关的时间,间歇性进行吸粉。

4. 奖品发布及活动复盘

在活动结束后,及时对活动中奖人员奖品进行公示并发送奖品。与此同时,商户要及时对活动进行复盘,总结经验。

如谭木匠:木梳彩绘大赛,线上线下齐联动。

活动目标:吸粉 10 万＋;到店 300％。

活动名称:第二届木梳彩绘大赛。

谭木匠是集梳理用品、饰品于一体的小木制品专业化集团公司,全国拥有 1 000＋门店。为进一步传递谭木匠的匠人精神,打造品牌影响力,谭木匠在 2017 年 7 月就举办了木梳

图 4-3　谭木匠第二届木梳彩绘大赛网络截图

彩绘大赛,活动分初级组和高级组,初级组所有用户均可参加,高级组则需要相应美术功底。

本活动亮点:

（1）活动报名。全国线下门店配合线上,举办了多场线下彩绘活动,以在

梳上作画的创意活动,吸引用户参与,并拍照上传参与投票活动。

（2）投票设置。投票前期,每人一票,控制投票进度,后期逐步放开,拉开差距,形成各自为战的局面。

（3）奖项设置。万元大奖,带动用户的参与积极性,与此同时,证书的赋予给大赛冠以正规、正式的名号,吸引专业选手参赛。

如新益美:萌主驾到,巧设门槛燃爆参与人数。

活动目标:229 万曝光量。

活动名称:萌主驾到要爱就要十倍爱。

新益美集团是新西兰五大乳企之一,6 月底,升倍针对目标客户群"宝宝"开展一次萌宝大赛,以实现品牌的社交传播。此次活动,共吸引3 000 个目标客户群参与,并达到 54万的参与量,229 万的曝光量。

本活动亮点:

（1）奖项设置。升倍在奖项设

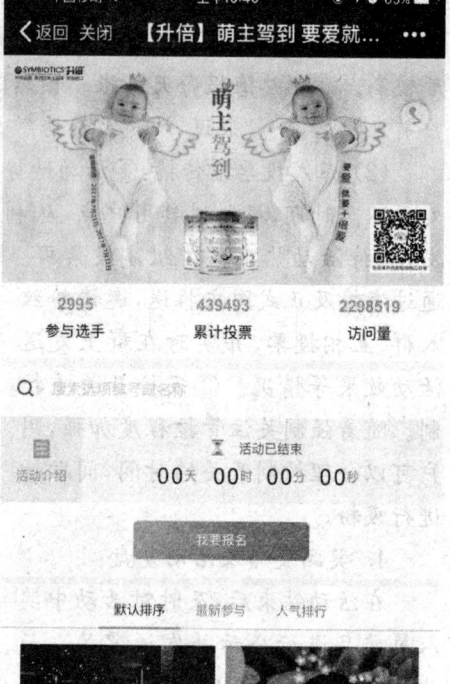

图 4-4　新益美集团"萌主宝宝"策划
活动网络截图

置中,设置"投票满 100"即可获得升倍奶粉,以低门槛形式,吸引 3 000 目标客户群的广泛参与。而在其最高奖中,则利用宝妈爱美的心理,以价值 7 000 元的包包奢侈品,诱使宝妈不断分享裂变。

（2）推广计划。在活动推广期间,升倍利用公众号实时向用户播报投票名次,并实时播报活动的火热程度,不断刺激用户前来参与。

三、关注营销策划文案撰写的重要细节

在撰写营销文案的同时,九项思考力引导我们要做好一项策划文案,需要思考的方向与实现的方法。同时,这里还要提醒市场营销专业的学生,在撰写营销策划文案时,还需要关注如下细节,才能帮助我们更好地完成这项文案的撰写工作。

1. 明确营销策划文案给谁看

首先明确营销策划工作是企业营销部门的一项重要工作内容,当然有的企业是将这一项工作交给专业策划公司完成。不管是哪种方式,营销策划文案完成后,都不是自己去欣赏自己的作品!一般而言,营销策划文案首先是企业营销部门的负责人认可完善后交由公司高层领导者定夺,不论是新产品推广、新市场开拓、品牌宣传、节假日庆典、公关公益等活动,都会涉及企业多部门参与,因此需要将文案交于企业最高领导层。如果是商业新模式的策划,往往由投资人来判定。如果是双方合作,还需要合作方的认可。换句话说,营销策划文案的读者是多方面的。

2. 快速吸引阅读者

一份文案可能字数很多,阅读者拿到手中也可能是很厚的一本材料。但是这些阅读者的时间与精力都非常有限,他们可能只是快速浏览。那么,如何能够快速吸引阅读者呢?

心理学研究表明:在相遇7秒到2分钟内就会对他人形成印象;5分钟内形成难以改变的印象。因此,文案的撰写首先要做到:外观整洁、有说服力、没有错误、涵盖关键问题、有信息支撑。而短短的时间如何把这些内容体现出来呢?这就是文案的摘要内容!所以,摘要是整个文案的精华,是给阅读者留下深刻印象的内容。

在这里要特别提醒文案摘要的撰写方式。摘要一定要紧扣主题,简明扼要,300字以内。要围绕研究主题,指出关键问题,重点发现,给读者留下专业、自信、目标明确的印象。摘要中不要过多介绍背景、数据、资料,不要将文案的前言内容搬过来。

3. 陈述具有逻辑而有趣的故事

当阅读者通过摘要大体了解了本次策划的主要内容与活动方式后,阅读者会对感兴趣的内容进行深度阅读。如何才能够让阅读者认真阅读下去并认可你的文案呢?那就是文案要遵循文案撰写的基本原则,同时文案中设计的活动内容要有故事、有情景、有突破、有创意,并用新颖独特的视觉来撰写文案。

除了要想明白怎样讲故事,策划文案的其他细节也非常重要:文案格式要规范;封面标题要能够快速吸引"眼球";注意页码标记;文案中的主题要采用黑体或者加粗标记,让阅读者一眼看到;文中所采用的图表标记要清晰;仔细检查不可出现错误;注明撰写日期;附录材料内容完整等。

4. 积极主动

在策划文案撰写中要使用主动语态,表达出做该事件的主动性与积极性,不要使用被动语态。如在表达行动信息时,谁来做,做什么,什么时候做,如何去做等,都要显示主动语态,应该这样表述:到执行计划的第 3 年,我们将会在 5 个国家扩展到 20 个经销商,而不要采取这种表述方式:到执行计划的第 3 年,我们的业务将会在 5 个国家拥有 20 个经销商。主动语态给人积极热情的心理暗示,被动语态则反映了一种不肯定的状态。

5. 事实与证明

不要这样写:

这个巨大的市场增长迅速,并很快会变得非常广阔;一旦我们在一两年内征服了这个市场,我们就可以进军更加广阔的欧洲市场,那里更具潜力,没有竞争,而且不会有人仿制我们独一无二的产品。

应该这样写:

估计英国市场的价值每年约为 2.2 亿英镑,并且会以每年约 17% 的速度增长(20××年 2 月 28 日,《金融时报》开展的调查)如果按照我们在美国的路线发展,潜在市场规模约为 4.5 亿英镑,这将为业务的继续增长提供相当大的空间。贸易资源(见附录××)表明目前的供货商很难满足需求,而且订单的交付日期延长至 18 周或更长的时间。这都足以证明我们对销售的预测。

我们相信在欧盟市场会有更多的发展机会。该市场与我们 4 年前去英国发展时处于相似阶段。我们的计划显示,在 18 个月内我们会适度进入德国市场开展业务……

我们的产品与竞争者的产品(见附录××)相比略有改进,并在整个欧盟市场受到了版权保护。过去的贸易情况、客户名单、交谈记录常常很重要。

总之,策划文案的写作,要关注事实与数据,用数据来说话,就是当下说的"干货"。特别是市场环境的分析及企业目前具有的优劣势,以及企业要达成的目标、活动的具体方案等都需要具有可执行性。

6. 收集资料

策划文案中所收集的资料,应该来自不同渠道,千万不可只有一个调查表! 以下提供了一些资料来源渠道:

政府统计资料、市场调研报告、高校研究机构、贸易协会、商业刊物、新闻简报、竞争者的宣传手册、与供应商、顾客和竞争者会面或听取他们的意见、互联网信息等。

7. 征求意见

一个文案的形成需要全方位的思考,也需要经过多轮研讨。一方面利用头脑风暴、思维导图等方法寻求更具创意的活动方案,另一方面也需要找一个有商业经验的人,征求意见,找出观点、问题与缺陷。

本 章 小 结

(1) 营销策划是企业营销活动开展并取得成功的前提条件。要求营销策划具有创新性,提出的策划"点子"要新、内容新、表现手法也要新,给人以全新的感受。新颖的创意是策划书的核心内容。

(2) 营销策划需要从九大方面进行思考,称为九项思考力:6W+2H+1E,即①What goal(目标是什么);②When(何时完成);③Who(谁负责执行);④Where(在哪里进行);⑤Whom(目标客户在哪里);⑥Why(为什么要这样做);⑦How to do/How to reach(如何做才能实现);⑧How much(营销预算);⑨Evaluation(有形效益与无形效益评估)。

(3) 营销策划文案的撰写有基本的逻辑架构,在文案写作之前需要明确营销策划要达到的目的,市场调研、环境分析、机会与问题分析必不可少,最为关键是营销策划通过什么方式、什么途径来实现,通过什么样的创意来展现,如何用最为经济的方式来实现上述活动,最终效果会怎样,这些内容其实是通过上述九项思考力就可以得到的。

(4) 营销策划文案的写作还需要关注细节,如格式、摘要、图表等,需要用数据来说明你想要说的情况与内容,详细的附录,让阅读者几秒钟产生好感,能够有兴趣阅读你的文案报告。

(5) 营销策划需要有创意的想法,特别是在移动互联网条件下,消费者生活、工作、购物、社交等活动场景都发生了根本性变化,因此,营销策划活动必须把这些场景考虑进去,把新技术运用进来,如文中举例的 VR 的运用。

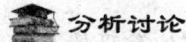 分析讨论

一块钱的涨与跌

营销策划活动中,价格是策划活动的焦点,因为价格是所有消费者的敏感点,很多情形下,价格往往掌握着一个商品的生杀大权,尤其是大众化品牌,价格更是市场销售的"杠杆",其决定了消费者的购买欲望、购买频次和对品牌的忠诚度。

降价一块钱,同等价值更便宜,效果显著。但涨价一块钱,有时候也能更好地吸引消费者。涨与跌的魔力究竟哪里有不一样?

降价一块钱魔法

我们在日常生活中,常常看到这样的定价:199 元、299 元、399 元。这是定价策略里的尾数定价法,这种定价方式会给人们一种错觉:

"这件衣服才 100 多,感觉很划算啊。"

"这个东西只要 200 多,还能用那么久,买买买。"

实际上,它们离 200 元、300 元、400 元也只差了一块钱而已,可是给消费者的心理暗示就完全不同了。

在超市里,这种定价就更常见了,你几乎找不到整数价格的商品。这个道理被广泛应用,所有人都深谙此道,却还是忍不住陷入这种错觉里。

降价一块钱能产生魔法,让消费者更容易掏出钱来购买,但涨价一块钱呢?有时候也能获得意想不到的效果。

涨价一块钱魔法

休布雷公司在美国的伏特加酒市场中非常有地位,其生产的史密诺夫酒在伏特加酒的市场占有率中高达 23%。休布雷经营多年,这个优势还在不断增长。但是,他们突然遇到了一个危机:竞争对手戴夫突然推出了一款新型伏特加,质量和自己的产品相差无几,但是,价格每瓶比自己便宜了一美元。价格攻势很快击破了休布雷的占有率。显然,休布雷必须要反击,保住自己的地位。这个时候,休布雷老板有三个解决方案:

(1)同样降价一美元,因为自己多年来的品牌优势惯性,保住市场占有率妥妥的。

(2)维持原价,但是要更加强化自己的品牌效应,占据消费者心智,这需要一笔钱的支出。

(3)第三个是坐着等死,价格优势没了,最后品牌优势也耗光,完全失去竞争力。

第三条是死路,绝不能走,前两条又都意味着利润将减少。经过反复的思考,休布雷老板找到了第四条路——他决定涨价!

他首先将史密诺夫酒的价格再提高一美元,第二,马上推出了一款与竞争对手的新伏特加价格一样的瑞色加酒,最后,还推出了另一种价格更低的波波酒。这三招,立刻将竞争对手的路堵死了。

第一,因为多年的品牌效应,很多消费者还是愿意用老品牌的。其他单品的推出显然可以依靠这块招牌打开市场。

第二,竞争对手的价格优势没有了,消费者无论是想喝好一点的酒还是便宜一点的酒,或者喝原先水平的酒,都有可能选购休布雷公司的产品。

第三,这一套组合拳,将自己的地位瞬间抬高了,从无差异目标市场策略转向了差异性目标市场策略,这对于更为广泛地占领市场奠定了坚实的基础。

效果立竿见影,经过一番较量后,休布雷不仅没有因为提高价格陷入险情,反而因此身价大涨,盈利相当可观。

面对竞争,降价是抓住消费者的好方法,但是涨价如果运用得当,也会产生魔法般的效果。

隐藏的一块钱

面对价格战争,降价或者涨价,都是要经过严密的思考的,甚至,你可以不用把价格标在明面上,用隐藏的"一块钱",悄然打赢价格仗。关于这一点,吉列在两个世纪前就为我们做了一次教科书般的示范。

在 19 世纪的时候,欧洲市场上有很多刮胡刀,但大多数价格高昂,而且不安全。除此之外,很多人对于刮胡子这件事,心里有自己的一本小账:

一把最便宜且安全的刮胡刀至少需要 5 元,相当于一个工人 5 天的工资,但只要到理发师那里,花费是 1 元,还能享受到服务。为什么一定要买刮胡刀呢?

搞清楚消费者心里的小账之后,吉列做了一个惊人的决定,他将刮胡刀的刀架和刀片拆开来买卖。看起来成本就很高的刀架价格降低到不可思议,甚至可以免费赠送,成本低廉的刀片却价格提高了一倍。

吉列赠送的刀架很特殊,只能匹配吉列生产的刀片。吉列为消费者算了一个新账:刀架是免费的,免费的东西谁不想要? 一个刀片的成本是 0.1 元,售价是 0.5 元,消费者刮胡子一次只要花费 0.5 元,比理发店便宜一半。而刀片是消耗品,也就是说,有了一个刀架,这个消费者将不断地购买刀片,生意也会一直持续下去。

这么做的结果当然是大获成功。

"攻心为上,攻城为下",这是所有营销人的常识,抓住了消费者的心,就攥住了他们的钱包。

讨论问题:

(1) 你认为现阶段消费升级了,消费者对价格不敏感了,营销策划不需要考虑价格因素了吗?

(2) 营销策划中关于消费者的调查分析非常重要,如文中特别指出关于男性消费群体的一些特征,你还能找到哪些小众群体,请尝试分析他们的特性。

实践训练

1. 实践目的

通过对具体项目策划活动的思考,完成一篇高质量的策划文案,达到学习本章的目的。

2. 实践内容

(1) 结合某企业的某类产品或某款产品,完成资料收集、策划思考、策划文案写作。

(2) 实践项目可采取两种方式:自拟定或教师指定。

(3) 根据选题收集相关资料。

(4) 形成完整策划报告,并制作 PPT。

3. 实践步骤

(1) 指导教师布置实践题目,明确实践任务及注意事项。

(2) 学生分小组确定拟要策划的内容。

(3) 各组根据实践任务制定执行方案,团结合作,发挥特长、明确分工,认真调研,广泛收集资料。

(4) 各组讨论形成核心思想,归纳要点,形成讨论稿,完成营销策划报告。

第五章 品牌推广策划

品牌推广是一项操作性的实务活动,其目的是使产品成功进入市场,获得消费者认可,占据有利的细分市场,从而获得应有的经济效益和社会效益,即建立品牌在竞争市场的竞争位势。

第一节 品牌推广概述

所谓"品牌推广",是指企业围绕品牌的核心价值,通过一系列活动,包括广告、公共关系、新闻报道、人际交往、产品或服务的销售等方式,来建立品牌形象,有效提高品牌在目标受众中的知名度和美誉度,以促进产品的销售,最终实现企业经营目标。通过品牌的有效推广,可以使品牌为广大消费者和社会公众所认知,满足消费者的需要,培养消费者忠诚度,这是促进消费者购买品牌所属企业产品和服务的有效手段。

唐·舒尔茨曾说过:在品牌和品牌推广中,最重要的是消费者或者他们的消费行为,而不只是他们对你的品牌感觉良好、能够辨认出你的品牌或者穿上你生产的 T 恤衫。品牌推广的作用不仅仅在于向消费者传递品牌的有关信息,更重要的是,通过不同层次、不同形式的品牌推广,加深品牌与消费者深层次的沟通,从而在消费者心目中树立鲜明的品牌个性,引起消费者情感上的共鸣。因此品牌推广是企业进行品牌管理以及营销策划的核心内容之一。

一、品牌推广与产品推广的差异

1. 在利益取向上,产品推广以己为先,品牌推广以客为尊

产品推广多从厂家利益出发制定推广政策和管理规范,为了尽可能把产品销售出去,往往喜欢反复使用价格战、炒新闻等直接促销手段搏出位;品牌推广以共生双赢为出发点,不断提升产品品质,注重延伸管理,注意保护合作伙伴的收益,对于可能存在的合作分歧,也秉持沟通、协调和发展的基本法则妥善处理,放弃单边主义的做法,少见过于霸道的遏止和威慑之策。

2. 在目标设计上,产品推广多取实利,品牌推广偏好建势

产品推广多着眼于当前获利的可能性,一切运作围绕短期内的产品销售

及其利润目标展开,其收益多是单一的产品收益,在短暂的撇脂期过后,在竞争产品的快速跟进中单位利润迅速下降,进入薄利多销的发展阶段;品牌推广着眼于长远持久的附加值收益,其运作目标具有明显的复合性,既会兼顾到当前的收益性又不会完全拘泥于当前收益的要求,更注意通过长期蓄势,形成品牌影响力,以便获得长远的品牌资产增值收益。

3. 在运作风格上,产品推广"务实",品牌推广"务虚"

产品推广多着眼于当前的生存需求,整个运作取向容易走短线,对于一些速效性的运作方式更为偏好,其运作虽然也有一定的整合性,但不同产品推广之间的链接性差,难以发挥集群效应,推广投入的递延收益不足;品牌推广多着眼于未来的发展需求,在运作规划时注意布置长线,预留管道,系统链接性强,整个推广运作绵密厚实,抗压性强,受单一产品推广效果的影响不大,推广投入有明显的递延和累积收益。

尽管品牌推广与产品推广存在着差异,但两者之间也存在着转换的可能性。从产品推广向品牌推广转换的路径,就是产品推广的品牌化。所谓品牌化推广,是指品牌经营者在品牌规划的指导下,结合品牌环境的约束,以产品推广为基础,围绕品牌资产的增值提出的一整套面向消费者和其他利益关系者的沟通行为的集合。通过经过整合的持续沟通,不仅可以获得当前的产品销售收益,更可以获得额外的品牌资产和稳定的附加收益,提高企业的品牌竞争力,保障企业的可持续经营。

二、品牌推广的原则

品牌的推广是一项艰巨而复杂的工程,必须采用多学科、多角度、多层次的方法,在市场、消费者及科学的原则指导下开展。具体而言,品牌推广工作应遵循以下四项基本原则。

1. 科学性原则

品牌的推广不是盲目的,只有用科学的方法、程序才可能成功。比如,推广品牌应注重市场调研,了解公众对品牌的态度,了解品牌树立的对象,并及时进行反馈。

2. 个性原则

每个品牌、每个企业都有其不同的情况、特点,如企业的人员素质、目标消费者、规模实力、社会声誉等不尽相同,品牌的外形、内涵、气质、个性等也不会一样,这就要求品牌打造者能具体问题具体分析,走出一条适合自身产品品牌的个性化道路。

3. 全面性原则

品牌推广涉及企业、广告公司、媒介、竞争对手、政府、消费者、其他社会公众、企业合作者，打造品牌时应充分考虑到各种关系所涉及的对象并进行综合衡量，其中最主要的是企业及其合作者、媒介、竞争对手、消费者。

4. 持之以恒的原则

品牌的培育绝不是权宜之计，品牌的推广也不是一蹴而就的，而是一项艰巨而复杂的系统工程，它需要全体员工长期不懈的努力。为此，从事品牌推广活动的工作人员及企业经营者必须树立全局观念，从长远考虑，统筹安排，有计划地坚持不懈地进行品牌推广。

三、品牌推广的"三元论"

品牌"三元论"的推广方法正是以消费者和产品的情感因素为根本，采取步步为营的策略，并各有侧重，以图长久而成功地塑造一个品牌，成功推广一个品牌。

(一) 基本概念

品牌宽度(Brand-width)：就是品牌在市场上的影响程度，主要是指品牌知名度。

品牌深度(Brand Depth)：是指品牌在消费者心目中的影响程度，主要包括品牌美誉度和品牌忠诚度。

(二) 基本内容

一个成功、完整的品牌推广应该包括三个阶段：第一，品牌宽度推广阶段，即建立品牌知名度；第二，品牌深度推广阶段，这个阶段主要是提升品牌美誉度，提高品牌忠诚度；第三，品牌维护阶段。

在品牌推广过程中，品牌宽度是基础，是品牌的第一生命；品牌深度的推广是根本，是品牌的第二生命。品牌深度是建立在品牌宽度的基础之上的，主要是和消费者进行情感对话，提高品牌销售力。

(三) 基本操作模式

1. 品牌宽度推广

推广目的：建立品牌知名度。

推广策略：强势打造，强制灌输式。

推广方法：广告宣传，活动、事件传播。

这个阶段主要是通过一些传统的推广手法，通过宣传、传播品牌，让广大消费者了解、知晓品牌的基本内涵：产品、品牌文化等，是属于和消费者的初级沟通。

2. 品牌深度推广

宗旨：让品牌深入人（消费者）心。

推广目的：提升品牌美誉度，品牌忠诚度，提高品牌销售力。

推广策略：深度互动，创新传播。

创新是策划的生命，尤其是在品牌的深度推广阶段，要和消费者达成深度互动，让消费者从内心深处体验、认可、接受品牌与品牌文化，就必须独辟蹊径，大胆创新，从而提高品牌销售力。

推广方法一：建立品牌文化吧，实行顾客互动。

具体操作：企业可在繁华地段自建，亦可和各个酒吧、咖啡屋等场所联合，全面推广品牌文化，让消费者深度了解和认识品牌文化，感受品牌文化氛围，并借助消费者口碑进行宣传。

推广方法二：完善员工管理，实行员工互动。

具体操作：每一个员工都是企业品牌宣传的一个活广告，企业可以通过实行员工持股、员工进行企业文化的学习等，首先从企业内部达成一个"传播源"，借助员工的这种对企业文化认可在生活、工作中将品牌文化进行传播。

推广方法三：丰富品牌文化，建立品牌和消费者之间的情感因素。

具体操作：以品牌文化为宗旨，塑造能打动目标消费者的、得到消费者认同和感动的品牌故事等，让品牌文化生动、形象、丰满起来，使之广为流传，以赢得人心，赢得市场。

3. 品牌维护阶段

宗旨：维护品牌高度。

策略：宽度推广＋深度推广。

据统计，在国外推广一个知名品牌的时间是至少 3～5 年，品牌达到一定知名度后的每年也至少需要投入 1 000 万美元来进行维护。品牌在达到一定的高度之后，就需要进行品牌的维护工作，品牌才能永葆青春活力和市场竞争力。

总之，品牌推广只有找"对"消费者和品牌的情感切入点与燃点，和消费者进行心灵对话，达成共鸣，才能大大提高品牌推广的效果，降低推广费用。若能从需要与动机、感觉和知觉、消费者的态度方面，迅速捕捉、定位、剖析客户的情感因素，品牌推广就不难找到一个很好的方法，达到提高品牌销售力和解决问题的目的。

第二节　品牌推广的前期准备

一般而言,企业的品牌推广活动都是为了配合整个企业的整体发展战略和营销工作而展开的,目的是提升企业及其产品形象。所以任何一项品牌推广活动都必须是根据对自身企业宗旨、战略、面对的市场以及自身资源的分析,在对所推广的品牌有一个明确的定位,熟悉品牌推广的基本规律的前提下确定了品牌推广的要点之后才进入品牌推广阶段的。因而,在品牌推广活动展开之前,企业的品牌推广工作者和企业经营者一定要明确品牌推广的基本规律,从而确定自身推广活动的重点和要点。

一、明确品牌推广的规律

1. 从产品生命周期看推广规律

(1) 产品导入期,离不开"独特销售卖点"。如今市场的供过于求,竞争无序,使许多大众化产品在消费市场中只能苟延残喘。对于一个产品而言,如何才能做到一入市场就让消费者、经销商耳目一新,刮目相看呢? 此阶段的推广重心是什么? 是品牌宣传呢,还是产品 USP 宣传呢? 或者是眉毛胡子一把抓呢? 一般而言,此阶段若想做好产品,其推广的重点,应放在宣传产品卖点的独特之处,让消费者容易记忆,容易接受,开辟属于自己的独特消费群体。

(2) 产品成长期,狠抓品牌概念。依靠产品独特的卖点,从众多同类产品中脱颖而出,开辟属于自己的蓝海地带,接着就是如何在此基础上迅速提升品牌的概念,提高和巩固品牌形象。此时推广应以提升品牌概念、巩固产品卖点、激发市场链[①]为目标,让消费者在意识中形成该品牌是什么产品的代表,或者该品牌是产品在某方面的代表。无论怎么讲,此时推广的焦点就是如何让消费者感觉你的品牌在这个独特领域中占据数一数二的地位。

(3) 产品成熟期,整合市场优势。能够进入成熟期的产品,说明产品个性区分接近成功,在细分市场上"独领风骚",品牌的重要性和产品的个性利益

---

① 市场链主要是指把市场经济中的利益调节机制引入企业内部,在集团的宏观调控下,把企业内部的上下流程、上下工序和岗位之间的业务关系,由原来的单纯行政机制(即纵向的依靠自上而下的计划安排和行政指令,横向依靠会议调度和上级命令协调;下级只服从上级,只对上级负责)转变成平等的买卖关系、服务关系和契约关系,通过这些关系把外部市场订单转变成一系列内部的市场订单,形成以"订单"为中心、上下工序和岗位之间相互咬合、自行调节运行的业务就是"市场链"。通过这些关系把外部市场订单转变为内部市场订单,形成以"订单"为驱动力,上下工序和岗位之间相互咬合,自行调节运行的业务链。

正进行着完美的结合。为了不让竞争品牌把这块市场份额瓜分,为了不让消费者感觉这个产品或品牌后劲不足,企业要不断进行市场组合改革。例如,运用价格调整,改进包装,扩大分销渠道,增加产品功能,加强服务体系等方面的推广。同时,在产品原概念的基础上增添新内容,采用一些副品牌或子品牌来延伸品牌或产品的生命力。

2. 从产品的销售季节把握推广节奏

(1) 旺季来临之前。首先要做的推广是促销活动,这个促销活动一般是针对经销商的。通过产品促销、渠道促销增强经销商的欲望和信心,大批量终端铺货。同时适当地依靠媒体做些宣传性广告,目的是让经销商的货物能够顺畅地流入市场,为产品的旺销季节奠定基础。

(2) 产品旺销时刻。旺季的推广主要针对零售终端或消费者促销为主,此时各品牌之间的竞争都是短兵相接,在肉搏战中抢占销量。此时推广内容主要以地面形式展开,如签名销售、赠品、折让、销售比赛等。若为了更有力地刺激消费者还可以空中、地面同时"轰炸",使销量最大化。

(3) 旺季结束之后。此时产品销售下滑,为了延长旺季时间,减缓下滑速度,这时推广的目的不是促销抢夺销量,而是针对消费者多做些媒体广告进行宣传或炒作,让消费者感受品牌的威力和影响力,因为此时选择购买产品的消费者都是比较理性的。

(4) 产品的淡季。产品的淡季是最难熬的日子,人说"旺季做销售,淡季做推广",但淡季推广有效果吗?投入和产出往往难成正比,小型推广不见效果,大型推广又浪费资源,资源用光了,关键时刻怎么办?所以此时的推广与促销的目的不再是针对消费者,而是针对经销商,希望获得经销商的支持,让经销商感受品牌或产品的价值和利益,帮助企业度过淡季。

推广必须抓住规律,瞄准产品周期所处的阶段,采用不同的推广手段,以最小的资源获取最大的收益。

二、确定品牌推广的要点

1. 保持品牌策略与公司整体业务战略相一致

每一个企业的品牌都应是建立在涵盖企业业务方方面面的一个平台的基础上的,这其中包括产品的选择、产品收购、产品加工、流通、定价、服务等,而各个方面所传播的信息必须保持一致,共同遵循品牌的基本定位。

2. 高级管理层深度参与品牌的创立

高层管理者在品牌创设及维护的过程中起着关键性的作用,包括他们对企业整体战略的把握、整体协调等。每一个企业都应在品牌建设中安排一个专门的品牌管理人员或部门来协调品牌推广工作。

3. 设计合理的品牌结构

在进行品牌推广活动之前,应该选择最适合组织的商业氛围、企业环境和企业文化的品牌结构。一般而言,合理的品牌结构的特征是:能清晰、准确地表述企业部门与产品品牌三者之间的关系;能为品牌将来的发展提供一个牢固而灵活的框架;能适应新产品开发的需求。

4. 保持对品牌推广全方位的视角

具体地说,在企业运作中应该从组织、产品、符号、人等各个不同的角度来理解和诠释品牌。比如说产品的品质、企业标志的视觉形象、组织的信誉和竞争力乃至公司领导人的举止风范所表达的信息是连贯的、相关的、相依附的。企业可以通过一系列的规范和制度来达到这一点。

5. 品牌应能简洁地表达企业的核心价值观和承诺

品牌其实是企业必须坚守的一种承诺。所推广的产品的品牌形象应和企业的宗旨以及核心价值观保持一致,通过品牌简洁地表达企业的核心价值观和承诺。

6. 品牌推广必须保持连续性

在企业的运行过程中,应充分认识到每一项市场营销活动都是一项品牌传播的活动。品牌的影响发生在消费者接触企业产品和服务的每时每刻,因而在工作计划中应该将品牌推广贯穿于从产品购买到产品使用、传播的全过程。

7. 品牌推广计划要有针对性

强调连续性是因为时断时续的品牌信息往往会削弱品牌的影响力和它在消费者心目中的地位,所以在推广活动中要有统一规划,有明确的战略和清晰的定位。而针对性是为了保证投资的有效性,在推广活动中应针对特定的产品、特定的品牌、特定的市场做出相应的推广计划。

8. 不断对推广计划做出反馈和调整

对于品牌活动效果的度量不能仅仅停留在表面上的、定性的分析。需要的是用有效的方法来检验投资回报率。这样才能有效地衡量实际工作,以便对以前的工作进行调整和开始下一步的计划。

三、品牌推广的前期准备步骤

品牌推广的前期准备分为五个步骤:选择商品市场;研究产品的生命周

期;估计成本及预算;选择媒介;消费者分析。

1. 选择商品市场

在计划整个传播推广前,要找出每种商品的市场,包括整个市场营运计划及消费市场调查,以此来决定商品的传播定位。例如,针对公司某个竞争对手,选择二级、三级市场进行主攻。

在这一阶段,中心是分析市场构造,决定市场对策方针及市场目标。这一阶段包括三个主要工作内容:市场分析,即确定消费者的需要,决定广告目标,以防止销售政策错误,避免虚耗时间和资金;消费者调查分析,即确定了解是否有可能增大消费量,是否有新的消费机会,是否有可能开拓新的消费需要,认清消费者;决定市场目标,即确定以全部消费者为对象,还是以某种特定地区、特定阶层为对象,如是否选择二级、三级市场中的知识分子为企业的正确传播对象,这需要考虑企业本身的生产能力、销售能力、资金能力等。

2. 研究产品的生命周期

研究产品需要考虑产品的生命周期,而且能否让现有的产品通过策划在消费者心目中变成新的产品等问题也是值得考虑的。例如,可口可乐通过各类不断更新的策划、包装,让消费者喝着它多年不变的产品。

在一般情况下,产品的生命周期分为导入期、成长期、成熟期、衰退期四个阶段。

在这里,要特别注意产品生命周期与促销计划的关系。随着产品生命周期中购买对象的不同,促销策略与促销组合也应有所不同。

(1) 导入期。导入期属产品的发售阶段,其特点是消费者尚未完全知道产品价值,产品生产量不大、企业作业度低、出货量小、成本高、盈利小,这时促销活动最为重要。促销目的重点围绕告知产品品牌及产品的特征。促销主题需要突出差异,如新颖、稀少、高级等。而促销手段的实施步骤通常为:①广告发布;②向经销者提供促销物品、分发广告传单,实施店头广告及实地展销等促销活动;③公关活动,如举办新闻报道、产品说明会、新产品的试用及工厂参观等。

(2) 成长期。这一时期的重点在于扩大需求,提升企业知名度,以提高利润,增加生产量等。在这一阶段,促销目标为扩大需求,提高消费者对企业产品喜爱的程度;市场调查以抽样调查测量知名状况及购买状况,开展活动效果调查为主;促销主题着重实用性、有效性等;公关活动则以制造大众流行使用气氛为目的。

（3）成熟期。此阶段要尽量扩大需求已不太可能，因此重点应放在回收研究开发费用及市场开拓费用上。这一阶段的促销目的为延长成熟期，再次强调产品的差别性以及扩大市场占有率；促销主题应更具有差别性、实利性；促销手段应开展适应竞争的促销活动，如赠奖品；另外，对经销店的再指导也不容忽视。

（4）衰退期。在此期间已不可能拓展销售量，即使降低价格也无法扩大需求，产品在市场呈现衰退的倾向，企业利益也在下跌，此阶段的促销主题应放在强调产品的实用性上，以求维持。

3. 估计成本及预算

大部分产品的售价都包括广告费用，这种费用随着产品的不同而不同。那么我们如何判定一个产品需花多少推广费呢？一般地说，只需把任何一年销售商品的总值除以该年在广告上所花的全部费用，就可以知道推销一元钱的商品，所花在广告上面的百分率。以大型的资本设备为例，广告费用通常占售价的 1％，小型耐用的消费品则高达 5％，而日常消费品，如食品类的广告费用占 10％，化妆品类则高达 40％。

广告费反映在成本上，但到底广告是增加成本还是降低成本？顾客因为有广告而要多付钱？还是少付钱？按经济学原理，在制造过程中若产量不超过某一程度，则生产越多，单位成本越低，这时增加生产量，则只增加原料和工资，机器和管理费用并不会增加。广告可以增加需求，因而大量生产，可以减低每单位的成本，若所减少的成本多过广告费用，那样总成本就下降了，从而是有利于消费者的。

各个企业对广告费用的决定方法不一样，但考虑广告目的、范围和企业的规模是基本的共同点。不同的地方在于如何考虑顾客所拥有的购买力、年龄、性别、反应情况、竞争者的广告状况，可能负担的推广费，达到推广目标的最少推广费用，增加推广费是否可以增加利润，等等。

常见的预算编制方法有三种，即销售收入百分比法、竞争对抗法和目标任务法。

（1）销售收入百分比法。销售收入百分比法指企业根据一段时期的销售额的特定比例来确定品牌传播费用。也就是说，企业按照每完成 100 元销售额需要多少品牌推广费用来决定预算。在美国，汽车公司一般以每辆汽车预估价格的某一固定比率来作为确定预算的基础，而石油公司则一般以每加仑汽油价格的某一固定比率来确定预算。这种方法的优点在于简便易行，能促使企业管理人员正确把握售价、成本和利润之间的关系，并有利于保持竞争的相对稳定;其缺点是实际操作过于呆板,造成销售收入和广告成本的因果倒置,难以适应市场变化。

(2) 竞争对抗法。竞争对抗法指根据同行业竞争对手的开支决定本企业品牌推广预算,以保持自身在市场中的竞争优势。整个行业的品牌推广费用越高,企业在品牌推广上的投入也越大。这种方法常被那些实力雄厚的大企业采用,以与竞争对手展开针锋相对的商业竞争。但其运用必须以能获得竞争对手广告预算的可靠信息为前提,事实上这是很困难的。

(3) 目标任务法。目标任务法指根据企业的总目标和销售目标,决定品牌推广的目标,根据目标要求制定相应的预算。这种方法可以有效地为品牌推广任务提供相应的预算支持,但它需要企业人员认真研究关于费用和促销水平之间的关系,从而合理确定预算。

4. 选择媒介

选择媒介,就是要能把产品传播推广给预定的销售对象。各种媒介有其特定对象,如果要运用一种以上的媒介,必须考虑每种媒介的预算比例(如多少用于硬性广告,多少用于软性广告),同时也要考虑广告、活动时间及时节的配合(如庆典、重要节目的媒介配合等)。一个传播推广计划最重要的是要灵活运用推广媒介,对于传播推广而言,传播媒介是真正的战场,传播推广通常在媒介选择的过程中就决定了双方的胜负。

(1) 选择媒介的步骤。选择媒介包括三个步骤:①选择使用何种传播媒介,如报纸、杂志、电视或其他;②选择该媒介中的某种或数种媒介;③选择某种媒介中的特别媒介,如在建材类杂志中挑选《涂料》。

因为各种媒介各有特性,而接触媒介的对象、层次不同,因此为了达到充分传播推广效果,必须将各种媒体加以组合或交错使用。

(2) 选择媒介应考虑的要素。媒介选择应考虑市场、媒介、企业三个要素。①市场方面的因素包括要考虑消费者的属性、商品的特性、商品的销售范围;②媒介方面的因素包括要考虑媒介量的价值(如报纸的发行量、杂志的发行量、电视的收视率、电台的收听率)、媒介的价值、媒介的经济价值;③企业方面的因素包括要考虑企业销售方法的特征;企业的促销战略,如计划一个赠送样品的广告活动,就要用能配合赠送活动的媒介;要考虑企业活动的基本目的及推广费用预算的分配额和企业的经济能力。

5. 消费者分析

消费者是推广工作所追求的目标,要想使推广产生效果,产品畅销,一定要对消费者加以分析研究。

（1）消费者动机。消费者动机即是购买动机和行为目的。对于品牌推广工作而言，就在于探索别人的需要和动机。美国著名心理学家马斯洛20世纪50年代创立了"需求层次论"，他的理论的出发点是：第一，人类是有需要和欲望的，随时有待于满足；需要的是什么，要看已经有的是什么，已满足的需要不会形成动机，只有未满足的需要才会引起行为动机。第二，人类的需要是从低级到高级具有不同层次的，只有当低一级的需要得到基本满足时，才会产生高一级的需要。一般说来，需要强度的大小和需要层次的高低成反比，即需要的层次越低，需要的强度越大。

马斯洛依需要强度的次序，把人类需要分为五个层次：生理需要、安全需要、社会需要、尊重需要和自我实现的需要。不管这种分类是否合理，但至少说明产品存在着需求的层次差异，有些产品是满足基本需求的，而有些则是满足较为高层的需求的。例如，"高尔夫球"成了有钱有地位人的社会性需求，其运动性反而降低了。

（2）消费者人格。人的个性差异会影响购买心理。如弗洛伊德认为人格有三层结构，即由小我（原始行动）、自我及大我（求善、求美）所构成。

（3）消费者购买行为模式。消费者的购买行为有以下三种模式：①消费者受到"示范商品"的影响进入个人决策；②消费者的决策过程由"感觉需要"进入"对产品认识"，从而对产品产生好恶；③消费者评估产品价值，形成行为趋向，产生购买行为。

（4）消费者的学习。通过购买和消费的过程所得来的经验，能影响消费者将来的购买行为。

（5）消费者态度。消费者态度指消费者对某件商品、品牌或公司经由学习而有一致的喜好或不喜欢的反应倾向。企划人员通常运用"态度"来预测消费者对其商品的反应。

一般来说，消费者态度形成原因主要有：①过去对此产品或相关产品的经验；②对产品广告的注意；③亲朋好友所提的劝告与资料；④消费者个人的人格；⑤商品假设能对特定需要的满足。

消费者行为受社会环境影响的因素包括文化、亚文化、社会阶层、参照群体、面对面的团体、家庭等。消费者分析要随着时代、环境的变化而有所改变。例如，因妇女角色的改变，使家庭主妇在家中的购买行为居重要地位；由于人们富裕了，不必精打细算，使得冲动性购买行为增加，因此商品的陈列、包装色彩更趋重要；由于休闲时间增加，因此休闲产品系列兴起。因此，营销环境中要随时掌握变化，做最有效的营销策划活动。

四、品牌推广活动计划

品牌推广活动计划是整个品牌推广前期准备活动的最后阶段。其实在制订拳头产品的营销计划时已经纳入了品牌推广计划。"拳头产品带动品牌知名度的提升"是中国本土企业建设品牌常用的招式之一,最好不要进行单纯推广品牌概念的活动,尤其是那些中小企业。

品牌体现消费者对产品的感觉;品牌理念就是希望消费者消费产品或接触品牌信息后,对品牌产生一种好的、特别的感觉,并因为这种感觉对这个品牌的产品产生强烈的偏好;品牌价值就是消费者因为追求这种感觉而愿意额外支付的价值。品牌价值代表着消费者感觉积累的结果。对于一个品牌,消费者好感积累越多,积累好感的消费者越多,品牌的价值就越高。

目前,许多中国企业在"消费者听得越多,就越认为是名牌"的错误观念误导下,大量投放各种轰炸式广告,大肆进行宣传炒作,这种做法只能获得一段时间的品牌知名度,而品牌的美誉度和忠诚度是靠产品和服务累积的。如果不注意在产品和服务上下功夫,这样的品牌起来得快,衰落得也快。

根据以上的观点,对于品牌推广计划,应从以下方面入手。

(1) 做好品牌的核心是做好产品和服务。

(2) 品牌推广计划要跟拳头产品上市的计划相结合,最好能够对实际销量有帮助。

(3) 品牌传播的广告和宣传材料一定要切合实际,杜绝对消费者的错误引导和失实宣传。

(4) 品牌宣传首先是对渠道商,其次才是对消费者。

(5) 预留一定的营销预算,用于抓住一些有价值的事件营销机会。

第三节　品牌推广的实施

品牌的推广,实际上就是将品牌的相关信息按照品牌拥有者的意图编码、传播推广给品牌利益相关者,从而构建起品牌资产的过程。可见,品牌推广的实质,就是特定信息的传播。在做好了相关品牌推广的前期准备工作之后,企业应选择最佳的品牌推广模式来对自身的品牌进行有效推广。

一、品牌推广实施的内容

要实现品牌战略,将品牌定位真正转化为消费者心中对品牌的认知,并将品牌要素转换为品牌资产,必须要经过有效的品牌推广。品牌塑造的关键在于传播推广,品牌形成的过程实际上就是品牌在消费者中的传播过程,也是消费者对某个品牌逐渐认知的过程。

（一）品牌信息的推广与传播模式

从传播学的角度出发,品牌信息的传播与推广,其实质就是品牌机构运用多种传播方式,通过一定的媒介或者直接向品牌利益相关者传播有关品牌的信息,以达到品牌推广的目的。在传播与推广的过程中,传播受噪声干扰而影响推广效果,品牌机构需通过对品牌资产的评估来反馈传播的效果。品牌推广与传播沟通模式如图 5-1 所示。

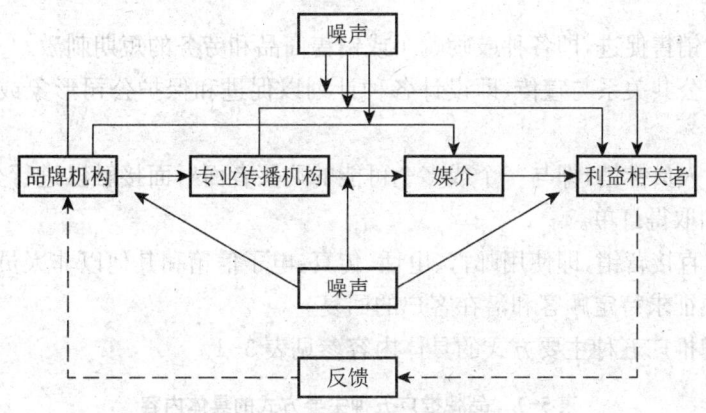

图 5-1　品牌推广与传播沟通模式

从图中可以看到,品牌信息的传播与推广是一个复杂的系统,品牌机构、专业传播机构、媒介、利益相关者、噪声和反馈是其构成要素。

品牌机构是指品牌的拥有者,是品牌形象的传播者和推广者。专业的传播机构是指广告公司、公关公司、品牌顾问公司等服务于品牌机构的营销传播机构,也是传播者,他们按照品牌所有者的要求负责信息的编码。媒介是指报纸、广播、电视、杂志、Internet 等大众传播媒介及广告路牌、POP、外包装、招贴等一般性信息载体,是信息传播与推广的渠道。利益相关者是指除品牌所有者之外的品牌利益人,包括员工、消费者、零售商、供应商、竞争者、公众和其他利益相关者,是受传者。噪声,在此系统中,除了信息传播本身的扭曲、衰减外,主要是指品牌竞争者的信息干扰。反馈主要是指对品牌资产的评估,品牌信息传播与推广的效果好坏直接反映为品牌资产的增减。

信息从"品牌机构"发出到"品牌利益相关者"接受有四种途径,按照是否流经媒介,可分为人员与非人员传播与推广。人员传播与推广的途径是"一对一"的方式,优点是传播的控制度好,信息损耗少,能够迅速得到大量直接、全面的反馈信息;缺点是传播与推广的速度慢,范围窄。非人员传播与推广是"一对多"的方式,优点是传播与推广的速度快、范围广、形式多样;缺点是可控性差,信息损耗大,反馈速度慢。

显然,人员传播推广与非人员传播推广各有利弊,品牌机构往往综合运用人员与非人员传播推广的方式进行品牌的传播和推广。总体来说有以下五种主要传播方式:

(1) 广告,即以付款方式进行的创意、商品和服务的非人员展示和促销活动。

(2) 销售促进,即各种鼓励购买或销售商品和劳务的短期刺激。

(3) 公共关系与宣传,即设计各种计划以促进和保护公司形象或它的个别产品。

(4) 人员推销,即与一个或多个可能的购买者面对面接触以进行介绍、回答问题和取得订单。

(5) 直接营销,即使用邮寄、电话、传真、电子信箱和其他以非人员接触工具沟通或征求特定顾客和潜在客户的回复。

品牌推广五种主要方式的具体内容参见表 5-1。

表 5-1　品牌推广五种主要方式的具体内容

广　告	销售促进	公共关系与宣传	人员推销	直接营销
印刷媒体广告	竞赛、游戏	媒体软文	推销展示陈说	目录
电子媒体广告	兑奖	新闻发布会	销售会议	邮购
外包装广告	彩票	研讨会	奖励节目	电信营销
包装插入物	赠品	年度报告	样品	电子购买
影视剧植入广告	样品	慈善捐款	交易会与展销会	电视购买
简订本和小册子	交易品和展销会	赞助	……	传真邮购
招贴和传单	展览会	出版物		电子信箱
工商名录	示范表演	关系		音控邮购
广告复制品	赠券	游说		……
广告牌	回扣	公司杂志		
陈列广告牌	款待	事件		

（续表）

广　告	销售促进	公共关系与宣传	人员推销	直接营销
销售点陈列	打折销售	……		
视听材料	捆绑销售			
标记和标识语	……			
……				

在以上传播推广方式中,有些是纯粹的人员或非人员传播和推广,例如推销展示陈说是人员传播与推广,销售点陈列是非人员传播与推广;有些则是人员与非人员传播推广的综合运用,如新闻发布会。

（二）品牌整合营销推广

由图 5-1 可以看到,品牌信息的传播推广是一个较复杂的系统工程,品牌机构往往经过多个信息传播渠道,采用多种传播工具,针对不同的品牌利益相关者发送信息,这就对品牌信息传播推广的效果提出了一定的挑战。如果传播推广的信息不一致,非但不能积累品牌资产,反而会削减品牌资产,加上竞争品牌信息传播干扰所造成的噪声,品牌机构必须要提高"声音",这将导致传播推广成本的直线上升。此时,整合营销推广成为品牌传播推广的必然选择。

整合营销推广是一种市场营销推广计划,即在计划中对不同的沟通形式,如一般性的广告、直接反应广告、销售促进、公共关系等的战略地位做出估计,并通过对分散的信息加以整合。只有将以上形式结合起来,才能达到明确的、一致的以及最大程度地沟通。

整合营销推广有两层含义。首先是不同沟通手段所传递的信息是一致的,它们共享品牌最核心的含义,将品牌定位清晰地传递给品牌利益相关者;其次是不同的沟通手段要能相互补充,优势彼此衬托、劣势互相弥补。整合营销推广要注意以下要点。

1. 品牌推广的重心是营造品牌关系

品牌整合推广是为适应 21 世纪的商业大环境而产生的,它是经营有利品牌关系的一种交互作用过程,通过带领人们与企业共同学习来保持品牌沟通策略上的一致性,加强公司与消费者、其他关系利益人之间的积极对话,以积累品牌资产。大部分的公司都过分看重内部成本的缩减和运营效率的加强,却忘记了不管是他们的一举一动,还是无所行动,对消费者、员工、利益相关者、媒体及潜在消费者而言,都具有某种程度的意义。认清这些推广沟通方面的重要性,同时努力去经营它们,这便是品牌整合推广的精髓。所以,品牌推广的重心,应是营造基于消费者的品牌关系,不仅是扩大知名度,而且是重在增加消费者对品牌的崇信度、品牌认知度、品牌忠诚度和品牌联想。

2. 品牌推广要"以客为尊"

在卖方市场为主导的环境下,社会经济是一种短缺经济或者管制经济,但是在买方市场下,则是丰裕经济。在买方市场条件下,消费者的行为决定一切。因而,品牌推广的根本目的,就是培植与消费者或潜在消费者的良好关系。

中国的品牌经理或营销主管,常常把注意力集中在他们的营销传播工具上,忽略了起决定作用的推广或销售的对象。企业必须透彻了解消费者或潜在消费者,必须明白以下几点:

(1) 消费者以他们的观念或情感来做决定,而非以事实或品牌组织看问题的方式和方法。

(2) 消费者的购买决定和品牌选择很少是出自一个人的意见,哪怕是消费品。

(3) 消费者常依情感纽带接受亲近之人的参考意见的。

(4) 消费者的欲望、需求和顾虑,不是长期固定不变,而是经常变化的。

营销理论界把品牌关系解释为重复销售,是以交易为出发点的想法。当紧密的关系建立起来之后,公司所得到的利益绝不止于重复销售。也就是说,如果一个既定的品牌受到消费者青睐的时间越持久,此品牌从市场上获得的收益也越大,这是因为消费者对品牌的支持越长,也就越舍得掏腰包。

3. 品牌推广的目的是积累品牌资产

整合营销创始专家汤姆·邓肯提出了一个品牌资产的方程式:

$$品牌推广 \rightarrow 品牌关系 \rightarrow 品牌支持度 = 品牌资产$$

从这个方程式可以知道,推广是品牌关系的驾驭者。关系利益人自动整合出的一系列品牌特征信息代表了它们与品牌之间的关系,因而决定了他们支持品牌的程度。邓肯总结说:"将关系利益人对品牌的支持度积累起来,就构成了品牌资产。"我们利用各种媒介,采用各种方式,其目的都是为了积累品牌资产,即使是反复强调和追求的品牌知名度、消费者满意度、顾客忠诚度、顾客崇信度,也只是间接目的,最终目的还是品牌资产的增值。

4. 企业内部整合——建立跨职能的品牌管理机构

美国著名营销学专家大卫·A·艾克曾说过:"光是拥有一个跨职能的结构,并不能保证公司一定可以整合,但是如果没有一个跨职能的结构,则一定没有办法整合。"我们经营品牌、推广品牌与建立品牌关系的过程,不单单是品牌管理部门的事,也不单单是营销部门的事,同时也是生产、行政、财务、人事等部门的责任,因而需要建立跨职能的管理机构。

5. 品牌整合推广要求全员参与

关注品牌推广是品牌管理者的责任,但同时也是其他每一个关系利益人的责任。一个品牌绝不仅仅意味着广告和营销,还意味着当任何人看到其图标或听到其名字时所能想到的任何事物。

毋庸置疑,推广品牌是品牌经理领导下的品牌队伍的责任,但是如果公司上下的每个员工都关注品牌推广和品牌塑造,那么,在面对一个可能的合并时,财务人员考虑的事不再仅仅是总收入,他们开始担心一些不寻常的事——合并对象的名声;公司的律师开始制定一些特殊的条款以测定公司与消费者沟通中所存在障碍的合理性;公司的广告推广人员开始有了更加自信的勇气并拒绝让一些胡说八道的人干扰制作广告的过程;信息技术人员会考虑要确保向公司的消费者提供一种提高公司信誉的技术沟通方式;销售人员也不再投机倒把,并遵守灵敏的管理制度,因为他们知道自己的言行就是一种品牌推广方式。

6. 品牌特征信息的一致性

品牌资产是一项多元功能下的产物,它是所有与品牌有关的推广信息的结晶。要进行品牌推广,以建立品牌关系,就要先了解品牌推广和传播的每一句话和所做的每一件事,对于所有接触点所传达出的品牌信息都要加以监控,检测它们是否与企业的整体品牌战略相一致。保持产品和服务的一致性,一直是一项基本的营销法则,尤其是近年来的全面质量管理更强化了这项目标。如果品牌推广所传播的品牌特征信息不一致,品牌便没有一致性可言。品牌推广的信息与品牌组织的所作所为越不一致,品牌的核心价值就越不明确、越散漫、越模糊。就消费者观点而言,策略一致性代表品牌"不会做出令人惊愕的事情",同时容易辨识。

建立一致的品牌推广信息是整合推广的环节之一,在这个执行的阶段里,一致的要求会随着消费者群体和关系利益人团体而有所变化。品牌组织与关系利益人所进行的一对一沟通越多,一致性的标准越个性化。我国企业普遍存在着无法执行一致的预定的品牌信息的问题,其原因在于,他们在基础层面上没有达成共识。而要保持一致性,企业必须坚持以客为尊的营销哲学,做到企业核心价值观与企业任务的一致,品牌识别标志的一致、产品与服务信息的一致、品牌定位的一致、执行上的一致。

二、品牌推广实施的步骤

成功的品牌推广必须经历以下八个步骤。

(一) 确定目标传播与推广受众

企业的品牌推广工作只有在明确了目标受众后,才能做到有的放矢。目标受众可能是企业产品的正在使用者,也可能是潜在的购买者,或者是产品购买的决策者或者影响购买决策者;目标受众可能是个人、小组、公众,或者是特殊群体。因此,针对不同的目标受众,企业所能够选择推广的信息、渠道以及方式都会有所不同。例如,企业如果希望对特殊群体进行品牌推广活动,就要充分了解他们的生活背景、独特的心理和生理特征,以及他们的价值观和生活方式,根据他们的需要来确定推广工具如广告等。

(二) 确定品牌推广目标

品牌推广的目标是企业营销人员希望品牌推广所能达到的效果。不同的企业、同一企业在不同的营销环境下,品牌推广目标和重点往往存在很大差异。

(1) 创牌型品牌推广。企业推出一个新品牌,更多地会把品牌推广目标放在让更多的消费者了解和熟悉该品牌,并对该品种产生好感上。

(2) 保牌型品牌推广。进行此类品牌推广活动,旨在巩固已有的品牌市场阵地,并在此基础上进一步挖掘和刺激潜在的市场需求。当市场占有率、品牌知晓率已经很高时,如何让消费者更多地购买就会成为品牌推广的重点。

(3) 竞争性品牌推广。此类型品牌推广活动,旨在提高品牌的市场竞争能力。进行这种类型的品牌推广活动要把重点放在突出本品牌所属产品相较于竞争者的优异之处,从而使消费者对该品牌产生喜爱之情,形成品牌偏好甚至是品牌忠诚。

(三) 设计品牌推广信息

在当前信息资讯泛滥的时代,人们处于大量信息的包围之中,消费者所能关注到的有效信息十分有限。因此,企业向消费者推广的必须是那些在内容和形式上能够引发消费者兴趣进而唤起其注意的品牌信息。

(四) 编制品牌推广预算

企业为了进行品牌推广往往付出了巨大投入,这对企业的财务是个巨大的挑战。美国百货业巨头约翰·沃纳梅克曾说过:"我认为我的广告费一半是被浪费掉了,但是我不知道是哪一半被浪费掉了。"编制预算可以帮助企业进行财务控制,有助于企业经营目标的实现,但前提是预算必须合理。

（五）选择品牌推广渠道

随着信息技术的发展,可供企业选择的品牌传播渠道越来越多,除了广播、电视、报刊等传统渠道外,各种新型渠道层出不穷。传统渠道的优势在其强大的人力物力资源、丰富的品牌传播经验,但不足之处在于这些渠道在信息传播的过程中都是单向传播的。比如电视广告向受众传播,没有受众的信息反馈这一环节,受众只能被动地接收信息,而缺少公开就信息发表意见的途径。而手机、互联网等技术的发展,给品牌传播带来了全新的、广阔的平台和空间,以搜索引擎、社交网络、微博、团购、秒杀等形式出现的品牌传播形式已屡见不鲜。这些新型品牌传播渠道相较于传统渠道具有成本更为低廉、传播更加迅速、能够及时反馈等优势。但正因为其新,企业往往缺乏这方面的经验,也难以找到比较成熟的合作代理商,很多时候都要进行摸索和学习,这些也给企业利用新型渠道带来了限制。因此,很多企业选择将传统传播渠道和新型渠道结合起来使用,利用两者的优势更好地达到品牌传播效果。

总之,信息传播与推广者必须选择有效的信息传播推广渠道来传递信息。在不同的情况下应采用不同的渠道,在不同的阶段采用不同的信息传播渠道或者渠道组合。此外,在选择传播渠道时,除了预算的限制还要考虑品牌的定位和传播的目标受众。

（六）制定品牌推广组合

品牌推广的组合决策主要是指对广告、销售促进、人员推销、公共关系等各种推广方式的选择和运用。在制定品牌推广的组合策略时,要根据产品特点、市场特性、推广目标、竞争状况等各种要素综合考虑这些工具,灵活安排各种组合要素,以达到最好的传播效果。

（七）评价品牌推广效果

实施品牌推广活动之后,企业营销人员还要对其产生的影响进行测量和评价。人们常用品牌推广活动前后的销售差异来衡量品牌推广对购买行为的影响,这种数据比较容易获取,也是经常被用来衡量评价品牌推广效果的方法,甚至在很多情况下是唯一的方法。但考虑到品牌的构建和推广是一个长期的过程,这种方法往往低估了品牌推广的作用,因此目标受众对品牌的记忆和态度的变化也应该是评价品牌推广效果的重要内容。

（八）管理和协调品牌营销推广过程

品牌机构根据所制定的品牌战略与地位以及动态更新的品牌资产图与品牌资产报告,对品牌营销推广的每一个环节、每一种传播推广方式都跟进,以确保品牌利益相关者得到一致、完整的品牌信息。为了确保品牌信息的一致性,很多品牌机构往往采取给新品牌建立品牌使用手册的方式,来协调各类传播推广渠道,正确地阐释品牌的核心价值与定位。

三、品牌推广实施中应注意的问题

选择了合适的品牌推广模式,按照条理清晰、考虑全面的步骤进行了完善的品牌推广活动,有些企业仍然不能将自身品牌清晰地呈现在消费者面前,或者没有在消费者心目中留下太深的印象,从而没有达到品牌推广应该达到的效果。究其原因,还是在品牌推广过程中出了问题。

(一) 品牌推广的影响因素

近年来,在企业中流行创名牌产品或进行品牌经营,许多企业为此制订了品牌推广计划。但是并不是所有的产品都能成为品牌,都应该进行品牌推广,或者进行品牌经营的。企业进行品牌推广时应考虑的因素很多。

1. 产品

首先应该分析产品类型是主动需求型还是被动需求型。如果是主动需求型产品(如吃、穿等),那么应根据品牌的购买因素是什么,占多大比例来确定是否需要品牌推广,以及推广的方式;如果是后者(如保健品、药品、高档电器等),就必须清楚它在产品的功能上、特点上加强推广的比例。

2. 市场需求量

如果某个产品的市场需求量很低,则企业费九牛二虎之力创造的产品知名效应又有何用?

3. 相关产品条件

如果某产品在延伸和拓展方面有更多的机会点,那么产品品牌的投入才有可能为今后带来更多、更大的利益,同时也才可能在此基础上创造名牌企业。如果产品结构不适合,也就无法用产品品牌来支撑企业品牌。众所周知,企业是靠产品支撑的,孤立的企业品牌无法生存,因为其生存条件就是自身的造血功能。

4. 产品所处的生命周期

产品生命周期的长与短直接关系到市场的需求量。首先应考虑的是产品生存的空间,即产品生命周期的长短。若产品生命周期太短,投入大量的人力物力创造出品牌后,产品的生存条件已经丧失,品牌经营即毫无意义。其次,企业要投资一种产品,必须要了解该产品在市场上处于产品生命周期的哪个阶段,若进入时是成长中期,市场需求的潜力仍然很大,这时会有很多品牌运作的机会;若已经进入成长末期,还进行品牌推广投入就不值了。

5. 消费者对该产品的需求心理

对同一产品,由于消费者经济、文化、性别、年龄阶层的不同,所产生的购买心理会有很大差异。比如,对待名牌汽车、手表、服装服饰、洋酒等,不同消费者的心态是不一样的。如果一个绅士要买一辆名牌汽车,他一定会选择大家均认可的名牌,并更多地注意大众对该品牌的看法。设想有一辆性能、质量非常好的汽车,若大众都不知道该品牌,就是这辆车再好,他也不会去购买。所以这种追求品牌的人所追求的并不是知名品牌的产品本身,而是产品品牌所能给他带来的其他价值的心理定位内涵。

必须清楚地认识到,不是所有的品牌都应该去经营。每一个产品它所能带来的品牌意义和价值是不一样的,有些产品面对社会的广大消费者,有些则面对企业,其品牌的社会价值就不同,经营起来的可能性及成功率就存在着很大的差异。所以,无论是创造品牌还是品牌运作都要进行综合、全面的考虑。

(二) 消费者对产品的认知是品牌推广的前提

许多企业在产品还未被消费者接受的情况下就一味进行品牌的大肆推广,不仅浪费大量的资源,而且使品牌无立足之本。该现象一般发生在产品的导入期,其具体表现为:

(1) 在产品上市初期没有进行产品的有效宣传,忽略了产品的特点及功能介绍,使消费者无法形成对产品的有效认知。

(2) 没有深入了解产品在消费者心中的认知程度,过早地以品牌宣传为主。

(3) 不了解产品特质适合感性诉求还是理性诉求,盲目进行品牌宣传。

以上三种行为在我国的企业中普遍存在。这是一种不经调研,缺乏策略的徒劳行为。

例如,几年前我国北方有一种茶饮料上市。饮茶在我国有着几千年的历史,而作为包装型的即饮凉茶在我国还属于一个待开发的市场。在日本和我国台湾等地,该产品市场的培育期也用了七八年的时间。虽然我国市场的导入速度快于其他地区,但产品在市场上的培育是必需的。这种即饮凉茶虽然也属于茶类饮品,但它与人们喝热茶的习惯已经在消费形态上有了根本的不同。企业不能试图改变喝热茶的人群,只能创造喝凉茶的人群,所以在教育新的"凉茶人群"时,首要的任务是对凉茶的认知,而不是对茶的再认知。当这家企业在前两年上市初期以品牌诉求为主而大力宣传时,人们就感到了其品牌内涵上的苍白无力。由于这个市场启动速度并不快,所以并没有其他有实力的企业加入竞争。试想一下,当教育培育出这个市场时,可口可乐等其他有实力的企业会不会加入竞争呢? 谁也不会坐视这样一个有着很好潜力的市场而无动于衷。同时在导入期直接切入品牌而且又宣传这么长时间，既是一种资源的浪费，又会致使产品起动速度减慢，给企业造成沉重的负担。

人们每天都能在大街小巷上接触不同的路牌广告，看到的广告内容千姿百态，有成熟产品，也有消费者还未接触过的产品；有感性的，也有理性的。这些发布在户外媒体上的品牌广告，本来对企业及产品宣传能起到非常好的作用，但其中很多品牌人们并不认知。试想，消费者对产品的功能还不了解，对品牌的认知又有何用？对企业来讲，市场份额还未开发出来，此时就开始大做品牌推广，难道是怕别的企业参与帮助你培育市场吗？

有些产品已经成熟，只是在某地区尚属于导入阶段，这时可以以品牌切入，但是对这个品牌的认知时间要有严格的把握。在消费者对品牌有了初步的认识之后，要迅速进行产品特点宣传，尽快促成购买。这需要仔细分析市场状况。由于我国的地域特点不同，文化环境不同，对产品及品牌接受的时间和理解的速度都存在着差异，所以，要根据各区域市场的不同状况设定品牌的告知时间与产品广告的衔接时间。如果安排得当，那么企业在上市的推广行为上就能占据很有利的位置。但很多企业并没有认识到这一点，产品一上市就用地毯式品牌广告进行宣传，这好比攻占敌方阵地，动用大量飞机、大炮炸平一个山头，而这个山头可能只有一个守敌。再者，消费者即使长期接受一个品牌教育，但对这个品牌的产品特点并不了解，也不会轻易产生购买欲望，尤其是对理性消费者更是这样。

（三）准确进行品牌推广定位

企业在进行品牌推广时容易发生的问题是，产品品牌与企业品牌混淆，定位不清。毫无疑问，应首先推广产品品牌。但是，当企业借用市场上的工具或某些手段进行推广时，往往有意无意地混淆产品品牌与企业品牌的推广。其做法体现在以下几个方面：

（1）企业做广告时，不管条件是否适合都要加上企业品牌。产品上市初期企业总怕消费者不知道产品是谁生产的，在做广告时常常既说了产品名称又说企业名称，似乎做到了两全其美，然而消费者却不知所云，企业也白白耗费了资源。

（2）对推广行为认识不清。在产品上市初期有些企业把企业品牌和产品品牌混为一谈，合在一起进行推广。例如，利用公关行为搞赞助，对各类赛事、演唱会等花费巨额资金做企业简介，软性炒作等。产品成长初期是品牌最敏感的时期。由于企业的推广费用过早地被分割到企业品牌的形象利益上,使产品在关键的成长期丧失了竞争地位。

(3) 对自己企业的产品结构不做分析,只一味仿效别人。其他企业或竞争品牌发展到一定阶段,提升企业品牌形象是为了发展自己的其他产品线需要,这是有整体策略做支持的。而有些企业在只有一个品牌产品的情况下,过早或在不适宜的时间段里推广企业品牌,不仅使产品的推广力度减弱,也造成了不必要的资源浪费。

企业应该知道,不同类型的企业所需要的结果是不同的,如一个服务型企业和一个生产型企业,一个单一产品的企业和一个多产品线结构的企业对企业品牌的要求是不一样的。此外,很多企业的产品品牌与企业品牌是共用一个品牌,这样在推广上可能会节约很多资源,但同时也制约了企业拓宽产品线的机会。

第四节 品牌推广的广告策略

一、广告推广对品牌的影响

美国市场营销协会(AMA)关于广告的定义是:"广告是由明确的发起者以公开支付费用的做法,以非人员的任何形式,对产品、服务或某项行动的意见和想法等的介绍。"在品牌推广中,广告是最主要也是最受重视的一种方式。它内容可以变换,时间可以控制,能在短时间内造成较大影响,见效比较快;它可以强化消费者的印象和好感,有助于提高企业声誉,树立品牌形象;它能引导消费,促进消费者对品牌产品的购买。对绝大多数的消费品而言,广告是提高品牌知晓率、塑造品牌形象的有力工具,因而企业在开拓市场时大多首先考虑广告这种方式。在竞争越激烈的行业,品牌推广就越重要,广告对品牌推广的影响也越深刻。

二、广告推广工作的重点

(一) 品牌定位和品牌形象的设计

在确定广告主题之前,首先要做好品牌定位。20 世纪 70 年代早期,人们提出定位的观念。定位的概念是用广告为产品在消费者的心智中找出一个位置。在产品既定情况下的广告定位就是"去操纵已经存在于心中的东西,去重新结合已存在的联结关系"。这时定位就是找出产品"与生俱来的戏剧性",并让消费者铭记这种能产生促销效果的戏剧性,如乐百氏在推广中以不厌其烦地"27层净化"作为定位策略,七喜在广告中以"非可乐"作为定位。要进行成功的广告定位必须事先了解商品的特点和竞争品牌的优劣所在,挖掘消费者心智上的空白对其进行猛攻。

广告推广要成功,还在于其宣传的是持久一致的品牌个性和形象。大卫·奥格威提到坎贝尔汤罐头公司、象牙香皂、埃克森石油公司等企业正是由于塑造协调一致的形象并能持之以恒地在广告中实施而取得成功。"最终决定品牌的市场地位的是品牌总体上的性格,而不是产品间微不足道的差异。"一个品牌要在大众心智中牢牢地占据自己的一席之地。具有强大的品牌力,不仅要求品牌个性的鲜明与独特,而且这个品牌形象的推广也应持之以恒,这样才能做到深入人心。考察当前广告与品牌的关系,我们发现除了诸如海尔、养生堂等少数企业在广告中体现着一贯、和谐的品牌形象外,绝大多数国内企业的广告中存在着品牌个性频繁变动的缺陷。大卫·奥格威认为:"市场上的广告95%在创作时缺乏长远打算,是仓促推出的。年复一年,始终没有为产品树立具体的形象。"

造成品牌个性频繁变动的原因,一方面是由于企业主尚未清晰地意识到坚持品牌个性的重要性;另一方面也是企业不断更换广告公司的结果。不同广告公司会提出自己对广告定位的看法和对创意的主张,从而在广告运动中始终无法确立明确的品牌形象。与此相反,很多世界著名的企业都很注重与广告公司的长期合作。如菲利普·莫里斯公司和成功地为万宝路烟草创造"万宝路牛仔"形象的李奥·贝纳广告公司已合作了几十年。正是品牌经营者在谨慎选择广告公司之后坚持长期合作,使广告公司也放心地从长远的角度来制定广告战略,进而成功避免"营销近视"。

（二）确定广告推广主题

确定广告推广主题是广告推广中的核心工作。广告主题创意决策与媒体选择决策往往是同时做出的。因为不确定用来向目标市场传递信息的媒体或信息通道,就不可能完成创意工作。比如要表现某品牌汽车的行驶速度很快,用电视广告媒体来表现可能是最佳选择。广告主题也可以用体现视觉效果的内容来展现。

广告主题创意的过程包括识别产品的优点、开发可能的广告诉求并进行评估、选择独特的营销建议、表述广告信息等几个阶段。

（三）确定广告推广媒体

进行广告推广需要借助一定的媒体。媒体选择不当,会影响到广告推广的效果。

1. 不同媒体类型及其优缺点

媒体的类型有很多,由于对广告的要求不同,需要选择与之相适应的媒体类型。各种媒体都有其各自的优点和缺点,选择恰当的媒体类型,就需要在了解和熟知各种媒体特点的基础上进行判断,如表5-2所示。

表5-2　不同媒体类型的优缺点

媒　介	优　点	缺　点
电　视	覆盖面大 接触率高 有光、声、动态的影响 声望高 易引起注意 个人成本低	选择性低 信息生命短 绝对成本高 生产成本高 干扰大
报　纸	时效性强 对当地市场的覆盖面广 可信性强 前置时间短 及时 可以使用赠券	信息生命短 广告表现力差 不易引起注意 不易重复阅读 干扰大
杂　志	易于细分目标受众 易重复阅读 信息容量高 持续期限长 广告表现力强	前置时间长 只有视觉效果 缺乏弹性
广　播	对当地市场的覆盖面广 不受空间距离的限制 有弹性 成本低 受众充分细分	只有听觉效果 干扰大 不易引起注意 信息易逝 表现力不直观
户外广告	灵活性强 可重复显露 易被注意 成本低	信息展露空间有限 受地域限制
交互式媒体	用户选择产品信息 用户注意和参与 交互式关系 直销潜力 弹性信息平台	有限的创作能力 主页干扰 落后的技术 无效的测量技术

2. 广告的送达率、接触频率和展露效果

进行媒体选择时，除了考虑品牌推广目标和预算外，还要考虑广告的送达率、接触频率和展露效果。送达率指在特定的时间段内，特定媒体进行一次最少能覆盖的个人或家庭的数目。接触频率指在特定的时间段内，平均每个人或家庭接触广告的次数。展露效果指广告在媒体上对受众展露的程度。广告送达率、接触频率和展露效果越大，受众对广告、进而对产品的了解程度就越高。

三、广告推广策略

（一）名人代言策略

名人代言策略是企业常用的广告推广手段。随着市场竞争的加剧，企业产品特别是同类产品竞争日趋激烈，为了突出企业个性，让人迅速识别产品，大多数企业会选择由名人代言，期许借助名人的名气和光环效应，迅速提高新产品在受众中的认知率，拉近与消费者之间的距离，促进产品迅速销售。名人代言也因此而成为企业在竞争中站稳脚跟的常用手段之一。

但名人代言是一把"双刃剑"，具有一定风险性。有时候名人代言并不能实现有效推广企业品牌的目的。名人的微笑吸引了人们的"眼球"，而名人代言的产品和企业不见得在人们心中留下印象。若产品与名人之间没有什么关联，在受众中建立不起紧密性，那么名气再大也不会有什么效果。名气大并不等于有效传播，而且有些名人代言产品过多，产生了"稀释效应"。代言信息极度分散，部分代言产品在其他相同代言人产品的猛烈宣传攻势下已经很难在消费者心中同该代言名人相联系，甚至相互混淆。另外，名人往往是非多，各种引起公众关注的新闻层出不穷，让企业防不胜防。

因此，使用名人策略时，要注意以下几点：

（1）名人类别与产品类别之间匹配与否，会对品牌信任度、好感度产生不同的影响。企业在选代言人时一定要考虑与产品的定位相一致或吻合，产品形象与代言人气质一致。品牌个性与代言人吻合是推广效果优化的关键。只有名人个性与品牌一致，个性准确对接，在传播识别中，才能有效强化产品及企业的独特位置。

（2）选择名人应注重名人自身的形象、亲和力、可信度、专业度、受欢迎程度等因素。名人的美誉度越高其可信度越高。选择名人代言某一品牌，企业便可将名人魅力转移到产品上，转化为产品的内涵以赋予产品新的活力和亲切的联想。

（3）运用名人代言要注意周期性、同一性。产品生命周期包括导入期、成长期、成熟期和衰退期。同样，代言人的人气也会有一个萌芽、成长、鼎盛和衰退的发展历程。企业找名人代言，在塑造品牌、打造知名度方面，往往都是选择处于人气鼎盛阶段的代言人。另外，作为企业的品牌，会有不同的代言人，代言人要从品牌建设的长远计划着眼选取，注重同一性。品牌形象的塑造与维护，在考虑品牌发展的阶段性目标的同时还要考虑品牌整体形象的长远性。

（二）理性诉求策略

建立品牌认知度就是告知消费者本产品或服务有哪些特质或优越性。一般在建立品牌认知度时会选取理性诉求策略。广告的理性诉求就是以商品功能或属性为重点对消费者进行说服的广告策略。在品牌推广初期，理性诉求是建立品牌认知、累积品牌资产的重要广告策略。其具体做法如下。

1. 直接陈述

直接陈述也就是说明产品的特点和功效，向诉求对象阐述产品的种种特性。例如，全新力士润肤露广告。全新力士润肤露有三种不同滋润配方和香味，充分呵护不同性质的肌肤：如白色力士润肤露含有天然杏仁油及丰富滋养成分，清香怡人，令肌肤柔美润泽，适合中性和油性肌肤。这则广告，简单明了，将产品的特性和由此产生的功效一一准确阐述，可以使消费者对这种产品产生全面认识。

2. 引用数据

引用数据可以令消费者对产品和服务产生更具体的认知，翔实的数据远比空洞的、概念化的陈述更有力量。比如，瑞士欧米茄手表的广告创意是这样的：全新欧米茄蝶飞手动上链机械表，备有18K金或不锈钢型号，瑞士生产，始于1848年，机芯薄，仅2.5毫米，内里镶有17颗宝石，配上比黄金罕贵20倍的铑金属，价值非凡，浑然天成。这样精确的描述，使消费者对产品有了更细致的了解，这里的每个数字都使这则广告更具说服力。

3. 对比

直接陈述和提供数据的方法可以清楚传达信息，但难免不够形象。对比是形象传达信息的重要方法。对比的基本思路是：选择对象熟悉的、与产品有相似或者相反特性的事物同产品特性并列呈现，从而准确点出最重要的事实。例如，宝洁公司飘柔洗发露的广告文案，就是与演示图一并出现的，画面左边的图片是干枯难梳的头发，梳子放在散开的头发上被卡住了，由于发质干枯无法向下滑；画面右边的图片是柔顺易梳的头发，梳子因为在柔顺的头发上,已经滑到了头发的底端;画面的中间是由左往右的箭头。广告的文案是:柔顺易梳的秘密,尽在新一代飘柔;它的领先滋润配方,让秀发体验意想不到的柔顺易梳的感受;全新自信,从头开始。

(三)情感诉求策略

情感诉求是指针对消费者的心理、社会或象征性需求,表现与企业、产品、服务相关的情感和情绪,通过引起消费者情感上的共鸣,引导消费者产生购买欲望和行动。情感诉求以诉求对象的情感反应为目标,不包括或只包括很少的信息,依赖于感觉、感情、情绪而建立起品牌与这些情感的联系。情感诉求永远都是广告策划人关注的焦点之一。美国一家电话公司的电视广告就非常让人心醉:傍晚,一对老夫妇正在用餐,电话铃响了,老妇去接。回来后,老先生问:"谁的电话?"老妇答:"是女儿打来的。"老先生又问:"有什么事?"答:"没事。"老先生惊奇地问:"没事?几千里打来电话?"老妇哽咽着说:"她说她爱我们。"两位老人相视无言,激动不已。此时旁白:"用电话传递您的爱吧!"简单的几句广告语言给人们营造了一个如此温馨的氛围,把人间美好的亲情渲染得淋漓尽致。

(四)影视植入策略

作为一种全新的广告发布形式,植入式广告近年来在我国影视传播中被越来越多地采用。植入式广告(Product Placement 或 Brand Placement),是指将产品或品牌及其代表性的视觉符号甚至品牌理念策略性地融入媒介内容之中,构成观众真实观看或通过联想所感知到的情节的一部分,在观众专注的状态下将产品或品牌信息传递给观众,让观众留下对产品及品牌的印象,继而达到营销目的的广告形式。在受众注意力资源日渐匮乏的情况下,植入式广告的到达率与关注质量都备受广告人的青睐,并能巩固知名品牌的品牌知名度。在国外,植入式广告早已成熟。据统计,目前的美国电影中,平均有 30 分钟会提供给植入式广告。据相关数据调查显示,美国电视剧有75%的资金来源于植入式广告。在国内,影视植入式广告 20 世纪 90 年代就初露端倪,那部家喻户晓的室内情景喜剧《编辑部的故事》不仅捧红了葛优、吕丽萍等一批明星,剧中的道具"百龙矿泉壶"在一时间也是童叟皆知。如今在影视作品中进行"植入式营销"已经成为流行趋势,越来越多的企业选择采用影视"植入式营销"的方式来扩大品牌影响力。

目前植入式广告这一营销方式不仅运用于电影、电视剧或电视节目等影视作品中,还运用于其他媒介,比如报纸、杂志、网络游戏、手机短信,甚至小说之中。成功的植入式广告,不会干扰到观众的观赏效果,却又能在潜移默化间使得制作方、品牌方达到双赢。

(五) 文化意蕴策略

对品牌的个性投资,最好是能在广告中塑造一种品牌文化。一个成功的品牌不单是成功的商品,而且还意味着一种与品牌联想相吻合的积极向上的文化理念。"化妆品公司出售的并不是香水,而是某种文化、某种期待、某种联想和某种荣誉。"在广告中注入更多的文化意蕴,可以在潜移默化中培养人们对品牌的好感和忠诚。

第五节 品牌推广的公共关系策略

公共关系简称公关,是品牌推广的重要工具之一。菲利普·科特勒在《营销管理》一书中将公共关系表述为:"设计用来推广或保护一个公司形象或它的产品的各种计划。"公关和销售的区别在于公关更看重怎样扩大市场的份额和规模。通过与社会和公众的沟通,使企业的品牌为公众所熟知和喜爱,从而达到其他方式所不可能产生的效果。

由于广告媒体费用越来越高,而听众和观众们对泛滥的广告越来越排斥,使广告对品牌推广的力量有限,公共关系受到越来越多的关注。

一、公关推广的目标

(一) 提高品牌知名度

提高品牌知名度对于企业非常重要,尤其是那些初创品牌。因为消费者进行购买决策时,面对众多的商品,自然会选择那些他们熟知的品牌。品牌知名度是企业宝贵的无形资产。向社会宣传品牌,保持与社会公众和团队的密切联系,提高自己在各种媒体报道中的曝光率,企业进行这些活动的主要目的之一就是让消费者知晓自己的品牌,让品牌"占据消费者的大脑"。

(二) 树立品牌形象

树立企业品牌的良好形象和信誉是公共关系的主要任务之一。企业的公共关系活动促使企业通过积极赞助和参加公益性的公关活动,保持与社会公众的沟通,从而可以帮助企业逐渐建立起良好的品牌形象,获得公众的拥戴和支持。例如,微软公司在美国连续多年获得"最受尊敬的公司"的称号,这一方面由于它锐意进取的创新精神,另一方面得益于它有效的公关活动。

(三) 挽回品牌信誉

公关活动在许多情况下也可起到保护品牌不受损害的作用。例如,当发生一些对企业不利的突发事件,而公众舆论反应强烈时,如果处理不当,会给企业品牌声誉造成极大的损害,轻则降低品牌价值,减少销售额,严重时甚至会导致品牌及所属企业被消费者完全抛弃而不得不退出市场。因此,企业必须利用各种力量处理危机,协调与平衡企业与公众之间的紧张关系,使品牌免受或少受损害。

(四)降低推广成本

公共关系的成本要比广告的成本低得多,因此,对那些预算有限的企业来说,公共关系是一种非常理想的品牌推广方式。例如,中国台湾知名 IT 厂商宏碁(Acer),在创业初期并没有钱做广告。在 1995 年以前,宏碁在品牌推广策略上采取的是"穷人营销法"(Poorman Marketing):尽量不打洗脑式的广告,奉行"长期经营"概念,首先是坚持塑造定位,其次才是追求知名度,用不断翻新的新闻事件传播一致性的品牌核心价值理念,利用频繁的新闻媒体曝光来获取广告效益。1986 年,宏碁设立了龙腾科技论文奖,1987 年,在高雄首创"千台计算机教室"活动,吸引 10 万人次前往操作。此外,宏碁还曾多次举办国际计算机围棋赛、学生计算机夏令营、关系企业经营策略研讨会等活动。直到 2000 年以后,宏碁公司才在品牌推广方面加大了投入,以短短 7 年时间跻身世界品牌 500 强。

二、公关推广的策略

(一)新闻报道

在泛滥的"硬广告"越来越被消费者质疑其可信性并被排斥的情况下,企业越来越看重新闻报道给企业带来的言传效果。因为新闻报道是由第三方撰写和发布,这种方式更容易使人信服和接受。通过新闻媒体来进行宣传,往往可以得到更好的效果。因此,企业一方面要和各方新闻媒体建立良好关系,另一方面要有意识地制造一些有利的新闻线索,让媒体主动来帮助企业做宣传。

(二)事件赞助

赞助有新闻价值的事件是公共关系中的主要形式之一。特别是那些受到人们广泛关注的事件,如果企业的品牌能够与之联系起来,可以达到很好的展露效果,从而扩大品牌的知名度。需要注意的是,企业在选择事件时,除了考虑事件的影响程度,还要考虑事件活动和品牌自身之间的联系。适合品牌的事件活动对品牌推广往往具有更大更长远的作用。

例如,雪孩子珍珠通过"雪孩子珍珠开光仪式""珠钻之争""中国珍珠文化流动博物馆""雪孩子联手影楼,创建渠道新模式"等一个接一个的事件活动,在短短的一年时间内,由一个区域品牌迅速成长为全国知名品牌,并被权威机构授予"中国珍珠首饰第一品牌"荣誉称号。在没有花费一分钱推广费用的前提下,获得了包括"中央电视台、凤凰卫视、搜狐、新浪"等多家权威媒体的免费报道,极大提升了品牌的知名度和美誉度,为其全国范围的招商打下了坚实的基础。

(三) 公益赞助

企业也可以通过赞助消费者感兴趣的公益事业引发消费者的注意和好感。挖掘品牌内涵故事,强势媒体广告投放,制造事件公关炒作,借助活动品牌营销等都是企业做品牌的一些方法和策略。企业做大了,品牌做强了,接下来要考虑的事就是如何更好地为消费者服务,如何更好地去回报社会。参与公益事业,无疑是一种不错的选择。因为,做公益就是在为企业做形象、树品牌。

2011年2月21日,我国酒业首个公益基金会——山西省汾酒集团公益基金会正式成立。基金会决定,2011年拿出1 000万元开展三大公益活动:一是以弘扬中国传统文化为目标的"2011全球华人华裔文言文大赛";二是以"适量饮酒、健康饮酒、拒绝酒驾、珍爱生命"为主题的系列宣传活动;三是密切关注贫困大学生升学问题和贫困儿童上学问题,并尽其所能对其合适对象给予有效资助。汾酒集团成立公益基金会,不仅是在承担社会责任,推动社会和谐进步,还很好地提升了汾酒的品牌价值。

(四) 消费者教育

作为企业与消费者进行信息沟通的方式,消费者教育也可以成为企业品牌推广的手段之一。消费者教育旨在为消费者提供全面、准确的信息知识,形成消费者购买的"合理预期"。很多企业已经认识到,受过教育、更加理性的消费者往往是更好的、更忠诚的客户,比如一些研发计算机软件的企业赞助学术会议、职业学校或者向公众提供免费的技术辅导等。

(五) 网络推广

早期,企业网站只被用来宣传企业的产品与服务,但人们已经认识到,企业网站也是改进企业与公众关系的一个重要途径。通过网络,企业可以为消费者提供相应的咨询、投诉,甚至是自助销售,在互动中实现品牌推广的效果。例如,2008年9月20日,第九届中国秦皇岛昌黎国际葡萄酒节在石家庄开幕。中国葡萄酒信息网承办了昌黎葡萄酒网上洽谈会,它通过在网站首页创建洽谈会窗口,并链接"百花园""展销厅""项目库"和"服务热线"四个板块,以图片、文字、视频等形式,全面展示"中国干红城"地域品牌形象,为企业搭建产品网上营销与贸易平台,拓宽销售渠道,促进了昌黎干红酒产业的快速发展。该昌黎葡萄酒节的网络推广包含三个显著特点:一是涉及面广,依托网络办节,能够触及社会各领域和各阶层;二是形式新颖且简约,在时间和空间上更主动,宣传面更广,影响面更大,能够最大限度地提升节庆品牌;三是联袂专业公司,昌黎葡萄酒网络推广由中国葡萄酒信息网策划并执行,专业公司和专业人员的介入,为本届葡萄酒节注入了新的思维和元素,极大提升了宣传力度和效果。

本 章 小 结

(1)品牌推广是指企业围绕品牌的核心价值,通过一系列活动,包括广告、公共关系、新闻报道、人际交往、产品或服务的销售等方式,以建立品牌形象,有效提高品牌在目标受众中的知名度和美誉度,最终能够促进市场销售和实现企业经营目标。品牌推广应遵循科学性、个性、全面性和持之以恒等四项原则。

(2)在品牌推广活动展开之前,企业的品牌推广工作者和企业经营者一定要明确品牌推广的基本规律,从而确定自身推广活动的重点和要点。品牌推广的前期准备活动分为五个步骤:选择商品市场,研究产品的生命周期,估计成本及预算,选择媒介和消费者分析。

(3)品牌推广是一个较复杂的系统工程,如果推广的信息不一致会削减品牌资产,因而整合营销推广成为品牌推广的必然选择。整合营销推广有两层含义:一是各种沟通手段所传递的信息应一致,共享品牌最核心的含义,清晰地将品牌定位传递给品牌利益相关者;二是不同的沟通手段要能相互补充,优势彼此衬托、劣势互相弥补。

(4)成功的品牌推广包括:确定目标传播与推广受众,确定品牌推广目标,设计品牌推广信息,编制品牌推广预算,选择品牌推广渠道,制定品牌推广组合,评价品牌推广效果,管理和协调品牌营销推广过八大步骤。

(5)广告是提高品牌知晓率、塑造品牌形象的有力工具。广告推广的工作重点主要是:品牌定位和品牌形象的设计,确定广告推广主题,确定广告推广媒体。广告推广策略主要有:名人代言策略,理性诉求策略,情感诉求策略,影视植入策略,文化意蕴策略等。

(6)公共关系是品牌推广的重要工具之一。公关推广的策略主要有:新闻报道,事件赞助,公益赞助,消费者教育和网络推广等。

（7）随着互联网的发展与普及,借助网络来进行品牌推广,成为时下越来越多的企业正在实施或准备实施的策略。互联网品牌推广的基本模式有:精准营销模式,服务营销模式,网络口碑传播模式,情感传播模式和个性化传播模式等。

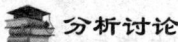 **分析讨论**

2016 金旗奖候选案例:加多宝《愤怒的小鸟》整合营销传播

事件名称:加多宝《愤怒的小鸟》整合营销传播

执行时间:2016 年 4～6 月

企业名称:加多宝(中国)饮料有限公司

品牌名称:加多宝凉茶

代理公司:上海友拓公关顾问有限公司

参评方向:品牌传播

项目概述:

作为凉茶行业的领导者,加多宝始终坚持不断开拓和扩大凉茶品类市场、与更多年轻消费者加强沟通,进而将代表中国传统养生文化的凉茶推向世界大舞台,立志实现凉茶中国梦。2016 年与《愤怒的小鸟》大电影的牵手合作,是加多宝第一次尝试世界级的 IP 营销。IP 不是万能的,能够玩转 IP 营销有效传达品牌核心诉求,尤其是和全世界的年轻人一起来一场"青春修炼旅程",这是加多宝牵手《愤怒的小鸟》的根本目标所在!

项目背景:

2015 年加多宝战略升级推出金罐,不到一年时间,即实现品牌力、销量、口碑再次夺金,推出金罐战略宣告胜利;2016 年,加多宝继续实施年轻化、国际化和移动互联网＋战略,通过整合资源,高效运营,不断强化年轻消费人群对金罐加多宝"预防上火的饮料"的认知,开创凉茶黄金时代,夯实金罐加多宝凉茶领导者地位。

项目调研:

《愤怒的小鸟》游戏在全球拥有 20 多亿年轻群体,有助于加多宝品牌年轻化战略实施,与加多宝品牌倡导的"不年轻无未来"理念一致;改编自游戏的《愤怒的小鸟》大电影作为好莱坞级别的电影,具有一定国际影响力,有助于品牌国际化战略。同时,《愤怒的小鸟》大电影所传递的"消解愤怒、释放压力"的大众诉求,与加多宝"预防上火的饮料"的定位高度契合;亦深深贴合"年轻,不怕上火"的普世价值观。

项目策划:

目标:

1) 借助《愤怒的小鸟》大电影,强化"预防上火"产品定位再教育,引发消费者的关注和讨论。

2) 以"大战无名火"场景式营销,持续深化移动互联网十和品牌年轻化战略,夯实金罐加多宝凉茶领导者地位。

策略:加多宝牵手《愤怒的小鸟》,开启"解压营销"

1) 产品即营销:推出小鸟定制罐,将"预防上火"直接在罐体上体现出来,在产品源头进行营销落地。通过选取 4 个形态各异的愤怒小鸟,配上"堵车火""加班火""熬夜火""无名火",为消费者打造一款有特殊记忆点的产品,让消费者从看见、购买产品的那一刻就想到"预防上火"。

2) 深挖痛点:生活压力大,节奏快,上火的场景,每个人都有很多。深度挖掘有大众共鸣感的"上火场景"和话题,通过传播引发目标消费者尤其是年轻群体关注和讨论。

3) 解构愤怒:一笑解千愁。电影释放"心火",凉茶解决"身火",两者都属于克制"上火"的"秘方",是年轻人的"菜"。结合"预防上火"的产品定位,传递"怕上火,喝金罐加多宝"的信息。

受众:泛 90 后人群

传播内容:正宗凉茶大战无名火

产品层面:紧扣产品的"预防上火"定位,强化认知。

品牌层面:正宗凉茶大战各种无名火,激发年轻人的情感共鸣。

微站层面:通过"大战无名火扫码赢金罐"导流,激活粉丝互动。

媒介策略:

以新媒体(微博、微信)为引领占领话题讨论制高点,通过整合网络、新闻客户端、平面、电视等媒体进行面上的覆盖,在线上形成点十面的媒体覆盖矩阵;利用视频广告、机场、户外大屏、影院等通路,并借助百度外卖、京东等电商、O2O 平台合作伙伴的流量资源,集中优势进行曝光和导流。

项目执行:

(1) 首例二次元"代言人"加冕:4 月 20 日,在金罐加多宝上市一周年庆典上,金罐加多宝授予《愤怒的小鸟》大电影主角"胖红"为"大战无名火全球大使",开创凉茶业首位二次元"代言人"先例,并正式拉开《愤怒的小鸟》大电影营销序幕,为小鸟限量装上市做铺垫。

(2)一次疯狂预售:5月6日,金罐加多宝"愤怒的小鸟限量装"在京东开启全球预售,48小时接受预订人数超过13万人次,成功预售出百万罐,预售数量可以铺满一个"鸟巢"。

(3)全民大战无名火:从5月9日开始,陆续推出"大战无名火"的社会化病毒海报十话题,并联合二次元星座大号"同道大叔"进行话题原创。同步,超过300位媒体记者 & 关键意见领袖(Key Opinion Leader,简称KOL)通过个人社交媒体晒罐、晒"大战无名火大使"聘书,不断扩展传播话题的广度和深度。此外,从影视、娱乐、文艺、美食、营销等多个维度创作年轻人喜欢的内容,并面向精准自媒体进行定向投放,将"预防上火"做深做透。相关话题阅读量高达3 000万十。

(4)一场大使级微信发布会:5月9日,由"大战无名火全球大使"、二次元界大IP"胖红"作为发布会主持人,联合十多家合作品牌打造共享型罐体经济生态圈,开启"扫码赢金罐"主题互动微站平台,推进加多宝移动互联网十战略再升级。项目执行期内,"扫码赢金罐"微站互动平台总浏览量达2 066万人次,总参与人数达630万人次。

(5)线上线下合力一处:5月17日,借势大电影首映礼金罐加多宝"占领"鸟巢,并通过在央视6套采访、自媒体发布等持续释放"正宗凉茶大战无名火"话题,引发热议;5月21日,全球首个不怕上火公馆惊现北京CBD万达影城,大战无名火大使"胖红"到场与消费者热烈互动,并在全国各地影院掀起"集产品展示、终端售卖、大使互动以及观影于一体,最大化实现产品曝光、助力销售"的占领影院行动,金罐加多宝愤怒的小鸟限量装火爆大街小巷。

项目评估:

(1)在项目执行期内,加多宝《愤怒的小鸟》传播共获得今日头条、新华社客户端、网易等主流媒体高达367频次的报道,并引发媒体主动转发达241频次。

(2)微信自媒体大号发布高达126频次的相关内容,其中,阅读量超过10十的自媒体近20个,引发自媒体转发超过118频次。

(3)在微博上,"大战无名火,扫码赢金罐"话题阅读量达到3 884.7万人次,讨论21.5万人次;"正宗凉茶大战无名火"话题阅读量达到3 312.3万人次,讨论21.2万人次。

(4)《愤怒的小鸟》版"扫码赢金罐"微站互动平台,自5月9日正式上线截至6月20日总计运营43天,总浏览量达2 066万人次,总参与人数达630

万人次;日平均浏览量达 48 万人次、日平均参与人数达 14.6 万人次;人均用户停留时间长达 1.19 分钟;共计发放超 29 万份奖品,发放奖品总价值约 670 万元。

在项目传播过程中使用过的自媒体:同道大叔、咋整、正和岛

项目亮点:

(1)"产品即营销"吸睛造爆点:加多宝首次推出"定制罐"——愤怒的小鸟限量装,从源头上打造有特殊记忆点的产品,让消费者看到产品即能想到"预防上火",形象也更年轻。

(2)"直击痛点"做透场景营销:通过选取具有普遍共性的"上火场景"上罐,并结合具象的场景进行"大战无名火"社会化病毒话题演绎,引发消费者的高度共鸣和讨论、分享。

(3)"整合资源"强效曝光引流:全面整合影院贴片、广告、机场候车厅等户外广告、电波、平面、网络及电商平台,联合包含京东、百度外卖等在内的 10 多家合作品牌,持续为"大战无名火,扫码赢金罐"进行曝光和导流。

(4)"终端落地"为销售助力:聚焦电影院、餐饮等线下渠道,以接地气的"不怕上火公馆"等场景营销方式对消费者进行"预防上火"教育强化,直接促进销售。

项目照片:

图 5-2   次次二次元"代言人"加冕

图 5-3　"大战无名火"宣传海报

图 5-4　金罐加多宝"愤怒的小鸟"限量装预售票

（案例资料来源：http://www.17pr.com/news/detail/149661.html）

讨论问题：

(1) 加多宝《愤怒的小鸟》整合营销传播有何特点？

(2) 如何制定一份完整有效的整合营销方案？

实践训练

一、实践目的

掌握品牌推广的过程、方法和策略。

二、实践内容

搜集目前一家知名企业（以下称为 A 企业）的品牌推广的相关资料。

1) 具体任务：

(1) 搜集 A 企业品牌推广的目的、方法及过程管理。

(2) 搜集 A 企业主要竞争对手（以下称为 B 企业）的品牌的推广方法、特点以及推广策略。

(3) 比较 A、B 两家企业在品牌推广等各方面的优势与劣势，通过比较，发现 A 企业品牌的特点。

·2) 任务要求：

(1) 对 A 企业品牌推广的实施效果做出分析判断，并提出改进意见。

(2) 资料收集要尽可能地全面与深入。按照品牌推广的方法和过程，分别从广告、公关、整合营销等各方面全面展开。

(3) 第一手资料和第二手资料配合使用，分析要全面而客观。

(4) 强调实地调查和自身使用经验的感受讨论。

(5) 报告要有理论依据和现实意义。

三、实践步骤

(1) 指导教师布置实践项目，明确实践任务与注意事项。

(2) 各组根据实践任务制定执行方案，团结合作，发挥特长、明确分工，认真调研，广泛收集资料。

(3) 小组成员在分工协作的基础上运用多种途径收集 A、B 企业的品牌推广资料，并进行全面深入的分析。

(4) 各组讨论形成核心思想，归纳要点，形成讨论稿，完成实践报告。

第六章　移动互联网营销策划

　　2018年1月31日,中国互联网络信息中心(CNNIC)在京发布第41次《中国互联网络发展状况统计报告》(以下简称为《报告》)。截至2017年12月,我国网民规模达7.72亿人,普及率达到55.8%,超过全球平均水平(51.7%)4.1个百分点,超过亚洲平均水平(46.7%)9.1个百分点。网民中使用手机上网人群的占比由2016年的95.1%提升至97.5%;与此同时,使用电视上网的网民比例也提高3.2个百分点,达28.2%;台式电脑、笔记本电脑、平板电脑的使用率均出现下降,手机不断挤占其他个人上网设备的使用。我国移动支付用户规模持续扩大,用户使用习惯进一步巩固,网民在线下消费使用手机网上支付比例由2016年年底的50.3%提升至65.5%,线下支付加速向农村地区网民渗透,农村地区网民使用线下支付的比例已由2016年年底的31.7%提升至47.1%;2017年电子商务、网络游戏、网络广告收入水平增速均在20%以上,发展势头良好。其中,1～11月电子商务平台收入2 188亿元,同比增长高达43.4%。电子商务服务模式、技术形态、赋能效力不断创新突破是收入水平快速提升的主要驱动力。网络游戏产业在移动化、国际化、竞技化方面表现突出。网络广告市场进一步成熟,市场结构更加趋于稳定。可见。在传统媒体与新媒体加快融合发展的趋势下,互联网在企业营销体系中扮演的角色愈发重要,互联网营销推广、企业在线销售、在线采购的开展等大幅度增长。随着网络移动端的广泛使用,移动营销成为企业产品与品牌推广的重要渠道。App、微博、微信及微信公众号等都成为最受企业欢迎的移动营销推广方式。可见,移动互联网营销策划已经成为产品及品牌推广的首选方式之一。

第一节　移动互联网特性

　　移动互联网就是移动通信与互联网结合起来。从技术层面上看是以宽带IP为技术核心,可以同时提供语音、数据、多媒体等业务开放式基础电信。从终端用户层面上看,用户使用手机、上网本、笔记本电脑、智能本等移动终端,通过移动网络获取互联网服务。换句话说,移动互联网是从终端使用者可随时随地实现上网功能而言的。移动互联网不仅具有互联网的特性,还具有自身一些特性。在移动互联网下,消费者生活方式已经发生根本性改变,企业利用移动互联网开展各类营销活动,已逐渐取代使用传统媒体的营销推广。

企业的营销策划活动就是需要比较选择不同的媒体传播渠道将企业各类信息快速传达到受众手中,因而需要了解互联网、移动互联网与传统媒体相比其各自具有的特性。

一、移动互联网与传统媒体的差异

企业品牌或者产品推广中,最具代表性的传统媒体是报纸、杂志、广播、电视。

报纸与杂志这类纸质媒体,信息传递必须是以实体媒介进行,在信息的采集、编辑、发布、传递以及受众的指向上,是通过某个具象的实体向群体做信息的传播,在时间与空间上均受到限制,具有很强的局限性。同时,信息传播速度又具有滞后性。广播电视的信息传播,是通过声光电等多种技术手段,将信息的传播变得异常丰富,通过调动受众的视觉与听觉,使受众获得良好的立体感知与体验。但是这类媒体又具有不可移动性、信息传播的定点定时性,导致受众不得不被固定在媒体前。另外,广播电视传播信息必须通过相关部门的必要筛选与加工整合,受众个性化信息是无法在这样的媒体上进行传播的。2013 年 8 月初,亚马逊总裁杰夫·贝索斯以 2 亿美元的价格买下百年老店《华盛顿邮报》。2014 年年初,《新闻晚报》宣布休刊。从这些例子来看,互联网环境下出现的新媒体的兴起给传统媒体带来巨大冲击。

对于互联网与移动互联网,电子信息技术和虚拟空间的存在,在信息传播过程中,将具象传播分化变异成虚拟化、分散化的过程,信息的传播不再是某个具体的实体,传播也不再受到时间与空间限制,传播的对象也可以利用数据分析的方法进行有效的定位定制,信息不再是全受众接收方式,而是精准的分众传播方式。最早出现的网络广告是在 1994 年 10 月 27 日由美国著名的 Hotwired 杂志推出的网络版广告,并立即吸引了 AT&T 等 14 个客户在其主页上发布广告 Banner。中国出现的第一例网络广告是在 1997 年 3 月在 Chinabyte 网站出现的动画旗帜广告。在国内最早投放网络广告的广告主是 Intel 和 IBM。网络上开展企业品牌与产品推广活动开始以广告形式出现,随后出现多种形式,特别是移动互联网出现,使得传播内容更加丰富。移动互联网是基于个人化的私人接收终端,不仅可以完成公众信息的传播,每个个体都可以成为信息传播的主体,主动参与信息的传播过程。如"个人空间",不仅拥有固定的 url 和访问路径、并且空间主人和访客都可以通过个性化设置、发布日志、留言等方式来对空间施加影响。很多重大新闻,第一传播渠道是微博、微信。另外,网络还出现多种不同的社群,它们不仅产出优质内容,而且还产出社群成员对社会、对行业、对亲朋好友的影响力。如魅族论坛、小米论坛、Cocoachina 开发者社区等。通过社群,其成员能够不断放大社群主产品的影响力(魅族手机、小米手机、Cocos2dX),从而间接为企业创造了价值。因此,移动互联网交互性更加广泛。

二、移动互联网与互联网相比所具有的特性

移动互联网是互联网从 PC 端移动到手机端。从技术层面看,两者都具备互动功能、多媒体呈现、多时空传播、去中心化和个性化等特点;从用户受众端看,用手机上网与 PC 端上网具有部分重合性,但是随着智能手机与 4G 的发展,手机上网用户将越来越多。另外,手机移动端更加具有普遍性与随时性,更加具有个性化特征,任何人在任何地点在任何时间都可以通过个人移动渠道发布任何类型的信息,在移动互联网上传播的信息的真实性与可信度,更多是由消费者做出评判,消费者的自主权更大。

相对于互联网,移动互联网的特点主要在以下几方面。

1. 便捷性

移动终端设备的出现和发展改变了人们上网习惯。清晨起来第一件事情就是拿起手机看微信、看朋友圈、看新闻。吃饭、上卫生间、上班路上、逛街、旅游等场景,人们可以随时随地接入互联网,拍照发朋友圈。使用移动终端设备的时间远高于 PC 设备的使用时间,也可以带来 PC 上网无可比拟的优越性。移动互联的便携性,用户的使用场景发生变化,并将用户的碎片时间完全利用起来,刷微博、微信等,使得沟通与资讯的获取远比 PC 设备来得方便。这种便携性,大大地丰富了移动互联网可提供的服务范畴。由此也引申出了不少 App,如大众点评找餐馆,还有找各种优惠信息的,都可随时实现。同时,把使用互联网的时间穿插到一天的各个时间点里面,让互联网的服务渗透到更多的时间缝隙中,为用户提供更多的价值。

2. 个人性

移动互联网终端一般都是由某一个人独立拥有,也就是终端是用户的。比如用户拿手机上网,手机网站就知道是什么电话号码,用户则无须登录即可进入相应的页面。而这一点为个人支付带来极大方便,因为已经知道用户

是谁了，直接就可以实现支付，支付宝与微信支付已经渗透到人们的生活中，指纹支付、刷脸支付等也即将实现。另外，用户还可以通过移动终端上传自己的图片、视频到微博、微信、个人空间等，还可以与好友共享、评论等。

3. 位置性

由于需要移动，所以位置由原来"互联网"的准固定变量变成了实时变动的变量。而且，互联网无法根据现有的技术方便地识别用户位置，原来的位置精度只有到城市，无法做到以 10 米、100 米的精确范围。现在技术上可以实现高精度的定位，GPS 可以达到 10 米以下，移动运营商的 MPS 可以达到100 米的精度，Google 等终端软件公司可以通过 GPS 校准的云计算模式计算出 30 米左右的精度。而手机基本都有定位模块，用户的行动轨迹能够被很好获取。另外，移动互联网的位置性，还可以把一些信息按照位置进行聚合。如大众点评，就可以把用户附近的餐馆、KTV 等吃喝玩乐的信息展现出来。

4. 终端性

每个人所拥有的移动互联网终端是不一样的，它的屏幕大小、操作系统不一样、输入方式都不相同。所以导致很多应用需要做大量的适配。同时，移动终端还加入了各种各样的传感器，有加速度传感、磁场传感、温度传感、湿度传感、亮度传感、NFC(可以做手机钱包)、GPS 定位等。只要你想得到，技术会逐渐成熟，都可加入手机里面。手机跟人一样，除了以前的眼睛耳朵之外，还加上触觉，方向感之类的，可以做出各种手机应用。

三、移动互联网开展营销策划活动的优势

由于移动互联网具备了多种便于人们使用的特性，因此，企业利用移动互联网开展营销策划活动，也表现出了一定特性。

1. 高度黏性

由于移动终端具有先天的随身性，用户可以随时随地保持在线，多种实用有趣的手机应用服务让人们把大量"碎片化"时间充分有效地利用起来，越来越多手机用户被吸引参与其中，用户活跃度成为衡量一个手机应用核心价值的重要指标。同时，每一个个体也可以成为移动互联网的传播中心，企业开展营销活动完全可以利用移动互联的便携性，开展各类有特色的话题、事件、软文等营销活动，把用户牢牢吸附在移动互联网终端上。

2. 高度精准

由于移动终端的位置性特点，通过定位、通过对上网及手机应用等数据分析，在浩瀚人海中可以对使用目标进行人物画像，并锁定与企业项目、各类

App 等匹配的目标人群,通过精准匹配将信息实现四维定向(时空定向、终端定向、行为定向、属性定向),传递给与之相匹配的目标群体。

目前本地化定位使用较好的是 LBS(基于位置服务),其应用领域主要包括休闲娱乐类、生活服务类、社交型、商业型四大类。而 LBS 位置服务+O2O 被誉为电商 3.0 的代表性应用,对引导用户的消费起到了极大的促进作用。商户通过在 LBS 社交平台,甚至应用地图上,发布广告信息,优惠促销,换取用户在线下流量,从而完成 O2O 交易。许多线下的零售商已经认识到,这些简单的定位服务可以有效地增加实体店面的来访量。

3. 低成本

传统的营销活动需要专业的团队实施,而移动互联网,一个手机终端就可以开展营销活动,如企业或者个人注册一个微信公众号,每天坚持发布一些相关的故事短文、实用的文章等相关信息,坚持回答用户提出的相关问题,很快就能够形成有效的粉丝群,如果这里还能够出现名人,其效应会更加明显。小米的雷军自己就已经成为"米粉"的核心人物;黄灿的煎饼,就是通过其本人的微博牢牢地吸引喜欢他的人群,传统小吃也实现网络销售。可见,基于移动互联网络的移动营销具有明显的优势,以其低廉的成本,广泛的受众规模成为企业提升竞争力、拓展销售渠道、增加用户规模的新手段,并受到越来越多企业的关注。由于具有移动终端用户规模大,不受地域、时间限制,移动营销以其快捷、低成本、高覆盖面的特点与优势迎合了时代潮流和用户需求。

4. 迅速高效

时效性是任何媒体想要获得发展都必须具备的特性之一,而利用移动互联网,其传播不受时间与空间限制,任何人、任何时间、任何地点都可以通过移动互联发布信息。比如一条微博,操作中可以在几十秒内将信息传递给受众,受众同样可以迅速对信息进行转发或者评论,信息发布者与受众者之间的时间与空间距离基本为零。例如韩寒于 2016 年 3 月 6 日 15 点发表了看完电影《疯狂动物城》的感想,其中他模仿了电影中热门话题人物"闪电"发表了一条微博。这条微博截至当天 24 点,在 9 个小时内,获得 17 000 的转发量,14 000 的评论和 72 000 的点赞量。

5. 易于场景重构

移动互联网时代,让"场景"焕发出新的生命力。传统的场景化营销,在移动互联网驱动下,被赋予了新的价值。企业和品牌,通过移动智能终端、大数据等先进技术平台,可以随时追踪定位用户所处的具体场景,并精准把握和深度挖掘用户的碎片化场景的不同价值诉求。例如优酷的"边看边买"视频购物模式,就是阿里巴巴联合优酷土豆进行的一次场景化营销活动。在电影、视频播放中会弹出一些与视频中人物使用的商品信息,用户如果喜欢就可以直接收藏或者购买。这种基于影音观看场景的视频购物模式,一方面为用户创造了全新的购物场景体验,另一方面又高效利用了注意力资源,不动声色地实现产品的营销推广。另一种典型场景就是移动客户端的各类 App,以应用场景为核心,更加注重实际场景的构建与社群生态的营造,满足了人们的各种生活所需。

可见,不管是企业、政府、个人,都可以利用移动互联网展开营销活动,发布信息,维护形象,通过与用户的互动来构建和谐关系。

第二节　移动互联网营销主要方式

互联网企业品牌或者产品的推广方法多种多样,移动互联网是互联网的延伸,因此互联网营销同样适用于移动互联网。随着移动互联网、智能终端设备快速发展,移动营销时代也已到来。

一、微信营销

微信是腾讯公司于 2011 年 1 月 21 日推出的一个为智能终端提供即时通讯服务的免费应用程序。微信支持跨通信运营商、跨操作系统平台,通过网络快速发送免费(需消耗少量网络流量)语音短信、视频、图片和文字,同时,也可以使用通过共享流媒体内容的资料和基于位置的社交插件"摇一摇""漂流瓶""朋友圈""公众平台""语音记事本"等服务插件,也可以通过"摇一摇""搜索号码""附近的人"扫二维码方式添加好友和关注公众平台,同时微信将内容分享给好友以及将用户看到的精彩内容分享到微信朋友圈等。

微信公众号是开发者或商家在微信公众平台上申请的应用账号,该账号与 QQ 账号互通,通过公众号,商家可在微信平台上实现和特定群体的文字、图片、语音、视频的全方位沟通、互动。形成了一种主流的线上线下微信互动营销方式。

2017 年 4 月 24 日,腾讯旗下的企鹅智酷公布了最新的《2017 微信用户＆生态研究报告》。根据这份报告数据显示,截至 2016 年 12 月,微信全球共计 8.89 亿月活用户,而新兴的公众号平台拥有 1 000 万个。微信这一年来直接带动了信息消费 1 742.5 亿元,相当于 2016 年中国信息消费总规模的 4.54%。微信已经成为人们的一种生活方式!

2014 年 8 月 28 日,微信支付正式公布"微信智慧生活"全行业解决方案。具体体现在以"微信公众号＋微信支付"为基础,帮助传统行业将原有商业模式"移植"到微信平台。当下店商支付已经出现多种形式,90 后、00 后的消费者只需一个智能手机就可能完成各种消费。2017 年 5 月 4 日,微信支付选拔携手 CITCON 正式进军美国,通过微信支付,在美国的衣食住行均可以直接用人民币结算,无论是酒店、乐园、码头、餐厅、娱乐场所等,都可以实现微信支付。到 7 月 3 日进军日本,7 月 10 日进军欧洲! 微信支付已经布局全球,竖起了一个个坚固的支点!

微信有如此大的用户群,为开展营销活动创造了条件。从微信的特点看,它重新定义了品牌与用户之间的交流方式。既可以实施一对一服务,也可以用社群方式进行沟通。微信营销属于"许可式"的,只有在得到用户许可后,品牌方可展开对话,如果将微博看作品牌的广播台,微信则为品牌开通了"电话式"服务。当品牌成功得到关注后,便可以进行到达率几乎为 100％的对话,它与用户维系的能力便远远超过了微博。此外,通过 LBS、语音功能、实时对话等一系列多媒体功能,品牌可以为用户提供更加丰富的服务,制定更明确的营销策略。

例如,星巴克的《自然醒》,当用户添加"星巴克"为好友后,用微信表情表达心情,星巴克就会根据用户发送的心情,用《自然醒》专辑中的音乐回应用户。深圳大型商场海岸城推出"开启微信会员卡"活动,微信用户只要使用微信扫描海岸城专属二维码,即可免费获得海岸城手机会员卡,凭此享受海岸城内多家商户优惠特权。K5 便利店新店开张时,利用微信"查看附近的人"和"向附近的人打招呼"两个功能,成功进行基于 LBS 的推送。美丽说的模式则是,用户可以将美丽说中的内容分享到微信中,由于微信用户彼此间具有某种更加亲密的关系,所以当美丽说中的商品被某个用户分享给其他好友后,相当于完成了一个有效到达的口碑营销。

二、App 营销

App 是应用程序 Application 意思,App 营销就是第三方应用程序营销,是通过智能手机、社区、SNS 等平台上运行的应用程序来开展营销活动。比较著名的 App 商店有 Apple 的 iTunes 商店,Android 的 Android Market,诺基亚的 Ovi store,还有 Blackberry 用户的 BlackBerry App World,以及微软的应用商城等。

随着移动互联网的兴起,越来越多的互联网企业、电商平台将 App 作为销售的主战场之一。这也预示着中国移动营销时代的到来。企业 App 的应用,尤其是电商及餐饮业的 App 大量应用,不仅是每天增加了流量,更重要的是由于手机移动终端的便捷,为企业积累了更多的用户,更有一些用户体验较好的 App 使得用户的忠诚度、活跃度都得到了很大程度的提升,从而为企业的品牌知名度提升、产品销售、企业与用户之间的沟通交流及企业未来的发展起到了关键性的作用。

应用 App 开展营销活动,其最大特点是成本低,只需开发适合于品牌的应用程序即可,用户看到往往会下载到手机客户端或者在 SNS 上,不定时查看,便于企业持续开展营销活动。移动应用 App 能够全面地展现产品的信息,让用户在没有购买产品之前就已经感受到产品的魅力,降低了对产品的抵抗情绪,通过对产品信息的了解,刺激用户的购买欲望,也能够让用户很好地了解品牌价值,便于提升品牌实力,形成竞争优势。更为重要的是,通过 App 移动应用,通过对产品信息的了解,可以及时在移动应用上下单或者是链接移动网站进行下单,实现购买。移动应用开展了由制造商与用户一对一交流模式,用户的喜爱与厌恶的样式、格调和品位等信息,也容易被企业一一掌握,便于企业开展个性化、精准化营销活动。

例如,可以充分利用人们的闲暇时间开展营销活动,法国航空曾推出了一款空中音乐 App,安装此 App 后,在法航的航班上想听音乐,只要你用手机对着天空,搜寻空中随机散布的歌曲,捕到后可直接试听。不同国家空中散布的歌曲也不同。App 中还有互动游戏可以赢取优惠机票。让乘客乘飞机不再无聊,让音乐融入空中生活,创造独特的试听体验,形成了良好的口碑传播。通过 App 的二维码扫描可以实现与线下的活动、广告、促销等形成联动,采用线下活动、展示、线上抽奖、派送等形式。可口可乐推出的 CHOK,在指定的"可口可乐"沙滩电视广告播出时开启手机 App,当广告画面中出现"可口可乐"瓶盖,且手机出现震动的同时,挥动手机去抓取电视画面中的瓶盖,每次最多可捕捉到 3 个,广告结束时,App 中揭晓奖品结果,奖品都是重量级的,如汽车之类的,吸引力非常大。宜家手机 App,可让用户自定义家居布局,用户可以创建并分享自己中意的布局,同时可参与投票选出自己喜欢的布局,宜家还会对这些优秀创作者进行奖励,利用个性化定制营销来达成传播效果,通过 App、会员营销、体验营销与服务营销相互融合。

三、搜索引擎营销

搜索引擎营销(Search Engine Marketing,简称为 SEM)是根据用户使用搜索引擎搜索相关关键词时,在结果页中能够出现企业相关信息。换句话说就是利用用户搜索机会尽可能将企业营销信息传递给目标用户。SEM 是目前最主要的网站推广营销手段之一,尤其基于自然搜索结果的搜索引擎推广,因其免费,更加受到众多中小网站的重视,搜索引擎营销方法也成为网络营销方法体系的主要组成部分。也可以在自然排名机制的基础上,使用网站内及网站外的优化手段,使搜索引擎的关键词排名提高,从而获得流量,进而产生直接销售或建立网络品牌。SEM 主要有四种手段:SEO、竞价排名、百度底层营销与站外优化。

搜索引擎优化(Search Engine Optimization,简称为 SEO),是在了解搜索引擎自然排名机制的基础上,使用网站内及网站外的优化手段,使网站在搜索引擎的关键词排名提高,从而获得流量,进而产生直接销售或建立网络品牌。

竞价排名是公司无法实施 SEO,通过花钱使得公司信息的排名提前,花钱越多,排名越靠前。竞价排名的基本特点是按结果付费,只有用户点击了公司链接,才支付相应费用。竞价排名最核心的就是关键词的选择。关键词要满足:搜索该词的人有明确的消费需求与消费能力;搜索该词的人容易被转化为企业用户。关键词不是仅限于单个的词,还应包括词组和短语,还要尽量避免采用热门关键词等。

百度底层营销,就是当用户在百度中以某种关键词进行搜索时,百度会记录下来。如果一个词在百度里面搜索热度高了,就会被记录在相关性中,当用户在百度内以某些关键词进行搜索时,下列框就会自动提示,这是百度面向用户友好体验的一种方式。如果搜索量没了,那么你的位置也就跟着没了。

网上卖家或者企业为更好地留住用户,其搜索规则优化的方向应该是:让消费者更长时间地去"逛",就跟逛街一样,当成一种休闲活动。如果你能够把消费者长时间地留在你的店铺里面,证明你的店铺或者产品有特色,符合搜索引擎推荐的要求,这样的店铺,搜索引擎会给予更多的支持。

四、即时通讯营销

即时通讯营销又叫 IM(Instant Messaging)营销,是企业以各种 IM 工具为平台,通过文字、图片等形式进行的营销推广活动。目前国内常见的 IM 工具包括:腾讯 QQ、MSN、淘宝旺旺、飞信、新浪 UC、YY、呱呱、雅虎通、Gtalk等。其中腾讯 QQ 市场占有率最高。QQ 的注册用户已经超过 10 亿,同时在线用户突破 1 亿,QQ 已经成为网民的必备工具。QQ 为一对一交流及小范围交流(群交流),容易让企业精准和有针对性地推广相关信息,因而 QQ 具备了高适用性、精准性、易于操作、低成本、高效率等特点。企业可以通过建立官方 QQ 群,实时引导用户关注产品信息,实时发布企业营销推广活动,通过群聊指导用户使用产品,用户也可以分享使用产品后的感受,或者在群聊中制造话题,用户带动用户,用兴趣点吸引用户,通过群加强与用户联系,增进感情。尽管微信用户群越来越大,但是 QQ 的用户量并没有减少。

五、BBS 营销

BBS(Bulletin Board System,即电子公告牌系统),BBS 营销又称论坛营销,是以论坛、社区、贴吧等网络交流平台为渠道,通过文字、图片、视频等为主要表现形式,传播企业品牌、产品和服务的信息,以提升品牌、口碑、美誉度等为目的,通过发布帖子的方式进行推广活动。BBS 营销就是利用论坛的人气,通过专业的论坛帖子策划、撰写、发放、监测、汇报流程,在论坛空间提供高效传播。采用各种置顶帖、普通帖、连环帖、论战帖、多图帖、视频帖等形式,利用论坛强大的聚众能力,利用论坛作为平台举办各类踩楼、灌水、图帖、视频等活动,调动网友与品牌之间的互动,从而达到企业品牌传播和产品销售的目的。一个好的帖子,要能够很好地吸引用户的"眼球",打动用户,能够引发互动,更需要有人转载,说明该帖子已经将企业与用户很好地链接在一起了。

六、网络软文营销

软文是相对硬广告而言的,由企业的市场策划人员撰写的"文字广告"。在传统媒体上如果采用新闻方式报道某企业,其可信程度远高于直接的企业广告宣传,而且成本低。在互联网今天,在论坛、博客、新闻、事件等营销活动的开展,更是基于软文的写作。软文之所以称为软文,是人们在不知不觉中通过阅读感兴趣的文章后引发出对产品或品牌的关注。软文大体可以分为新闻类软文、行业类软文、用户类软文。新闻类软文是通过门户网站、地方或行业网站等平台传播一些具有阐述性、新闻性和宣传性的软文,如网络新闻通稿、深度报道、案例分析等,把企业、品牌、人物、产品、服务、活动项目等相关信息以新闻报道的方式向社会公众广泛传播的营销方式。行业类软文主要面向行业内人群,通过经验分享、观点交流、权威资料、人物访谈、第三方评论等方式扩大企业在行业中的影响力与品牌地位。面向用户类软文,形式多样,但是基本原则是:以用户需求为主,需要用真诚打动用户,一字一句都是为消费者的利益着想。通过用户信任引导用户消费。主要有:知识型、经验型、娱乐型、爆料型、悬念型、故事型、恐吓型、情感型、资源型、促销型、综合型等。不论软文写成什么形式,一定要向用户传递有价值的信息。

七、博客、微博营销

企业或个人利用博客这种网络应用平台,通过博文等形式进行宣传展示,从而达到提升品牌知名度、促进产品销售等目的的活动。博客推广的操作方式主要是:博客群建与建立品牌博客。博客群建以量取胜,通过建立大量第三方的博客,如在新浪、搜狐、腾讯、百度等第三方平台建博客,以搜索引擎取外链或流量,简单易操作,经常用来辅助 SEO 优化。而要成为品牌博客,就需要很好策划,将博客定位、用户定位、内容定位很好结合起来,可通过购买域名和空间,搭建独立博客作为主博客,同时在第三方平台上建立镜像博客,辅助主博客的推广。博客营销本质在于通过原创专业化内容进行知识分享来争夺话语权,树立自己"意见领袖"的身份,进而影响读者和消费者的思维和购买行为。

微博又称微博客,是一个基于用户关系的信息分享、传播及获取的社交网络平台,微博有 140 个字的长度限制,同时也可以发布图片、分享视频等。微博是博客的升级版,具有极强的媒体属性。微博上发消息的数量没有限制,受众群体是弱关系、强兴趣聚集的人群,生产、传播、分享的成本低,大量转发还能造成事实上的"权威"印象,有利于扩大品牌影响力。传统媒体下企业品牌推广中往往会选择明星做代言,而互联网催生了粉丝经济,企业品牌与明星之间从代言变成了合作的关系,并与用户形成了互动。明星都有自己的粉丝,明星通过不断刷微博吸引粉丝的"眼球"从而形成企业品牌的影响力。如蔡康永为捷西七款女鞋所描写的七个爱情故事,从话题、故事、时尚、设计全方位融合,并通过不同明星微博的转发,形成轰动效应。此外,微博又是自媒体的传播器,每天都有成百上千万的用户在微博上吐槽,易形成轰动效应,高质量粉丝的多少也成为衡量企业品牌影响力的重要指标。可口可乐、宝洁、阿迪达斯、杜蕾斯等国际品牌非常重视与消费者的互动。

八、SNS 营销

SNS(Social Network Services,即社会性网络服务),如人人网、开心网、腾讯朋友、搜狐白社会等都是 SNS 型网站。这是基于六度理论(也称为六度空间理论、六度分割理论、小世界理论），旨在帮助人们建立社会性网络的互联网应用服务。六度理论是由美国哈佛大学心理学教授 Stanley Milgram 在1967 年提出的，即你和任何一个陌生人之间所间隔的人不会超过 6 个，或者说是最多通过 6 个人你就能认识任何一个陌生人。因此，每一个个体的社交圈都可以不断放大，最后形成一个大型网络。SNS 营销就是利用 SNS 网站的分享和共享功能，在六度理论的基础上实现的一种营销。通过病毒式传播的手段，实施 SNS 植入式广告，把产品作为道具出现在 SNS 游戏中，将品牌融入娱乐元素，很容易取得用户的认同与好感。社交网络本身的高效传播性，在一定程度上保障了品牌的曝光率与到达率，容易提升品牌影响力。

九、问答营销

问答营销就是利用问答网站这一网络应用平台，以回答问题或者模拟用户问答方式进行的企业产品、品牌的宣传活动，从而达到提升品牌知名度、促进产品销售的目的的活动。问答营销也称为网络知识性营销，是通过与用户间的提问与解答方式进行的传播。主流的问答网络平台有：百度知道、新浪爱问、天涯问答、搜狗问答、SOSO 问问等。其中百度知道的占有率最高。问答类平台是搜索引擎营销（SEM）的重要辅助手段，排名靠前，而且用户往往都是对相关问题涉及的领域感兴趣或者有需求，用户与用户之间的问答与互助，不掺杂利益问题，其信息的可信度高，容易形成口碑效应。此外，网络知识性营销主要是因为扩展了用户的知识层面，让用户体验企业和个人的专业技术水平和优质服务，从而对企业和个人产生信赖和认可，最终达到了传播企业品牌、产品和服务的信息。因此通过问答营销，其精准度较高，意味着转化率也较高。

十、分类信息营销

利用分类信息网站应用平台，以发布信息为主要宣传手段，从而达到提升企业品牌知名度、企业形象等目的的活动，称为分类信息推广。网络上分类信息平台很多，且免费，非常便于企业使用。主流的信息分类平台有 58 同城、赶集网、口碑网、百姓网等。除这些专业分类信息平台外，很多门户网站开设了分类信息频道，如天涯、中关村在线等。

分类信息推广的原理是利用权重高的分类信息平台做跳板，发布海量信息，从搜索引擎吸引用户与流量，而决定其效果好坏的关键要素之一是关键词与标题。因此需要研究目标用户的搜索习惯，了解他们的关注点，如品牌、产品、价格、品质、服务、促销等，需要把用户可能搜索的词汇融入标题与关键词中。这里发布的信息要求必须是原创，要保证信息的针对性与专业性，还需要抢占所有频道。另外注意发布时间的把握，分时分段，坚持不懈。

十一、RSS 营销

RSS 是一种基于 XML（Extensible Markup Language，即扩展性标识语言）标准，是一种互联网上被广泛采用的内容包装和投递协议，任何内容源都可以采用这种方式来发布，包括专业新闻、网络营销、企业，甚至个人等站点。若在用户端安装了 RSS 阅读器软件，用户就可以按照喜好，有选择性地将感兴趣的内容来源聚合到该软件的界面中，为用户提供多来源信息的"一站式"服务。因此 RSS 称为在线共享内容的一种简易方式，也称聚合内容（Really Simple Syndication），即在网络客户端借助支持 RSS 聚合工具软件，让用户在不打开网站内容的情况下阅读 RSS 输出的内容。因此，RSS 营销就是利用 RSS 这一互联网工具传递营销信息的网络推广模式，又可称为网络电子订阅杂志营销，但是比一般的电子邮件营销（Email Direct Marketing，简称为 EDM）更具优势。使用 RSS 的都是以行业业内人士居多，比如研发人员、财经人员、企业管理人员他们会在一些专业性很强的科技型、财经型、管理型等专业性的网站，用邮件形式订阅他们的杂志和日志信息，而达到了解行业新的信息需求。由于用户端 RSS 阅读器中的信息是随着订阅源信息的更新而及时更新的，所以极大地提高了信息的时效性和价值。

开展 RSS 推广的基本条件是网站提供 RSS 信息源，并通过 RSS 方式向用户传递有价值的信息。这里面包含三个基本要素：第一，要提供 RSS 信息源；第二，要为用户持续提供有价值的信息，并且通过 RSS 及时向用户传递；第三，让尽可能多的用户通过 RSS 获取信息。这三个基本要素也就是企业开展 RSS 需要具备的基本条件。

十二、网络图片营销

网络图片营销，就是企业把设计好的有创意的图片，在各大论坛、空间、博客和即时聊天等工具上进行传播或通过搜索引擎的自动抓取，最终达到传播企业品牌、产品、服务等信息，来达到营销的目的。制作图片的常用工具有 Photoshop、Fireworls 等。图片制作分为生活图片和商机图片两种，生活图片主要应用于提升产品知名度和提升企业品牌知名度方面，商机图片主要应用于产品的线上销售，线下的间接销售以及产品招商方面。图片包括：图片水印,这是最为基本的一种图片形式;轻松幽默的搞怪型、搞笑型图片,这是用户最喜欢传播的图片类型,如"百变小胖";故事漫画型,用真实人物与漫画组合成系列故事;表情型,如 QQ、微信的表情包;企业 LOGO,也是一个很好的图片推广方式,如百度,京东图标在进行特定节日或者进行促销的时候就会发生变化,如果企业 LOGO 制作精美,本身就是一种推广素材。

十三、网络视频营销

顾名思义,网络视频营销就是企业将各种视频短片以各种形式放到互联网上,达到宣传企业品牌、产品以及服务信息的目的的营销手段。主要的视频网站有优酷、土豆网、爱奇艺、搜狐视频、酷网、腾讯视频、PPS、网易视频、乐视、新浪视频、百度视频、PPTV 聚力等。网络视频广告的形式类似于电视视频短片,是"视频"与"互联网"的结合产物,不仅感染力强、形式内容多样,而且更具有互动性、主动传播性、传播速度快、成本低廉等特点。

当下,**网络直播**可以同一时间透过网络系统在不同的交流平台观看影片,是一种新兴的网络社交方式,网络直播平台也成了一种崭新的社交媒体。网络直播利用互联网及流媒体技术进行直播,融合了图像、文字、声音等丰富元素,声形并茂,效果极佳,已逐渐成为互联网的主流表达方式。利用直播,可以将产品展示、相关会议、背景介绍、方案测评、网上调查、对话访谈、在线培训等内容现场发布到互联网上,利用互联网的直观、快速,表现形式好、内容丰富、交互性强、地域不受限制、受众可划分等特点,加强活动现场的推广效果。一般直播网站会有多个主播,每个主播向一个频道内的用户进行广播,用户可以看到当前频道内的主播视频,并听到其声音,主播还可以与频道内的多个用户进行私聊。互联网赋予了每个人的权利,因此人人都可以成为主播。如"淘宝直播",其表演者都是普通的淘宝卖家,有卖化妆品的、卖眼镜的、卖电子琴的、卖鞋的……如卖化妆品的店主可以一边教大家化妆,一边往自己脸上涂抹粉刷各种化妆品,一边回答网友源源不断的提问。越是专业化的卖家其直播的效果越好。名人直播效果更明显,如小米 CEO 雷军直接把直播当成了新产品预热的新渠道。雷军亲自上阵直播的小米 Max,发布会上,同时参与直播的小米官网、QQ 空间、今日头条等平台,独立访客加起来竟然达到 3 000 万之巨。所以直播现在成了小米推新品的常规渠道。天猫的直播负责人认为,直播最大的优势就是可以快速吸粉、沉淀和互动,然后进行二次营销。直播的另一个优点是它可以和售卖同时进行,将营销和销售完美结合。网络视频直播模式为草根平民搭建成为网络红人的平台,人人都可以展示自我,人人都可以成为"网红"。"网红"经济已经成为一个产业。

十四、数据库营销

数据库营销,就是企业通过征集和积累会员用户信息,经过分析筛选后,有针对性地通过使用电子邮件、短信、电话、信件等方式,进行客户深度挖掘与关系维护的一种营销方式。由于依托用户数据,因而可以实现营销的精准性,可针对目标顾客实现一对一沟通,也体现出个性化特征。此外,数据库营销有一个显著特点是竞争隐蔽化,即其他营销推广方法都是显性的,如网络广告、软文营销、论坛等,竞争对手只要留心都能够了解到商家的营销推广的内容,但是数据库因为是一对一的通过邮件或短信方式,完全是隐蔽不透明的。

数据库营销的关键是数据库的构建。可以通过以下途径获得用户数据:①自有用户,即社交网络注册用户,平台上注册的用户等;②网络调查,是一种性价比较高的方式;③活动,如各种行业年会;④网络搜集,如论坛、QQ 群、网络团体等;⑤交换,商业公司之间的用户数据共享;⑥购买,这是最直接的方式。

近年来一个热门话题是大数据营销。大数据与数据库是不同的概念。大数据营销是基于大数据分析挖掘,形成客户画像,基于客户画像进行一系列的营销活动,比如通过互联网数据挖掘,标识出喜欢体育运动的用户,这类用户中对某品牌运动服饰感兴趣等,甚至年龄、性别、职业、浏览行为、购买行为等都能够通过数据挖掘给出用户画像,掌握用户需求,从而更好地实施精准营销。数据库营销是通过行业渠道如销售人员收集、社会关系收集,形成一个客户库,依客户库进行营销,一般是相对静态的,而大数据营销则是动态的,IT 系统自动分析挖掘数据,形成知识库;数据库属性有限,大数据则门槛更高;大数据营销在信息数据的采集形式上更宽泛更灵活,在运算挖掘方法上更具有深度和技术性,在数据运用上更侧重描绘、预测、分析和指导未来商业行为。而数据库营销在这些方面则薄弱了些。

第三节 重构消费者与品牌关系

互联网特别是移动互联网的快速发展,让消费者有了更多的自我表达平台,消费者主权时代已经到来。有数据显示,我们每天需要花费超过 15 个小时的时间阅读或者收听所有接收到的媒体信息,从早晨醒来开始翻微博、刷朋友圈、查看新闻、新鲜事、热点问题等到吃饭、上班路上、上班空闲、下班回家，甚至做饭的时候都会抽空翻看手机，可以说消费者被智能手机绑架了。在信息爆炸的今天，人们纷纷设置"信息屏障"，只对那些感兴趣、想知道的信息表示关心。2015 年 9 月 1 日起实施的新《广告法》已经提出明确要求：在互联网页面以弹出等形式发布的广告，应显著标明关闭标志，确保一键关闭。对于违反该规定的，工商行政管理部门将责令其改正，对广告主处 5 000 元以上 3 万元以下罚款。很多网站与智能手机都嵌入了屏蔽广告功能。在如此巨大的信息面前，企业营销者如何让消费者产生兴趣，吸引他们从"信息屏障"中走出来，将变得越来越重要。

一、重新认识消费者

早在 1981 年，日本历史上最悠久的广告公司——博报堂（HAKUHODO）就提出"生活者"这一概念代替"消费者"。"生活者"概念要比"消费者"更加广泛，它表达的是拥有自己的生活方式、抱负与梦想的人。在用户被称为"消费者"之前，他们首先是孩子的家长，是妻子与丈夫，是学生、是工作岗位的劳动者，或者是各种兴趣爱好团体的成员等各种不同的角色。只有从这样的角度去理解"消费者"，才能从日常生活的点滴中接触到他们，从文化、政治、心理、宗教等相关层面上影响他们。数以万计的消费者群体首先是由一个个独立的个体组成的，每一个体都有其独特性以及希望受人关注，只有深入用户的生活，洞察其接触点和关注点，体悟到他们的情感需求，才能"创造与人的生活紧密相连的品牌内容"，让品牌获得用户的青睐，成为生活中不可或缺的一部分。

如今年轻的消费者，由于从出生就习惯于有互联网和无线技术的陪伴，对信息的获取和对社交媒体的掌控更为得心应手。他们对信息更为敏感，对信息质量的要求更高，对媒介的使用体验要求也更高。他们会随时关闭弹窗广告，安装拦截广告的插件，甚至甘愿更换终端，躲避没有价值的各种营销轰炸，来保证自己的体验不被轻易打破。因此，消费者地位的改变让品牌不得不重新认识"消费者"这一概念。

不难看出，当传统营销遇到互联网营销，传统营销就被冲击被改写；当 4P（产品，价格，渠道，促销）、4C（顾客、市场、关系、回报），遇到互联网的 4C（内容，社交网络和社群、场景、关系）的时候，传统营销又一次被冲击。过去，企业运营路线图为：产品→经销商→分销商→用户（终端）；现在，企业运营路线图为：用户（开始）→产品→体验→口碑。现在，消费者购买商品基本上是从过去的注重"功能性消费"转变成"品牌消费→体验式消费→参与式消费"并遵循这样一条价值链进行，他们比以往任何时候都注重感官体验、交互体验、浏览体验、情感体验、信任体验。过去，我们的企业把用户抽象化，每个用户都是数字；未来，我们的企业必须把用户具象化，每个用户都是故事。因为一个企业，再好、再多的文化背景和资源，如果不能通过有效的营销方法转化为自身品牌形象，那都是浪费。因此，需要把企业的文化底蕴原材料，经过精心、精准、精细的营销深加工成围绕生活方式展开的品牌故事，并放进品牌建设中去，这样才有竞争力。

二、互联网思维下的消费者与品牌关系

企业营销的思路必须从关注"利润、产品、消费者"转到深入识别与满足个体最深层次的痛点与渴望，让消费者更多参与到营销价值的创造中，这也正是现代营销之父菲利普·科特勒（Philip Koder）所描述的已经到来的营销3.0时代，即"人文中心主义时代"。在这个新时代，营销者不再仅仅把顾客视为消费的人，而是把他们看作具有独立思想、心灵和精神的完整的人类个体。"消费者"被还原成"整体的人""丰富的人"，而不是以前那种简单的"目标人群"，"交换"与"交易"被升华成"互动"与"共鸣"，营销的价值主张从"功能与情感的差异化"被深化至"精神与价值观的响应"。因此，企业的营销重心转移到如何与消费者积极互动，尊重消费者作为"主体"的价值观。

杰克·克劳特（Jack Trout）在《营销战》一书中提到，营销战场从本质上讲已经不再是货架，而是在于消费者的心智，如何将品牌在消费者的心智中有效占位，是赢得营销战的关键。在消费主权时代，市场已经被消费者控制，而非营销者、媒体或者策划者。在互联网社交媒体环境下，消费者与消费者之间、消费者与媒体之间、消费者与品牌之间是可以相互交流的。之前品牌是借助广告和媒体的宣传与消费者沟通品牌形象与品牌价值，而现在消费者更倾向于从其他消费的分享和评论中了解品牌信息、构建品牌认知，消费者对品牌的口碑是品牌所无法控制的，要维护良好的品牌形象，品牌就不得不走出来，倾听消费者的声音，真诚地与消费者进行沟通。如巧克力品牌M&M，在微博上选择最为消费者所熟悉的红豆和黄豆作为其形象的代表，在新浪微博上开设了@红豆-Red和@黄豆-Yellow两个微博。用"你""我"称呼相互打招呼与粉丝们互动，让消费者感受到一个真正的企业形象，把品牌当成了"朋友"。

据Ipsos调研，45%的人表示，品牌若对他在品牌社交媒体主页的评论做

出回应将增强其与品牌的联系,因为消费者认为品牌的积极回应是对自己的重视。消费者之所以需要"被倾听""被重视",其实都源于内心对存在感的追求。互联网给消费者追求存在感的权力,也给了品牌满足消费者的存在感,为自己赢得好感的机会。品牌与消费者之间应建立平等互利的关系!如拥有百年历史的可口可乐,最为注重以平等姿态与消费者沟通。针对年轻消费群体,由李奥贝纳广告公司先后为可口可乐推出了"昵称瓶""歌词瓶""台词瓶"。在年轻人之间流行的"宅男""宅女""学霸""女神""大咖""白富美""小清新""月光族""喵星人""吃货""小萝莉""型男"等二十几款昵称被印在可口可乐瓶上,并且在一些自动售卖机上消费者还可以定制专属于自己的昵称瓶;从周杰伦到五月天,从世界杯主题曲到毕业季应景歌,以及当下最受欢迎的歌星的热门单曲中的歌词也印刷在可口可乐瓶上,消费者总能够找到一款符合自己口味的可口可乐瓶。

三、消费者从认知到共鸣的体验转变

企业品牌的经营可以分为三个层次:最低层次是"信息",作为一种区别于竞争产品的标识;中间层次是"信任"建立与目标消费群之间的友善关系,赢得他们的好感与信赖;最高层次则是"信仰",作为梦想的载体,激发人们内心深处的欲望和追求,这是一种通过品牌建立的归属感。

越来越多的消费者在选择品牌时看重的不再是产品有多么突出的功能,而是品牌带给他们的归属感。如无印良品设计总监原研哉说过:设计的原点不是产品,而是人。归属感是什么?是一个人的主观感受,是一个人在某种事物、组织中的从属感或者说对某一件事物或者现象的认同程度,一旦产生认同,就会对这件事物或者现象发生深刻的关联性。因此,品牌要产生归属感,就必须走进消费者的生活,去了解消费者的生活场景,感受消费者面临的困境,讲消费者自己的故事。

福特翼博携手凤凰网策划了一场名为"福特翼博-FUN 手趣过年"的"喜大普奔"春节大事件。凤凰网通过用户数据库的大数据分析,发现"年终奖"(到底有没有、拿到怎么花)、"回家难"(一票难求)、"被逼婚"(亲戚朋友唠叨整 7 天)、"年夜饭"(除夕没假期,如何年夜饭)是白领最为关心和热衷参与讨论的四大话题。福特翼博巧妙地将冒险的精神与中国式过年的温情巧妙地结合起来。它们以微电影的形式呈现都市白领们对这四大话题的看法。4 个过年故事,4 段翼博微电影,100 名路人,100 个回答,通过深入的消费者洞察制造出有价值的品牌内容,借助用户强烈的情感共鸣产生主动传播并引发社

会大众的关注与讨论,形成了节日期间最聚拢"眼球"的网络事件,让福特翼博的品牌形象得到了 300％的提升,市场影响力更是得到大幅度提升。"FUN-手趣过年"专题 PV 高达 612 938 次,4 段微电影、4 段街头采访视频的播放总量达到 4 271 910 次,7 164 人参与线上调查,9 439 人参与注册试驾。

从这个品牌策划活动看:第一,福特翼博就是利用春节这个大环境,同时回家过年又是中国人的传统习俗,大情景与个体欲望的不同生活画面相关联,年终奖的情景、春节回家被逼婚的情景、春运回家买票难的情景以及除夕年夜饭的情景,涉及目标人群的显示尴尬与生活愿景,引发共鸣,进而转化为消费者对福特翼博的品牌认知。第二,网络平台的最大特点在于互动。互动的核心在于内容的价值激发、逻辑关联和技术便捷。福特翼博选择微电影作为载体,扩展内容,制造最触动人们内心的沟通点。同时又利用街头的采访强化真实感,固化消费意愿。每个环节的创设,依循了情景心理的轨迹,从注意到体验、从被动到主动,层层引向深入,强化了品牌接触的黏性。第三,福特翼博-FUN 手趣过年采用了全方位立体化的传播:一是凤凰网的门户资源和无线资源,二是社交媒体平台上的官方账号,三是长安福特自媒体平台,将福特翼博的品牌理念推送到不同的生活节点,营造更有影响力的覆盖。

"共鸣"除物理意义外,更多是指由别人的某种思想感情激发出相同的思想感情。品牌如果想实现与消费者的共鸣,就必须深入他们的内心情感,洞察他们所关注所思考的问题。最为重要的是品牌要针对问题表达自己的态度与看法,这样才能实现与消费者的共鸣。

第四节　移动互联网营销策划整合模式

一、网络事件营销

(一) 事件营销内涵

事件营销(Event Marketing)是企业通过策划、组织和利用具有名人效应、新闻价值以及社会影响的人物或事件,引起大众的广泛关注。网络事件营销就是以网络为传播平台,通过精心策划、实施可以让公众直接参与并享受乐趣的事件,达到吸引或转移公众注意力,改善、增进与公众的关系,塑造企业与组织良好的形象,以谋求企业的更大效果的营销传播活动。由于这种营销方式具有受众面广、突发性强,在短时间内能够使信息达到最大、最优传播效果,为企业节约大量的宣传成本,因此越来越成为国内外流行的一种公关传播与市场推广活动。

2016 年百事可乐的猴年广告，随着一句"猴赛雷"，百事可乐打响了猴年营销战役的第一枪！以用户情感为纽带，请来了 80 后、90 后的童年偶像六小龄童来拍摄微电影《把爱带回家之猴王世家》，影片一推出，便反响热烈。随着"六小龄童节目被毙"话题的持续升温，百事微电影更是吸引了众多网友目光，它的热搜指数也达到了最高峰值。淘宝通过大数据发现，晚上 10 点是一天流量的最高峰值。于是淘宝团队在淘宝二楼打造了一款季播栏目，"一千零一夜"第一集，以淘宝美食为主题。2016 年 8 月 10 日晚十点，"一千零一夜"第一集《鲅鱼水饺》上线，在朋友圈引起一阵刷屏。视频播出后到第二天中午 12 点，这家水饺店在 14 个小时内卖出了 6 400 件饺子，按照以前的速度，这些饺子得卖 13 年！淘宝食品全行业成交增长了 11.86%，水饺所在的水饺/馄饨类目，更是暴增了 488%。

从上面的事例中可以看到，决定事件营销成功的关键是创意及内容策略，同时需要其营销手段与平台的辅助，如论坛、SNS、IM 等。关于内容策略可以考虑打"明星牌""情感牌""热点牌""争议牌""公益牌""名人牌""新奇牌""借势牌"等。

（二）事件营销要素

事件营销需要把握四要素：

（1）传播点。不论打什么牌，都必须注意事件必须具备一到多个能够吸引人们关注、评论、转发的传播点。如果不能引发大众的共鸣与转发，事件营销的效果也就无法显现。

（2）事件场景。任何事件的发生都会有场景，它通常是事件与植入品牌相关联的重要节点，一方面它能让事件呈现更加逼真，另一方面也让事件置于一个更有利于受众接触的环境中，利于后续的事件炒作。

（3）传播渠道。事件能不能被引爆，传播渠道是关键。微博、微信、新闻、论坛、视频等都是传播渠道，但并不是每一个渠道都适合引爆事件，往往关键渠道的曝光是事件最大化引爆的关键。如"呷哺呷哺"为其新产品新品爆料鱼火锅实施"偷菜事件"，这个"偷菜"创意本身就能引起消费者的好奇心：谁人偷菜？为何偷菜？如何偷菜？同时又将这些悬疑点通过微信、微博、BBS、新闻媒体、意见领袖等多平台进行放大，将"偷菜事件"变为热点议题，扩大事件传播范围，引发持续关注和讨论，最后演变成了全民自发的宣传热潮。

（4）舆论导向。事件营销是一把双刃剑，它既可以短频快的方式为企业带来巨大的关注度，也可能因为舆论导向把控不到位，起到相反的作用，会给企业带来负面的口碑。所以必须 24 小时监控炒作的舆论导向,一旦出现不良舆论风向,及时将舆论引向对品牌或产品有利的方向发展。如杜蕾斯策划的百人试戴套直播,原本想创造直播大事件,事后却白白便宜了竞争对手,让竞争对手抢了美名。事件营销公司乐客也承认杜蕾斯百人试戴套直播事件的确存在争议,就像 2015 年火爆的优衣库事件一样,有损于品牌美誉度,但品牌短期内曝光度却达到惊人数值。所以,值不值只能看杜蕾斯最初目标是为了曝光度还是传播品牌形象。乐客事件营销公司顾问建议品牌别过度消费用户的窥探欲,不要给其过高的期待,否则等待品牌商家的会是一段艰难而漫长的品牌形象修复之路。

(三) 事件营销策划的关注点

在事件营销策划时需要关注几点:

(1) 不可盲目跟风。成功的事件营销有赖于深厚的企业文化底蕴,要针对自己企业品牌定位、目标用户的情况设计好创意并有效实施。

(2) 勿触碰法律"红线"。新闻有新闻的标准和要求,广告也有广告的底线,企业在进行事件营销策划时,一定不能触碰相关法律法规的"红线",切忌虚假宣传、夸大其词等不计后果的事件炒作。

(3) 切莫喧宾夺主。在大多数的事件营销里,营销主体只是作为配角、背景,甚至以路人甲的形式存在,而如果在事件中太过于强调品牌、产品本身,则有可能失去事件本身的趣味性,或是让受众产生一定的抵触心理。

(4) 与企业形象保持一致。一些大企业经常会犯一个错误:因为各方面资源的匹配相对比较成熟,且品牌本身具有一定的行业关注度,制造一个事件成为新闻显得太过简单,在进行事件策划时,往往会忽略是否符合企业的形象定位,单纯为了造新闻而造新闻,这样浪费资源精力不说,对品牌形象也是一种损害。

(5) 控制好风险。前面提到"舆论导向"对于事件炒作的重要性,因此对于炒作风险极大的项目,必须做好风险评估,并根据风险等级建立相应的防范机制。事件营销展开后,需要依据实际情况,不断调整和修正原先的事件炒作方案和对应的风险评估体系,并采取措施化解风险,直到整个事件结束。

二、网络口碑营销

网络口碑营销是把传统的口碑营销与网络技术有机结合起来的新的营销方式。口碑营销,就是口口相传,通常都是用户在自己使用之后感觉不错会向朋友介绍,或者当我们要购买某类产品而自己又不具有相应的专业知识，就会主动询问身边的朋友。口碑源于人们的显摆心理与分享心理，口碑营销就是利用了人们的这种心理，从而引发人们主动传播的欲望与积极性。由于口碑营销的传播途径来自朋友的相互交流，因而产品信息或品牌传播具有较高的可信性。网络口碑营销就是应用互联网互动和便利的特点，通过消费者或企业销售人员以文字、图片、视频等口碑信息与目标用户之间进行的互动沟通，两者对企业的品牌、产品、服务等相关信息进行讨论，从而加深目标用户的影响和印象，最终达到网络营销的目的。

口碑之所以能成为强大的营销工具，很大程度上是缘于它所具有的"病毒式营销效应"。人们喜欢交谈，不管是讲自己的故事还是讲别人的故事。研究发现，一个对产品或服务有正面体验的消费者，会将他的故事告诉至少5个朋友；如果是负面体验的话，他会告诉至少11个消费者。而那些听到故事的人又会再告诉5~11个人，依此类推。故事呈几何级数迅速传播，最终在很短的时间内传播给大量听众。这就是口碑的魅力所在。

口碑营销也如事件营销一样需要很好的策划。

如何引发口碑效应？口碑效应就是要求引爆受众的"眼球"，并生成可谈论的话题从而引发口碑效应。建议可从"新奇""快乐""故事""关怀""互惠""利诱""共鸣"进行创意。也就是要策划一个好的引爆点，引爆点要从用户的情感出发。

2014年由美国波士顿学院（Boston College）前棒球选手发起的ALS冰桶挑战（IceBucket Challenge）风靡全球。冰桶挑战的初衷是让更多的人知道被称为ALS（萎缩性脊髓侧索硬化症，也称运动神经元病，即俗称的渐冻人）的罕见疾病，同时也达到募款以赞助治疗的目的。活动规定，被邀请者要么在24小时内接受挑战，要么就选择为对抗"肌肉萎缩性侧索硬化症"捐出100美元，微软的比尔·盖茨、Facebook的扎克伯格跟桑德博格、亚马逊的贝索斯、苹果的库克全都不惜湿身入镜。一个好的内容（普及ALS的公益举动）加上全美科技界大佬、职业运动员通过互联网传递到中国，各路明星的参与，一个接力一个，源源不断，社交网络让冰桶挑战迅速传播至全球。

口碑营销的核心依然是内容驱动，与众不同的创意与内容不论是线上还是线下，不论什么时候，人们都乐于议论与传播。依托互联网出现的社会化媒体自诞生以来好的内容的传播速度远胜于传统媒体，其原因在于社会化媒体是双向沟通，而非单向传递。倾听、沟通、分享成为社会化媒体能够快速传播的法宝。

策划口碑营销的关键如下所述：

（1）以产品品质与服务为前提。口碑营销不是靠创意取胜，也不是靠炒作来一鸣惊人，用户的口碑可以是正面的也可以是负面的。一个良性的口碑营销应该建立在产品品质与服务有保障的前提下，才能保证形成持久的、正面的口碑营销。

（2）品牌结合。策划口碑营销，不管引爆点也好还是策划的话题也好，一定要与品牌相结合。在策划创意传播的内容时，品牌的嵌入不可生拉硬扯，强行介入，而是通过故事的方式，从用户的兴趣点入手。

（3）正面口碑。口碑经营一定是正面的口碑，不能适得其反，这就需要策划者做好风险把控，多准备几套应急预案。也如事件营销一样注意把控风险。

（4）口碑要经得起推敲。不管方案如何策划，一定要经得起各种推敲，不能最后遭人诟病。正如上面提醒的一个负面的口碑传递的人数远高于正面的口碑传递人数，中国的依据俗语为：好事不出门，坏事传千里。

三、网络场景营销

（一）互联网的发展阶段

互联网的出现对传统商业的生态系统产生了颠覆性的变革。互联网发展经历了流量时代、数据时代和当下的场景时代。在不同的发展阶段，互联网对商业系统的重构模式也有不同。

（1）流量时代。在互联网的兴起之初，不论用户还是商家都处于摸索阶段。对于企业来说，最为重要的就是能够赢得用户的关注，因此这一阶段主要是入口之争。谁占据了网络入口，谁就能拥有流量，也就会获得用户的关注。大量企业开始加入互联网，同时也获得了初期发展的流量红利，并逐渐形成了固定的行业格局，如互联网门户领域，形成了以新浪、腾讯、网易、搜狐为首的四大门户网站；团购行业，形成了以美团、糯米、大众点评、拉手、聚划算等为主。

（2）数据时代。经历过流量时代后，各个领域的用户流量增长出现瓶颈，行业入口也基本固定，而随着大数据技术与云计算营运发展，企业的互联网市场进入数据化时代。这一阶段，不仅需要引发用户关注，更重要的是深度挖掘用户的价值诉求。利用大数据等技术工具，企业可以对用户的消费诉求、行为特征、兴趣爱好等进行信息搜集、整理、分析与归类，更加精准地定位不同用户的消费需求，从而为用户提供更加多元化、个性化的价值体验。如果说流量阶段是以"量"取胜，数据阶段则是以"质"取胜。

（3）场景时代。互联网时代商业环境可谓是瞬息万变，企业只有创新与迭代才能在这样的市场中立足。经过流量的快速发展与数据化的深耕细作，用户的需求已经达到饱和，同质化的线上体验也呈现疲倦状态，加上移动互联网及智能终端的快速普及，互联网发展自然进入了新的时代：场景时代。网络的入口表现出多元化、即时性、场景化的特点，人们也始终处于碎片化的生活场景中，用户更看重的是基于碎片化场景的价值体验。因此，企业要利用各种手段，准确定位和细化用户的不同场景需求，将线下的实体场景与线上的优质服务有效连接起来，通过构建新的体验场景，为用户"讲故事"，从而满足用户个性化、垂直化、水平化的场景诉求，从而实现品牌价值创造。互联网的场景时代，更加凸显了互联网作为工具和平台的角色功能，也更能体现互联网链接一切的本质。

（二）移动互联网下的场景内涵

每个人每天生活、工作、外出等都处于不同的空间与场景中。移动互联网让人们处于不同的场景，时间、空间均已被打破。场景内涵也发生变化。

（1）场景。场，是指位置间客观关系的网络或结构，或者说是社会成员按照特定的逻辑关系共同建设的、是社会个体参与社会活动的主要场所。当人们出入不同的场所便同时在参与构建不同的景，是人们在不同场所中的行为特征与行为方式。消费者在不同场中表现出不同的景，场为消费者的行为提供基本的活动场所，他们在不同的场中有所作为，这些作为又构成场的内在因素——景。这些特定的景与所处的场共同组成一个个可感知的场景。因此，场景不仅包括空间位置，更主要的是指特定空间与行为关系的环境特征，以及人们在此环境中的行为模式与互动方式。空间关系与环境特征并不等同，但两者又密不可分，必须当作一个整体看待。例如，某人在逛街时顺便去看场电影，与她从其他地方特地赶来看电影存在很大的差别。逛街顺带看电影，表明她在影院的消费场景只是她的一个中转空间与环境，选择看电影可能是逛街累了或者打发时间，而电影的选择也带有随意性。如果是第一种情况，若想让她再次光临这家影院，就需要在满足她当下需求的同时诱导出新的需求，如商场开展优惠活动，消费可获得影院的电影票折扣券，消费越多，折扣越大。而对于第二种情况，她对观影有明确要求，可能是针对某部电影或者是支持某个明星，针对这样的用户群体，商家需要做的不再是需求诱导，而是要满足他们现有的需求。

（2）场景形态。空间与环境与人们的生活习惯密切相关，有时候还与时间因素相关联。基于空间与环境的变量因素，场景可以分为：固定场景与移动场景。人们在相对静止的状态下所处的环境即为固定场景，它与人们的日常生活形态、生活节点及习惯相关联；人们在移动状态下所处的环境与从事的活动属于移动场景。固定场景可以看成是常量，而移动场景是变量。这两种场景又相互交叉，固定场景中的移动场景与移动场景中的固定场景，也包括公共空间与私密空间的相互穿插。换句话说，这里既有线下物理场景，又有线上虚拟场景。

今天，移动终端已经在不知不觉中改变了家庭中媒体使用场景，同时也在影响着家庭成员之间的关系，并影响着每一个社会成员间的沟通与交流方式。移动终端似乎把人们的一切零散时间都利用了起来，但同时又把一切时间切割成了碎片。移动终端的使用场景逐渐从开放性公共空间蔓延到愈加私密的私人空间，可以说移动终端几乎进入人们日常生活的每一个场景，不仅打破了人们以往生活与工作场景的自主性和封闭性，使得工作与学习、休息与娱乐间的界限变得模糊不清，同时也加剧了移动信息消费的碎片化特征。

（3）场景逻辑。不论是在固定场景还是移动场景中，人们所处的状态都会与空间因素共同发生作用。人们当下的状态是此时此地他的身份、行为、需求等数据的集合，既可以是以往的生活常态数据，也可以是突发的偶然性的状态数据。而场景分析则要从三个空间入手，把用户当作"完整"的人看待！在分析和满足用户在当下场景中的需求时，还需要分析用户在此之前的空间与当下空间的关系，分析用户此前的行为模式与现在行为模式的关联性，把握用户之前和现在的动态联系以及可能发生的后续行为。换句话说，不仅分析当下的人的行为状态，还有分析之前与以后的行为状态，构成完整的场景链条。

人们在各种场景下的需求与行为模式常常会带有他们以往的生活印记与习惯的烙印。习惯与特定场景的结合将是企业营销人员理解人们行为走向的基本依据。数字化的今天，人们的生活习惯越来越多地被以数据的方式加以收集，并通过数据库进行储存。场景分析的目标就是将一个对象识别出来与其数据库进行匹配，随之提供个性化的服务。艾伯特-拉斯洛·巴拉巴西在《爆发：大数据时代遇见未来的新思维》一书中曾说："人类的很多活动都是重复性的活动。我们倾向于去同一个地方工作、同一个地方娱乐等，因此这些行为都具有很大的可预测性。以前，我们没有收集数据并因此发现这些规律的手段。现在，随着手机及其他类似的工具的出现，我们可以轻易量化这些规律，可运用这些规律蕴含的预测能力。"

此外，场景并非只与空间有关。还包括各种社交氛围。社交氛围对于人们日常活动有着显著的影响,而且这种影响在当今变得越来越突出。往往具有相同兴趣爱好的人通过网络社交媒体形成社群或者部落,他们在这个社群中可以探讨、分享、交换与产品、品牌相关的内容,因此社交媒体又成为场景时代的一个新入口。社交媒体提供了场景的氛围,对社交媒体中用户与其相关的数据分析,是场景分析的另一个维度的内容。

罗伯特·斯考伯(Robert Scoble)和谢尔·伊斯霍尔(Shel Israel)在《即将到来的场景时代》一书中预测:移动设备、大数据、社交媒体、定位系统、传感器是推动场景营销在移动互联网时代发展的"五原力"。

(三) 碎片化场景时代营销特征

移动互联网时代,场景化营销的特征表现为:即时、即刻、洞悉。即从时间、空间和心理三个维度,定位和把握用户碎片化场景,从内容与形式上重塑场景化营销,把握场景诉求。

(1) 从内容上看,移动互联网时代,人们的生活场景呈现不断碎片化的特质。这时就要求商家能够借助移动智能终端与数据分析,精确定位用户碎片化的时空场景,把握诉求,从而借助具体场景实现产品与服务的准确推送。例如男士护理品牌凌仕,针对酒吧的特殊场景,研发了一款翻译 App,为用户创造了一种全新的价值体验,即凌仕准确把握了在酒吧等特定场景中,男士渴望吸引异性注意的即时性需求。推出的 App 应用,可以根据用户选择不同场所,为用户推送适宜的搭讪话语,还能够进行不用语言的翻译即朗读,最大限度满足用户的需求。

(2) 从形式上看,随着移动互联网的普及,线上与线下进一步融合渗透。在信息极大丰富的移动互联网时代,用户注意力成为稀缺资源。企业和品牌营销的目的就是如何有效吸引用户和黏住用户的"眼球"。场景化营销可以借助移动智能终端设备,实现商家与用户的随时随地链接。通过社会化媒体平台,商家或者品牌可以与用户进行直接互动沟通,实现精准的产品和服务投放,从而吸引用户注意力。如优酷的"边看边买"视频购物模式,就是基于影音观看场景的视频购物模式,一方面为用户创造了全新的购物场景体验,另一方面又高效利用了注意力资源,让用户在不知不觉中实现购买。

移动互联网时代,场景之所以变得如此重要,是因为人们的生活、行为、思想、感受、兴趣、关注等,都融入了具体的碎片化场景中。场景已经变成人本身的生活形态:不同场景下,人们有着不同的消费欲望和诉求,也拥有不同的感知与体验。只有构建出适宜的场景,才能有效吸引用户,将营销转化为消费。

（四）场景营销颠覆传统营销模式

传统的营销策划活动往往是站在产品或服务的角度研究消费者,从确定产品市场定位开始,然后调研消费者关注的利益点,最后确定产品的营销策略。这种思维方式是单项的主观的,仅仅是从品牌的立场出发。而场景营销需要企业跳出市场定位的思维束缚,回归到消费者真实的生活场景中,通过互动交流,洞悉消费者真实需求,反思定位并进行调整,甚至还可能需要重新设计产品。因此,场景营销是双向的思维活动,对消费者的分析与了解是全过程的,而非仅仅发生在策划阶段。场景营销之所以颠覆传统的营销模式,最为根本是其思维方式的改变,表现在如下方面：

（1）变产品思维为场景思维。移动互联网下,企业实施场景营销必须分析两个层面：物理场景与移动虚拟场景。也就是企业既要思考用户在什么时间、什么地方会产生与品牌相关联的消费需求,也需要了解这一时间点、这一场合人们习惯或者喜欢通过何种媒体设备、何种平台应用来完成线上场景的消费行为。两个层面考察场景的目的是让企业找到有价值的品牌接触点。

品牌接触点是心理性的点位,是用户有机会面对一个品牌所有信息的情境,企业可以创设这种情景,如广告、促销的各类信息,也有用户现在使用产品或服务中自发形成的情景。分析品牌接触点的目的,就是找出品牌接触点,确认这些接触点潜在的影响力,判断接触点的反馈程度。企业在生活场景中挖掘出品牌接触点后,必须找到与场景匹配的媒体技术,要让目标受众参与互动。2015年年初,最为火爆的场景营销方式可以说是发红包,国内大大小小的电商逢年过节都会发红包给消费者,红包与节日的关联相当契合,朋友圈经常被各类红包分享刷屏。但是大多数企业的"发红包"更多关注的是生活的"场景",同质化现象也越来越重。如果企业能够在线上设计出更多有创意的"场景",选择不同的移动终端设备或者是不同的应用平台或者是即将普及的智能可穿戴设备,从而可以实现差异化的营销。这里需要注意的是,在选择媒体技术吸引目标受众参与活动的同时不能让目标受众感觉到线上场景与线下场景之间存在任何的断层,否则会因断层存在导致的不便利或不舒适而终止消费行为。

品牌接触点价值可以从频度、长度、深度三个方面进行考量,频度取决于习惯的发生率和媒介的接触频率,长度取决于行为的延续性和媒介的伴随性,深度取决于受众在场景中的卷入度和媒介的垄断性。只有多方考虑,才能让用户乐于参与、积极互动、才能创造有深度、有黏性的品牌接触点。

（2）变诉求对象为合作对象。将目标受众视为合作对象,一方面有助于企业改善产品和服务。场景营销不仅体现在可以按人定制,还可以按场景定制。移动互联网时代,产品的功能将随着消费者需求变化而不断迭代与重构。场景营销中,营销者需要注意到用户对产品利益点的关注是随场景而变化的,企业可以通过设计适合不同场景的产品来满足消费者的需求,也可以通过调整广告内容,强调在特定场景中的利益点来凸显产品优势,还可以通过改善服务来辅助实现产品的销售,以弥补产品本身的不足。如美国的梅西百货利用苹果公司的 iBeacon 微定位技术来辨识用户所在的楼层,并结合大数据对用户的购物习惯进行分析,向用户推送其所在楼层中他们可能感兴趣的商家促销信息。佛罗里达迪斯尼世界推出公司转为游客定制的魔法智能手环(Magic Band)。该手环不仅可以取代传统的纸质门票,还可以代替游客的信用卡在园区内进行各类消费。此外,游客可以在园区设立的快速通道预约,点刷手环提前预约游玩热门娱乐设施。在预约时间段内前往该设置的游客只需刷手环就能从快速通道进入,免去排长队的苦恼。当客人走进迪斯尼餐厅,餐厅服务器便能迅速辨识智能手环,获取手环中存储的与佩戴者饮食习惯相关的信息,向其推荐菜品。两个案例都说明了企业通过设计不同的场景来实时满足消费者的需求。另一方面有助于企业积累场景所必需的大数据。数据的获取来自每一次的互动,因此在场景营销时代,维护良好的消费者关系格外重要。除了营造良好的沟通环境和提供舒适的体验经历外,营销者还必须意识到,信任也是良好关系的重要组成部分,场景营销要长期可持续发展,就不能忽视移动互联网用户的隐私安全。用户知道,他们获取的每项技术实际上都以付出隐私为代价,之所以还愿意付出隐私,是因为他们认为所获取的利益大于付出的代价。一旦用户发现自己的信息被滥用,一旦感受到自己隐私受到了不必要的侵犯,就会放弃产品和服务,宁愿得不到便利也要保护自己的利益。罗伯特·斯考伯和谢尔·伊斯霍尔在《即将到来的场景时代》中曾说,在场景时代,决定企业胜负的可能不是技术,而是品牌能否得到信任,信任将成为移动互联网时代的新型货币。要获得这种货币,企业就应切实维护和保护用户的隐私。他们还建议,企业在搜集和使用消费者信息的时候要做到公开透明,告知公众哪些信息被搜集,企业将如何使用这些信息,消费者付出的信息转化为何种数据。

(3)在场景中寻找用户痛点。用户痛点,就是用户在产品使用过程中出现的不便利,是用户负面的一种感受。而这种负面的感受会带来用户的渴望,找到解决问题的方法也就创造了需求。因此,痛点的本质就是用户未被满足的需求。

我们的生活是由一个个场景组成的。阿里巴巴的成功正是深入挖掘用户的需求,为其打造了一种全新的购物方式,改变了用户原有的生活方式;百度旗下的百度地图可以借助自己的优势构建覆盖全国的位置场景;腾讯则能够以自己强大的用户群体和关系网络营造出覆盖到每个人的社交场景,微信的出现更好地实现了与现实同步的线上交流,目的就是搭建生活场景,成为现代人离不开的社交软件,因而微信沟通交流已经成为人们的一种生活常态,微信也构造了各种生活服务生态系统。

可以看到场景营销就是让用户从缺席状态转换成在场的直接感知,所谓在场就是"即时发生"的事,"亲眼看见"的人或物,营造出用户身临其境的听觉场景、视觉场景、体验场景、社交场景。可以说场景营销已经成为涉及线上线下领域的立体化的营销模式,以数字技术为支撑,让用户角色回归本体,最大限度激发用户的参与。

第五节　移动互联网营销策划实施

一、移动互联网营销策划实现效果

移动互联网营销通过策划组织各种活动吸引用户参与关注,从而达到宣传推广企业产品或品牌的目的,任何企业或者个人都可以采用。活动的规模与投入可大可小,活动最为重要的是要达到以下效果:

(1)带动流量。流量是网络的命脉,如何提高流量?这是许多网站管理人员一直在苦苦追寻的答案。一个好的创意,通过不同的网络营销推广方式能够很好吸引大众的"眼球"。

(2)带动销售。任何商业活动的目的一方面是拉近与用户的距离,输出企业品牌形象,更重要的是让用户主动参与活动,从而带动销售。如淘宝创立的"双11",连续多年交易额数据不断攀升。

(3)带动注册。对于互动型网站、网络商城等,需要关注用户的注册量。这一指标比带动流量更加困难。有效的活动会刺激用户的积极性,让他们主动来注册。

(4)提升品牌。企业策划的活动可以通过软文、视频、事件等多种营销推广方式,与目标用户不间断地沟通与交流,企业品牌知名度与权威性自然就会建立起来。

(5)带来内容。通过策划活动引导用户对企业产品、品质、品牌进行评论,用户的感受分享在相关的论坛与网站中。互联网特别是移动互联网的便利性,就是人人可以随时随地发表不同见解,分享不同的感受,产品好、服务好,自然就会形成口碑。

(6)搜集数据。由于智能手机的定位功能,用户运行轨迹、用户的消费习惯等数据都会被记录下来,企业营销人员分析这些数据,可实施精准营销。

(7)提升用户忠诚度。活动开展吸引用户,持续不断的活动,让用户的黏性大大增强。黏性高的网站也是用户喜欢的网站,其转化率实现的可能性就增大。

二、移动互联网营销策划活动注意点

策划组织网络营销活动,可以降低市场推广成本,可控性增强。注意点如下:

(1)活动门槛要低。不论何种活动,活动门槛都不能太高。所谓的门槛,就是参与活动的目标人群,要能够吸引大众用户。另外就是活动的规则越简单越好,越容易吸引用户的参与。

(2)活动回报率要高。活动一定要让用户收益,要让用户得到足够的好处。这是用户的普遍心理。线上活动与线下活动一样,用户都希望能够得到主办方的惠顾。

(3)活动趣味性要强。活动要好玩,趣味性要强,参与人数才会多。如前文中提到的可口可乐公司推出的"昵称瓶""歌词瓶""台词瓶"等。在洋快餐店使用优惠券买餐本是一个大家都很熟悉的场景。如何把使用优惠券这一场景变得有趣?麦当劳在推出忘形麦辣鸡翅的时候使出了狠招——出示其他品牌的鸡翅优惠券也可获得折扣优惠!这不仅能吸引更多消费者到麦当劳尝试新品,还增加了消费者使用优惠券时的乐趣——"这张肯德基的优惠券,真的也能用吗?"近年微信红包的流行已经成为人们生活的一个相互分享喜悦、商家促销的重要手段,就是因其简单方便好玩。

(4)活动的可持续性。任何一场商业策划活动都是一项系统工程,从企业的战略策划到一般营销策划,从开业策划、各类节庆策划,甚至每一周都可以确定一个主题进行营销策划活动。在移动互联网背景下,企业的各类策划活动,必须紧紧围绕企业的经营目标持续开展。但是现在商业策划的活动中同质化现象严重,已经引起消费者视觉疲劳,因此,策划者需要利用技术,了解消费者所处的不同场景,设计不同的事件营销、活动营销、口碑营销等。

(5)更多的资源的整合。企业营销策划活动,从九项思考力出发,需要考虑整合企业现有资源、供应商资源、线上资源线下资源等,通过多种方式与途径,将消费者吸引过来,积极参与到设计好的营销活动中,最终达成上述七项效果。

三、移动互联网营销策划关键步骤

1. 明确目标

任何项目在推广前,首先要明确目标,要清楚自己为什么做这件事,如追求 IP、追求流量、追求注册量、追求销售量、追求品牌知名度等。

2. 明确目标用户

确定目标后,接下来就要明确能够有帮你实现目标的用户,这个目标用户都是根据前面确定的目标来的。如目标是 IP,就需要了解最容易单击网站的用户是哪些人;如果追求的目标是销售,那就要了解最愿意购买产品的是哪些人。换句话说,必须明确不同目标的不同用户群。

其实运用网络进行推广时,可能会同时有多种不同的目标,如对于一家带有电子商务的论坛来说,既要追求品牌与口碑,又要追求流量;既要追求注册用户数,又要追求帖子量;最为重要的是要实现转换率,网络营销最后要转换为销售。这里要注意:能够帮助论坛不同发帖的,不一定会产生消费;而那些有购买需求的用户,可能根本不愿意在论坛注册。所以需要明确不同目标的不同用户群,给目标用户群分类。

一般,网络用户通常有五类:①能够带来收入的用户;②能够带来流量的用户;③能够带来内容的用户;④能够带来口碑的用户;⑤能够带来品牌与权威性的用户。

3. 明确目标用户特征

对于用户特征的描述,交互设计之父 Alan Cooper 提出一个概念:用户画像,他认为:Persona(用户画像)是真实用户的虚拟代表,是建立在一系列真实数据之上的目标用户模型。包括三个重要内容:真实用户、真实数据、虚拟模型。即企业利用寻找到的目标用户群,挖掘每一个用户的人口属性、行为属性、社交网络、心理特征、兴趣爱好等数据,经过不断叠加、更新,抽象出完整的信息标签,组合并搭建出一个立体的用户虚拟模型,即用户画像。给用户“打标签”是用户画像最核心的部分。所谓“标签”,就是浓缩精炼的、带有特定含义的一系列词语,用于描述真实的用户自身带有的属性特征,便于企业做数据的统计分析。

人口属性标签是用户最基础的信息要素,构成用户画像的基本框架,包括人的自然属性和社会属性特征,如姓名、性别、年龄、身高、体重、职业、地域、受教育程度、婚姻、星座、血型等。自然属性,如姓名、性别、血型等,一经形成将一直保持着稳定不变的状态,具有先天性;社会属性则是后天形成的,处于相对稳定的状态,比如职业、婚姻。

心理现象包括心理和个性两大类别,同样具有先天性和后天性。对于企业来说,研究用户的心理现象,特别是需求、动机、价值观三大方面,可以窥探用户注册、使用、购买产品的深层动机;了解用户对产品功能与服务的需求;认清目标用户具有的价值观标签,明确属于哪一类群体。

上述两类属性特征信息是相对稳定的,而对于不同用户,其购物的轨迹、行为都可能有不同,下面这些属性则是在不同场景下随时发生变化的,属于动态信息。

网站行为属性,即用户在网站内外进行的一系列操作行为。常见的行为包括:搜索、浏览、注册、评论、点赞、收藏、打分、加入购物车、购买、使用优惠券等。在不同的时间、不同的场景,这些行为不断发生着变化,它们都属于动态的信息。企业通过技术手段捕捉用户的行为数据(如浏览次数、是否进行深度评论等),可以对用户进行深浅度归类,区分活跃/不活跃用户。

社交网络行为,是指发生在虚拟的社交软件平台(如微博、微信、论坛、社群、贴吧、Twitter、Instagram 等)上面一系列用户行为,包括基本的访问行为(搜索、注册、登录等)、社交行为(邀请/添加/取关好友、加入群、新建群等)、信息发布行为(添加、发布、删除、留言、分享、收藏等)。

给用户打上不同的行为标签,可以获取到大量的网络行为数据、网站行为数据、用户内容偏好数据、用户交易数据。这些数据进一步填充了用户信息,与静态的标签一起构成完整的立体用户画像。

用户画像是真实用户的缩影,可以真正实现以用户需求为导向,做出用户喜好、功能需求统计,从而设计制造更加符合核心需要的新产品,为用户提供更加良好的体验和服务。企业如果要做到精准营销,数据是最不可缺的存在。以数据为基础,建立用户画像,利用标签,让系统进行智能分组,获得不同类型的目标用户群,针对每一个群体可以策划并推送针对性的营销。用户画像,一方面可以做相关统计分析,更重要是在用户画像数据的基础上,通过关联规则计算,可以由 A 联想到 B。沃尔玛"啤酒和尿布"的故事就是用户画像关联规则分析的典型例子。

4. 清晰描述产品定位

一句话清晰描述你的产品,用什么样的产品满足用户或者用户市场。例如：陌陌，一款基于地理位置的移动社交工具；QQ空间，一个异步信息分享和交流的平台，是QQ即时通信工具的补充；91运营网，分享互联网产品，电子商务运营干货。产品目标往往表现为解决目标用户市场一个什么问题，也就是解决用户的痛点，这个问题分析得越透彻，产品核心目标越准确。例如：360安全卫士解决用户使用电脑的安全问题；微信为用户提供流畅语音沟通的移动应用。当然，分析产品离不开对竞争产品的分析，并应与目标用户需求相结合。

移动互联网时代的产品设计必须以用户体验为中心，各类运营商要从关联性、共有性、客户参与、便利性等"卖点"进行产品设计及优化，尽可能满足用户个性化需求，便于传播。同时，要不断丰富产品的种类，扩大用户的挑选范围，满足不同用户的爱好和需求。在营销3.0时代，产品营销就是要更多地关注人，关注顾客的沟通方式、兴趣、个性、生活方式及其变化趋势，并通过具象化的图片、视频等视觉性的方式来呈现。我们清楚看到：80后主导的消费市场已经越来越明显：为品质买单！90后表现出来的趋势也越来越清晰：不将就！因此，在移动互联网时代，在产品推广上，用户的个性化需要企业开展有针对性的差异化、灵活的资费策略，并基于用户心理预期，通过逐步降低资费和简化操作等手段降低门槛，提高用户的参与度。著名未来学家丹尼尔·平克说过，要想做好生意，中小企业未来要掌握六种技能：设计、讲故事的能力、整合事物的能力、共情能力，还有你要会玩，你要找到意义感。简单说，在未来，活得很好的人应该这样：有品位，会讲故事，能跨界，有人味儿，会玩儿，而且有点自己的小追求。

清晰的产品定位，目标用户群定位是运营推广的基石。目标用户群分析得越透彻，越清晰，对于后期产品推广起关键性助推作用。

5. 确定策略与方法

不论是怎样的营销策划，其活动的思考必须具有创新的思维能力，以及把资源整合的能力。因此，在移动互联网背景下，线上线下要打通，因此实施营销策划时可以从以下方面考虑：

（1）渠道策略。移动互联网时代，运营商应采取拓渠引流策略，整合实体渠道、电子渠道等各项渠道资源，快速实现营销传播。

对于实体渠道，要扩大体验型渠道规模，设计更符合用户的体验场景，如好玩与好吃相结合的体验，设计出某主题的场景，符合年轻人生活方式的购物体验等。

对于网络渠道，要通过应用商店、微博、微信及公众号、社交网络及传统互联网渠道等,加快传播速度和影响范围。目前,基于 App Store 的成功,运营商都创建了自己的应用商店,应用商店已经成为很多 App 流量入口,全国有近百家第三方应用商店,中国移动打造了 OVI 商店,中国电信开创了"前店后厂"模式,中国联通开办了沃商店,还有 google 商店、HTC 商城、历趣、十字猫、开奇、爱米、我查查、魅族商店、联想开发者社区、oppo 应用商店等。

在本章第二节我们介绍了移动互联网营销的各种传播途径,可以结合企业的特点及目标用户选择合适的方式,要注意的就是要让用户感兴趣,并愿意参与。

(2)流量经营策略。流量是互联网＋时代的重要载体,社会各个环节都离不开流量。流量业务大规模增长,用户需求多样化,运营商要从洞察移动互联网用户的消费习惯出发,建立和完善流量经营模式。

流量经营策略必须明确,做流量需要达成的目标是吸引用户关注,还是拉动用户参与,或是强化用户认知。因此,在经营思想上,要以扩大流量规模、提升流量层次、丰富流量内涵为经营目标,以获取流量价值为目的。在经营策略上,要通过智能终端和丰富应用有效拉动流量规模;通过强化客户接触面体验引导用户积极使用;通过加快流量产品在全渠道的覆盖,提升渠道销售的积极性;通过建立和完善流量提醒服务制度,开展植入式营销的流量关怀;通过一体化线上推送体系,实现流量经营精细化管控。

流量经营是移动互联网的重心,流量本身是没有价值的,流量对应的内容才有价值。如今人口红利越来越少,即使是体系庞大的互联网公司也在忙于获取更多的流量并尽量拉长用户的停留时间,电商、社交、泛娱乐、金融理财、咨询等无不使出浑身招数来招揽用户。如,我们可以借助微信流量,通过社交电商类产品吸引粉丝,将粉丝引至公众账号,再从公众账号转移至 App。到达 App 的用户,再通过新人礼促使用户走完激活→注册→下单流程。App 内注册送新人券、礼品等促使用户完成注册,通过新人专享来促使用户下单。整个过程中,几个转移的节点非常关键,就需要整个体验必须十分流畅,将策略隐藏至用户所能感知的产品形态背后,用户只需要感受到好玩、有趣、有吸引力,而不能被动地打断正常购物流程、浏览路径。还有最直接的就是现金奖励,多拉多得。如网易考拉、贝贝网和卷皮折扣 App 都是采用此方式,分享、好友接受邀请、好友首次下单等节点,根据 App 期望引导用户的方式不同,分享者可根据自己所做的这些行为获得相应奖励。这种方式的优点是暴力直接,用户获取金额的时间往往就在关键的节点和链路上,简单易懂,拉取的朋友越多获得的奖励就越多。缺点是用户的获利目的较强,因为此时分享非主动口碑分享占优势,拉来的新用户留存率和复购率可能较低,层次也参差不齐。

(3) 内容和应用营销策略。优质的内容和应用是移动互联网的灵魂。对此,运营商要大胆创新内容服务模式,强化应用的营销推广。

从企业内部讲,要采取丰满策略:强化研发,形成一批标准化、可商用、易推广的应用产品,完善推介方案,开展持续性营销活动。从企业外部讲,要采取合作策略,理清通道,引入有实力的互联网合作伙伴,创新运营商、SP/CP的合作模式,有效激发移动互联网需求和实际流量。例如:韩国 SK 联合多家SP,提供远程心电图等医疗诊断辅助服务等。

此外,要采取造势传播、事件营销等策略,围绕热点应用和产品开展全员参与和圈子营销,特别是对于新闻、社交、娱乐、游戏、支付等热点或趋势性应用要强化培训和推广。

(4) 体验式营销。体验式营销引爆了移动互联网,Iphone 的热销和 App Store 火爆都源自颠覆性的体验。从实际操作来看,移动互联网的体验式营销关键是对用户需求与体验的把握与理解,从挖掘潜在需求、建设体验平台到瞄准目标客户、丰富体验手段等环节,都要精心策划、标准作业。同时,在体验现场,要采取免费试用、优惠绑定等措施,突出对网速、内容、应用、智能终端等的体验和试用。

(5) 针对性营销。针对性营销主要是做贴身的营销和服务型的营销及加固营销。例如:针对新老用户要采取不同策略:对新客户以捆绑销售促进业务普及;对老客户加强体验与回馈,提高认知及使用率。针对不同用户群体要突出不同的业务点:对集团客户强调产品延伸至员工的终端;对家庭客户突出节约实施全业务捆绑;对个人客户聚焦于年轻时尚等目标客户群体。同时,针对不同的区域市场也要突出不同的侧重点。

当然,移动互联网时代的营销创意空间是无限的,还包括整合营销、口碑营销、定制营销、交叉营销、App 营销、场景营销等,最终,移动互联网营销将人们引带入 SOLOMO 时代。

6. 建立强执行力团队

如第四章所述,任何营销活动都必须经过详细的思考,形成完整的方案。移动互联网营销策划同样在确定好策略之后,需要考虑该次活动所涉及的资源及可能发生的费用,更需要企业领导层面统一实施该策划,必须建立一个具有强执行力的团队来认真完成已经制定的营销策划方案。

执行团队一般的架构是:项目负责人、渠道经理、新媒体推广经理、文案策划及其他辅助人员。①项目负责人一般由市场营运总监担任,负责内容规划,运营策略及计划制定,渠道构建和监督,新媒体推广实施跟踪,App 运营数据分析,团队建设和管理等。②渠道经理,顾名思义就是拓展各互联网流量渠道,一切有助于 App 流量提升的渠道合作都属于工作范畴,渠道经理的工作职责就是制定渠道拓展计划,带领 BD 专员拓展各市场,分析数据,完成运营总监制定的流量指标。③新媒体推广经理,熟悉新媒体,对微博、微信如数家珍,熟悉大号,并运营过微博草根号、微信公众号,有判断力,对热点事件能分析,知道如何借势,能配合文案玩转各社交媒体渠道,对事件营销及热点引爆有嗅觉和实操经验。④文案策划,负责创意内容撰写,为线上活动、广告传播、线上公关稿件撰写相关文案内容,文字功底好,有创意,对热点具有灵敏的嗅觉,可以实施事件营销与软文营销。

本 章 小 结

(1) 互联网发展特别是移动互联网及智能化设备的快速更新,带来消费者生活方式颠覆性的改变。

(2) 互联网与移动互联网之间既有联系又有区别,移动互联网具有自身的便捷性、个人性、位置性、终端性等方面的特点,使得企业利用移动互联网开展营销活动也具有高黏性、高精准性、低成本、高效性及场景构建。

(3) 移动互联网开展营销活动方式有多种多样,每种方式各自具有特点,本教材列举了:微信营销,App 营销,搜索引擎营销,即时通信营销,BBS 营销,网络软文营销,博客,微博营销,SNS 营销,问答营销,分类信息营销,RSS 营销,网络图片营销,网络视频营销,数据库营销等。其实营销方式还不止有这些,随着技术的更新,会出现更多的移动互联网的营销方式。

(4) 在移动互联网背景下,企业需要认识消费者:消费者购买商品是从过去的注重"功能性消费"转变成"品牌消费→体验式消费→参与式消费"并遵循这样一条价值链进行,消费者比以往任何时候都注重感官体验、交互体验、浏览体验、情感体验、信任体验。

(5) 互联网思维下,企业的营销重心必须转移到如何与消费者积极互动,尊重消费者作为"主体"的价值观。品牌在消费者的心智中形成有效占位,是赢得营销战的关键。

(6) 企业品牌的经营可以分为三个层次:最低层次是"信息",作为一种区别于竞争产品的标识;中间层次是"信任",建立与目标消费群之间的友善关系，赢得他们的好感与信赖；最高层次则是"信仰"，作为梦想的载体，激发人们内心深处的欲望和追求，这是一种通过品牌建立的归属感。

（7）移动互联网开展企业营销策划活动，可以将各种方式进行整合，形成快速、覆盖面广、影响力大的营销活动。本教材介绍了：网络事件营销、网络口碑营销、网络场景营销。

（8）对于场景营销，由于人们始终处于碎片化的生活场景中，消费者更看重的是基于碎片化场景的价值体验。因此，企业要利用各种手段，准确定位和细化用户的不同场景需求，将线下的实体场景与线上的优质服务有效连接起来，通过构建新的体验场景，为用户"讲故事"，从而满足用户个性化、垂直化、水平化的场景诉求，从而实现品牌价值创造。互联网的场景时代，更加凸显了互联网作为工具和平台的角色功能，也更能体现互联网链接一切的本质。

（9）移动互联网实施营销策划必须实现：带动流量、带动销售、带动注册、提升品牌、带来内容、搜集数据、提升用户忠诚度等功效。

（10）移动互联网开展营销策划要注意关键步骤及控制点。特别是对用户的画像是实施精准营销的前提条件。更重要的是还需要有强有力的执行团队去执行并追踪实施的效果，从而使得每次营销策划活动都能达成目标。

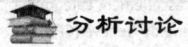 分析讨论

新品牌如何借助数字技术开展品牌营销

互联网发展特别是移动互联网的快速发展，消费者们的购买习惯、消费方式和生活形态都发生了翻天覆地的变化——追求时尚、展现个性、发展自我，同时又趋于理性的消费观念，正逐渐成为消费者的主流愿望与需求。而奢侈品市场最大的变化在于，今天构成社会消费主力的年轻人们对于奢侈品的认知已不似从前，价格因素不再是关注重点，品牌感受和购买体验是他们做出决策的参考依据，这使得奢侈品牌过去偏保守的传统营销显得力不从心。

高端小众品牌北京表通过"品牌年轻化"的定位，通过多元发展的互联网立体式传播，资源整合，渠道规划，以从容自信的脚步迈过 2017 年。2017 年北京表全线出击，无论是产品革新，营销方式还是社群互动，北京表正在以一种更加开放、年轻的姿态去拥抱年轻消费者。

一、先锋同行、工艺先行

1. 品牌定位与时俱进

品牌定位对产品来说是重中之重，在时下奢侈品市场同质化严重的趋势

下，在 2016 年，北京表重新定位品牌，向市场释放新的品牌定位和 slogan——"与先锋同行"，并对市场主要输出两个品牌内核"专业专注制表精神"和"东方美学现代表达"，来诠释这一品牌 slogan。

以"与先锋同行"为标志。自北京表诞生之时，先锋精神可以说就已根植在品牌血脉之中。创新，需要先锋的态度：先于时代，才能高瞻远瞩；先于时代，为后世留经典。而在当下，先锋，是锐意进取、志存高远。时下年轻人对生活的追求，对个性的独立，让先锋精神，有了更多当下的内涵价值，也让诸多不落窠臼的年轻人产生共鸣。

北京表在品牌定位上，早已先人一步，以先锋精神探索传统工艺上的更多可能。现时，北京表拥有独立制作的陀飞轮、飞行陀飞轮、双飞行陀飞轮等复杂高端的精密制表工艺，这也是业界所公认的，更有海外媒体认为北京表对瑞士表的地位构成"挑战"，如图 6-1 所示。

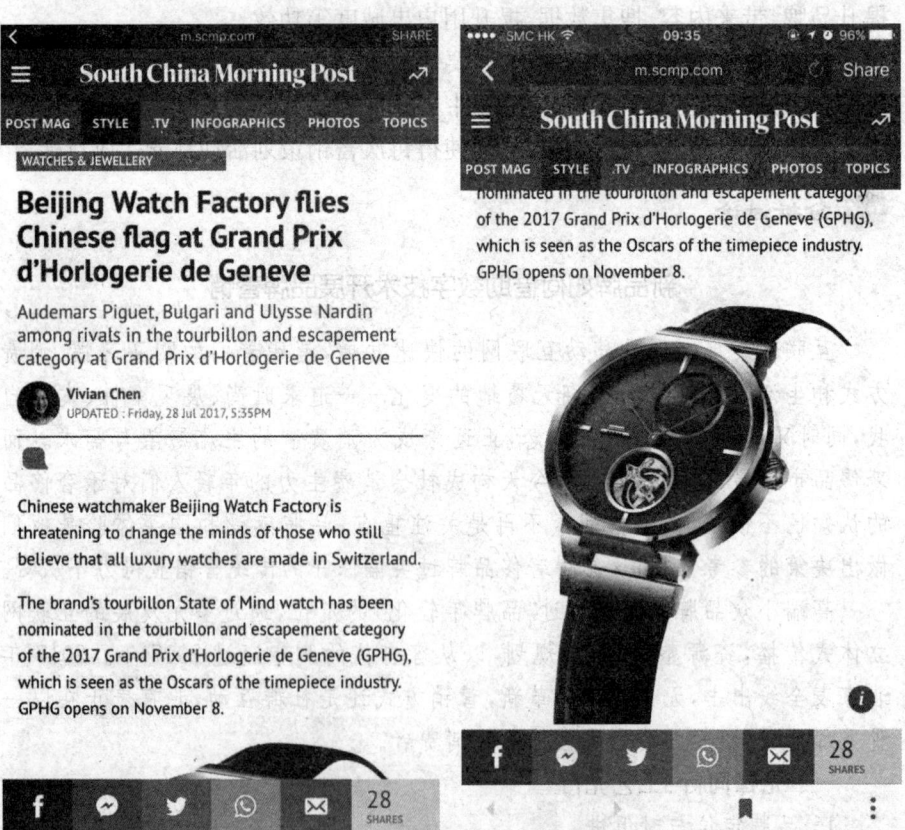

图 6-1　外媒对北京表的评价

2. 产品年轻化才是真正年轻化

北京表将顶级技艺与文化内涵完美融合,从全新的角度来解读"传统",用更时尚、现代的方式演绎腕表技艺。2017 年推出的两款腕表"潜锋"与"丝语"更是融入了许多时尚元素。

图 6-2　北京表"潜锋"与"丝语"系列

北京表"潜锋"系列榫卯主题中,将古建筑常用的连接方式——榫卯运用到表壳上,古朴生动,有着返璞归真之效。除了榫卯主题,还有城池、极简主题,极简灵感来自倡导朴素的美学主张,风格大气不失精细,岁月磨砺光芒如新;城池以红黑为基调,古朴庄重,梯形的屋檐浓缩于表中(看起来就像天安门),心怀城池,方有天下。"潜锋"系列既是制表工艺与古典文化传统之间的结合,也是 1+1>2 的创新,让更多年轻人感受到文化的魅力。

北京表"丝语"系列的手工苏绣腕表,将传承了 2 000 多年的苏绣传统工艺运用在表盘之上,一针一线匠心不凡,在视觉美感上赏心悦目,更让女性爱不释手,也难怪"丝语"系列如此受到女性的欢迎。东方美学、刺绣元素……这些已经成为大火大热的时尚元素,如 gucci 近年的刺绣款,一经推出火爆抢购,传统与时尚的交融,编织出新的艺术气息,备受年轻人的欢迎。北京表不仅是工艺带来无可比拟的质感,更是文化中传递的价值内核,是对梦想与生活的坚守,是不忘初心方得始终的信心。

互联网经济的兴起,时尚明星的引领风潮,让更多的奢侈品为年轻人所熟知,更潮更有型的潮流风向通过互联网平台进行传播,在多种传播渠道之中,互联网与传统纸媒的结合让传播更加便捷有效。

而年轻化,不仅在品牌上,在产品上做到年轻化,同样也要接触年轻的生活方式,传播是双向的,既是传递时尚品位,也是汲取生活态度。北京表受到广大年轻人的喜爱,让更多人不约而同选择北京表,在传播与价值上,取得了认同感。

二、时尚先锋、风尚先标

1. 明星营销，流量加持

随着"粉丝经济"的不断发展，明星也成了品牌营销的重要组成部分。北京表作为一款高端奢侈品，本身就是不少明星的心头之好，网络上经常能看到北京表出现在明星的腕间，佟丽娅、姚晨、冯绍峰、欧豪、袁泉、郭碧婷等明星更是对其十分钟爱，带着北京表出现在巴塞尔钟表展、米兰时装周等各种重要场合。PGone曾戴着北京表出现在《中国有嘻哈》的预告视频上，让北京表陪他一起"嘻哈"，可见他也是北京表的"真粉"。男神女神们对北京表如此着迷，快速撬动了年轻消费者的心。如图6-3所示。

图6-3 明星代言的北京表

明星的影响力不但可以带来短期乃至中长期的市场扩大与销售增长,还能提升产品知名度、维持产品美誉度、定位营销。被这一波明星流量的加持,让北京表 2017 年在热点上引爆年轻消费群体的关注,成功引发带动效应,也让北京表品牌知名度从明星圈层向大众群体扩张,同时北京表品牌精神中独立自信,时尚嘻哈等个性化特点,也准确触动追求个性与时尚的年轻一代消费者。

2. "腕表＋电影",IP 跨界效果 double

在当下的互联网营销领域,跨界营销是当下消费品营销的主要趋势,而奢侈品的跨界营销由来已久,并且始终走在行业的前列。最近越来越多的奢侈品牌开始"不务正业",Gucci 开餐厅、Prada 卖甜点……但这些看似风马牛不相及的产品通过跨界实现营销双赢,得到强强联合的品牌协同效应。

2017 年,北京表与 IMAX 跨界合作,推出复刻系列《敦刻尔克》电影特别款腕表,与《战狼 2》一起推动了军风时尚。之后《敦刻尔克》上映狂揽票房,北京表复刻系列"青铜器"和"橄榄绿"两款腕表席卷时尚界,引发销售狂潮,短短几天"青铜器"一度售罄。营销目光如此精准,让一片时尚媒体叫好。图 6-4 就是北京表复刻系列"青铜器"和"橄榄绿"两款腕表。

图 6-4　北京表《敦刻尔克》电影特别款复刻系列"青铜器"与"橄榄绿"

北京表的这一次跨界试水"腕表十电影"的营销打法,可以说是其营销方式的一种新尝试,但取得的效果也是非常显著的。

3. 互联网 social 为流量加分,KOLs 为品牌发声

近年来,年轻一代成为奢侈品消费的重要力量,他们依赖社交网络和自媒体。从信息接触的平台转变来看,当下年轻人更容易在 social 平台上获取品牌信息,然而不少活在平台上的 KOLs、媒体为了自己的热度,亦会紧追品牌事件,曝光最新时尚信息。

2017 年间,北京表非常注重在社交平台与消费者的互动,抓取消费者的兴趣点,通过话题互动等方式与消费者进行深度交流。北京表通过品牌的时尚活动等,吸引包括清南师兄、妖精边儿、格调范、伪少年 K 先生等自媒体 KOL 关注,据统计,囊括时尚、腕表、财经、生活方式等媒体和 KOL,全网共计收获过百万阅读量。

同时,北京表还在网红直播上亮相,从广告效应来说,直播不同于传统渠道的广告营销形式,缺乏时效性和互动性,直播具有更灵活的角度,更不拘泥于陈规的形式,有更广的覆盖面,更多层次的需求满足能力。

时尚界红人包公子就曾在直播节目中,向广大网友介绍自己喜欢的北京表款,成功直播吸引 654.6 万人观看、549.8 万点赞、3 730 条评论。这种直播互动的方式,让网友熟知、深入、全面地了解北京表,促进了北京表二次传播并成功为电商导流。如图 6-5 所示。

讨论问题:

(1) 对于奢侈品的品牌传播,更多是讲品牌故事,而对于北京表的重新定

图 6-5　线上互动

位及采取的传播方式,特别是明星代言、网络直播等,抓住了年轻人哪些方面的心智?

(2) 移动互联网背景下,如何构建消费者与品牌的关系?

(3) 上述案例构建了哪些方面的场景?

 实践训练

一、实践目的

针对某项目开展线上线下的整合营销活动,理解移动互联网背景下的营销策划活动应了解的思维方式与基本方法。

二、实践内容

(1) 结合某企业的某类产品或某款产品,完成资料收集、策划思考利用移动互联网开展营销活动所涉及的网络推广工具及策划方案。

(2) 实践项目可采取两种方式:自拟定或教师指定。

(3) 针对选定项目设计场景,思考如何开展场景营销。

(4) 针对项目设计品牌故事,思考如何开展事件营销与整合营销。

三、实践步骤

(1) 指导教师布置实践题目,明确实践任务及注意事项。

(2) 学生分小组确定拟要策划的内容。

（3）各组根据实践任务制定执行方案，团结合作，发挥特长、明确分工，认真调研，广泛收集资料。

（4）各组讨论形成核心思想，归纳要点，形成讨论稿，完成实践报告。

第七章 零售营销策划

零售营销策划,从发展进程来看,大致可以分为两个时期:实体店时代与移动时代。在实体店时代,零售业追求规模经济,零售变革主要源于内部创新,重点是业态创新与组织创新;在移动时代,零售业追求社群经济,零售变革主要源于外部创新,重点是需求拉动与技术创新。

第一节 零售营销策划的重点与要素

在实体店时代,零售营销策划的重点是店铺与商品,第一要素是选址;在移动时代,零售营销策划的重点是用户与场景,第一要素是价值。

一、零售营销策划的重点

从专卖时代到百货时代,是零售业态从"专"向"全"的转变;从单体时代到连锁时代,是零售组织从"分散"向"融合"的转变;从杂货店时代到超市时代,是零售方式从"柜台式"向"开架式"的转变。

百货公司、连锁商店、超级市场、无店铺销售通常被认为是零售业的四次革命,跨越时间140多年,从19世纪50年代到20世纪90年代。

上述四次革命,有三次是业态革命,一次是组织革命,结果使零售进入了"规模经济"的发展轨道,零售业的结构也发生了翻天覆地的变化,有品牌、有组织、有规模的连锁公司组建发展成为零售业的主导企业。规模经济是以单品种、标准化的运作为特征的。在这个时期,零售营销策划的重点是选好业态,选好店铺,实施店铺规模的快速扩张,并有效地营运管理店铺。

这一时期的零售逻辑是:开更多的店,卖更多的货,赚更多的毛利,尽可能少花钱多办事,最终获得尽可能多的净利润。重点是铺面与商品,基本手段是铺面促销,其中以价格优惠为主导。

在19世纪70年代以后兴起的无店铺销售领域,如自动售货机销售、人员直销、电视电话销售等,其重点仍然是商品与价格,当然也为消费者提供了一定的便利。但零售的本质并没有改变。这种把零售理解成为"买卖商品"的观点被称为"过程论",即低价买入高价卖出,非常注重批零差、毛利、成本费用、人效坪效等指标。持这种观点的零售人特别重视零售的采购控制与服务营运。

由此延伸出通过商品毛利实现盈利的零售模式。这是做商人的基本功。早期的零售商都是前店后工场，或自产自销，商品毛利实际上是包括了生产环节的毛利，也可以叫作"产品毛利"，后来产销渐渐分离，零售商只赚取商品进销差价，售价减去进价谓之"毛利"，再后来零售商发现可以利用自己的品牌开发新产品，于是就出现了"自有品牌"的概念，实施自有品牌开发战略，这可以叫作"品牌毛利"。所以，如今的"商品毛利"已经不是简单的商品进销差价，而是包含生产毛利、品牌毛利、进销毛利三层含义。

但在互联网尤其是移动互联网时代，零售业逐渐从"规模经济"向"社群经济"发展：不同品牌偏好形成不同社群，由社群粉丝形成一定的社群规模，由此衍生出社群化与基于位置的服务相结合的零售模式，不仅改变着生活方式，也因此改变了营销方式与营销策划的重点。主要表现在三个方面：一是关注重点从店铺转变为用户；二是经营内容从销售商品转变为经营流量；三是营销活动从价格促销转变为场景设计。

二、零售营销策划的要素

零售业的成功主要取决于哪些基本要素？有人说是经营定位、规模经营与营运效率；也有人说是选址、集客、节省；还有人说是商品、价格、服务、环境、便利、沟通。在传统的零售学说中，一般将地点、商品、价格、服务作为零售业成功的四要素。

但在消费需求变革，零供关系改变，技术飞速发展，两线高度融合的移动时代，传统的四要素逐渐发展成为八要素，包括外围五要素与内部三要素，如图7-1所示。

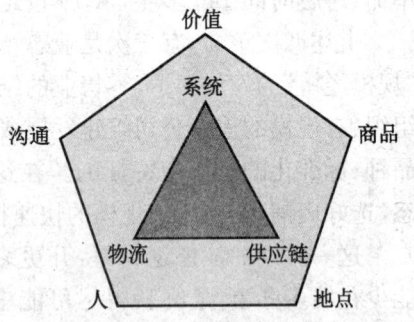

图7-1　零售战略八要素

（一）外围五要素

第一要素：价值（Value）。传统零售中的第一要素是"选址"，在移动互联网背景下，选址虽然还重要，但最重要的消费者的"价值诉求"发生了巨大变化，传统零售四要素中的价格（Price）要素转变为"价值"要素。消费者不仅愿意为商品的使用价值付钱，也愿意为某种"体验"或"感觉"付钱，商品所蕴含的"文化价值"与"精神价值"比商品本身的

"使用价值"更重要。因此,价格低的商品不一定卖得出,价格高的商品也不一定卖不出,关键是要让消费者感到"物有所值"甚至"物超所值"。赋予商品的象征性价值,越来越显得重要。

第二要素:沟通(Communication)。沟通在传统零售中主要是传播促销信息或反馈顾客意见。但在现代零售中,沟通已经不仅仅是单向传递信息或双向反馈信息,更是交流互动的一种娱乐方式,顾客要完全参与到零售活动之中,这样的零售才会有活力。传统零售业通过各种形式的广告,将信息传达给受众,这是一种单向的传播。现代零售企业与消费者处于信息互动的环境之中,微信公众号、文字 App、语音 App 等互动平台的逐步完善,为零售企业与消费者以及消费者之间的网状互动提供了条件,能够与消费者互动沟通的零售企业将会更有竞争力。信息技术与电子零售的发展正在快速改变消费模式与传播方式,传统的 AIDMA 消费传播过程正在被新的模式所取代,即注意(Attention)、兴趣(Interest)、欲望(Desire)、记忆(Memory)、行动(Action),搜索(Search)成了获取知识,分享经验,决定购买的核心步骤。消费者在决定购买行动前需要"搜寻"其他消费者的"口碑",在购买后则又会让其他消费者来"分享"自己的购物体验。这就是新时代的沟通模式,即AISAS,注意(Attention)、兴趣(Interest)、搜索(Search)、行动(Action)、分享(Share)。总之,单向传播向网状互动发展,这是零售沟通要素的发展趋势。

第三要素:商品(Product)。商品是内容,是基础,甚至是核心,仍然是零售的基本要素。零售最基本的服务就是要向顾客提供"物有所值的优质商品",如果连商品也做不好,还谈什么"服务"!在消费升级的大背景下,能改变生活方式,提升生活质量的新产品,更受到消费者的青睐。在温饱型消费阶段,购买进口商品是一种奢侈,常常是一种炫耀性与礼节性的消费,但随着消费水平与消费能力的提升,购买进口商品已经成为一种消费新常态。产品品质必须从产品观念转变为商品观念,产品是生产过程决定的,但商品必须获得市场消费者的认可,消费者才是市场的终极裁判。前店后工场是传统零售业的一大特色,这种特色在现代仍然具有强大的生命力,但特色的背后蕴藏着 12 个字——货真价实,拿手绝活,口味独特。

第四要素:地点(Location)。地点对零售业的重要性毋庸置疑,但其要求则在不断改变。有些业态在地点较偏僻的不良条件下仍然经营得很好。对零售商来说,偏僻的地点意味着较低的租赁成本。对消费者来说,如果地点偏僻但交通与停车便利,还是会优先选择。对大多数零售企业而言,店铺资源仍然是最重要的零售资源。过去是店铺的位置,后来是顾客的位置,如今是活动的位置。比如曾经在城乡接合部造一个大卖场,再用免费班车把顾客拉过来,但后来这样做已经没有效果,免费班车带来的大部分是低客单价的客源,还不能弥补班车的日常开支。因为顾客从一站购足与廉价诉求转变为就近便利,所以,社区商业开始兴起,店铺选址越来越贴近消费群。自从移动化成为一种消费新常态以后,零售更要关注"地点"就是顾客活动的位置。现代零售要满足的是移动着的顾客需求,所以,如果不能实现线上与线下的有效融合,那就没希望。

从战略视角来分析,选址应该是"地域""商圈"和"立地"的结合,这三个方面的英文表述都是 Location,所以,也可以称为选址"3L 原理"。体现了零售经营组织网络化布局的基本思维方式,都是指网状布点时要考虑的空间环境与条件,但其实际含义却存在很大的差别,地域选择是战略思考,商圈选择是策略思考,立地选择是细节思考。

第五要素:人(People)。服务是零售成功的基本要素,零售的发展也让经营者明白了一个基本道理:专业的团队与一线员工的状态,直接决定服务水平以及顾客满意度。因此,有眼光的零售商不仅重视目标顾客,同时也关心自家员工,培养他们,鼓励他们,满足他们,让专业团队更专业,让一线员工准确地传达企业文化,让满意的员工服务顾客,从而达到顾客的满意。

(二)内核三要素

做好外围的五大要素,能通过服务能力的提升而增强企业的盈利能力;做好内核的三大要素,则能通过拓展能力的提升而增强企业的扩张能力。

第六要素:系统(System)。企业本来就是一个系统,从前主要采取人工与制度相结合的方式来管理,管理的发展趋势是以信息技术为支撑,实现数字化管理。人管人、制度管人、系统管人,这是管理发展的三个阶段。零售的店铺与一线的服务虽然很重要,但如果没有建立一个健全的"系统",就不可能实现持续的规模化发展。所以,系统的重要性与企业的经营规模成正比,规模越大系统就越重要。如果企业规模很小,则存在比系统更重要的因素。

第七要素:供应链(Supplier)。供应链的实质是上下游之间、企业之间、企业内部各部门之间以及各环节之间的分工合作。就零售供应链而言,需要特别重视以下五个问题:一是零供关系如何有效建立并长期维持,实现互惠互利;二是如何确保供应商及时供货,保证货源;三是如何确保零售商向供应商及时提供有关单品单店的销售与库存信息,以保持信息对称;四是如何确保零售企业内部供应链(如配送中心与门店、总部与门店)的协调;五是如何确保零售商对供应商一呼百应,零售商开拓市场的工作需要一步步走,但其供应商则应该相对稳定,如果每个区域都要建立相对独立的供货体系,那就会严重阻碍零售的扩张。

第八要素:物流(Logistics)。零售业的商流与物流,越来越分离,这在电子零售业尤其普遍。商流与物流分离以后,如何在客户端能够快捷、低成本地再将商流与物流融合,这才是问题的关键。另外,如果零售公司、供应商、物资供应企业的物流系统各自为政,各行其道,托盘、车辆、货架、条码等一系列与物流相关的资源,都无法实现标准化、共享化,那就难以降低物流成本。随着到家服务需求的扩大,以及最后一公里配送技术与手段的改进,传统的配送物流正在向现代的到家物流转变,只有大物流与小物流有效对接,库配、仓配、店配相结合,物流才能更有效。

总之,巩固五角形,能让企业获利;强化三角形,能让企业长久。

三、零售营销策划的变化趋势

零售是满足终端生活消费需求的行业,而消费需求又可以从不同视角加以分类,消费门类众多,消费层次复杂。以下五个方面的行业发展趋势,必须加以重视。

（1）跨界移动互联网形成了一个新的"用户流量风口"。在实体店时代,零售铺面自生顾客流量,店铺越多顾客流量就越多,主要依靠密集开店、广告促销以及顾客之间的口口相传带来客源。在移动时代,跨界是基本趋势,用户流量可以实现跨界共享。如餐馆的消费积分,可以到便利店使用;扫描金罐加多宝的二维码,可以获得京东商城、滴滴打车、韩都衣舍、当当网、酒仙网等商家的优惠券,于是,每一件金罐加多宝就成为这些商家的流量入口。再如大润发超市改装阿里巴巴云 POS 以后,就可以接受来自淘宝、天猫等网上订货。现在越来越多的商家与提供到家服务的网络平台合作,提供商品到家服务。

（2）追求零售业务的延伸价值。传统零售追求商品本身的价值增值,在互联网背景下,新创业的很多零售业务,并不是以商品本身的价值增值为目的,而是通过流量变现实现延伸价值。如办公室货架的配置,从单纯的商品经营来看,发展前景并不乐观。创业者的最终目标是想通过在商务楼内的办公室"占位",吸引有购买力的白领们到网上购买其他商品与服务。

（3）多样化选择已经成为消费的基本趋势。在实体店时代,大部分零售交易都是在店铺内完成,在移动时代,虽然店铺交易仍然是主体,但是,购物渠道越来越多样化,零售创业者以及传统零售在转型过程中也就更多地考虑让消费自由选择购物渠道。不仅如此,在线购物与店铺购物属于两类消费者,而如今是同一类消费者针对不同商品与不同消费需求分别选择不同的购买渠道。商品多样化的选择与购物渠道多样化的选择已经成为基本的消费趋势,线上线下已经融为一体。

(4) 交易终点越来越前移。一方面,由于移动化导致消费者利用碎片化时间实现网上订购,然后通过到家服务最终完成交易过程。另外,为了迎合就近便利的消费需求,靠近居住区的社区商业成为零售的一个新热点。为了解决最后一公里问题,国外比较注重网上订购、到店取货的零售服务模式,其后又开发出无人机送货服务,以及送货到汽车后备箱和快递员开门入户的服务。但在中国,到店取货的模式并没有获得消费者的认可,却试图通过无人驾驶汽车与机器人送货到家等技术手段来提升服务,降低送货成本。交易终点的前移,是满足消费者的便利性诉求。

(5) 从全客层营销发展到主题营销。改变全客层营销是零售业发展的一个重要趋势,如从前的购物中心与超商大卖场基本上都是"全客层定位",所有顾客都是目标顾客,来者不拒。但随着社群消费的越来越明显,零售市场已经出现了分层化、细分化的趋势。所以,在创立新的零售模式或传统零售的转型过程中,明确界定自身的目标客层以及经营定位就显得尤为重要。例如上海大悦城用摩天轮在苏州河北岸成功地打造出了一个爱情新地标,以时尚感、情侣空间、自拍圣地为标志。摩天轮离地 100 米,直径 50 米,30 个轿厢,带来了 500 万客流,带活了 8 楼和 9 层楼商场,每平方米日租金上升到了两位数,其中有 300 万客流进入其他楼层,也提高了销售业绩。

第二节　零售战略策划

为什么有些企业长盛不衰,另一些企业则昙花一现? 为什么有些企业虽有战略却难逃厄运,而另一些企业没有战略却能获得巨大成功?

战略的最重要作用就是把握未来机会,为此必须考虑多方面的因素,最终从两个维度建立差别优势:一是成本与效率的改善;二是消费体验与价值的改善。如果体验改善了,消费价值提升了,但成本也大幅度提升,而效率却未能提高,这是不可持续的模式。所以,任何一种零售模式的成功与否,关键就取决于这两个方面能否平衡。

一、零售模式的演变

长期以来,零售业利润的主要来源是"进销差价"。但这一经典盈利模式早已发生变革。购物中心模式的流行,使零售商与地产商的结合越来越紧密,大型零售集团从零售商升级为地产商或"二房东",招商与客户管理成为利润的主要来源。这一模式在大型百货公司实施的时间更早,有些百货公司几乎没有自营业务,通过招商实施专柜经营,营业人员是厂方销售员,零售店只拥有管理人员。在家电行业,各个品牌在家电连锁店设立专柜经营,服务人员由厂方提供,零售价格面议,购买商品需要讨价还价。这种经营方式与百思买相比,存在本质差异,是传统零售与现代零售的差异。在连锁超市,虽然明码实价,但利润的主要来源并不是进销差价,而是厂方提供的各种形式的"通道费"。电商平台做大以后也沿袭了传统零售业的"收钱模式",各种费用有增无减。大型电商企业似乎也感觉到这种"食利模式"的不可持续性,最终从"天上神仙"下凡到"地上人间",做起了实体零售生意。这是回归经典模式,还是实现模式创新?总之,不同的选择将产生截然不同的结果。

二、零售业态策划

零售战略策划的基础是业态规划,即通过对市场环境、发展潜力以及自身优势的分析,选定零售业态。

零售业态(Retail Format)是指为满足特定的消费需求而形成的店铺营业状态,即怎么卖。不同的业态表示不同的社会功能,如超市的社会功能是满足家庭消费者对每日必需商品的需要,便利店的社会功能则是满足个人消费者的即刻需要,大卖场的社会功能是满足一站式购物的消费需要。发达国家的商业服务业态目前已经发展到了上百种,零售业的新业态也不断涌现,其中,有店铺零售业态最有代表性的是:百货公司、购物中心、奥特莱斯(厂家直销中心)、大型专业店、超市、便利店、折扣店等,无店铺零售业态包括:电视购物、邮购、网上商店、自动售货亭、直销、电话购物等。

(一)业态策划一般应该考虑的问题

(1)业态的社会功能是什么?例如,超市是满足"家庭的每日所需",便利店则是满足"个人的即刻所需"。社会功能的差异形成不同的业态。社会功能其实就是满足顾客需求的能力,顾客的核心需求会派生出新的需求,从而使零售业态不断细分化。

(2)有没有足够的需求规模?一种需求能不能演变成为一种特定的业态,由许多因素决定,但最基本的就是"有效的需求规模",如果需求规模不足以支撑基本的"规模经济",这种业态就无法长期维持下去。但任何一种需求总有一个培育过程,而且需求很容易受外部环境的影响。这是一个十分艰难而富有挑战的阶段。

（3）有没有广泛的需求？这一点与需求规模相关。如果需求是区域性的，那么需求规模就会受到很大的限制，这样的业态也就难以大规模地推广连锁经营方式。如果没有地区的限制，就可以采用连锁经营的组织模式把生意做到无限。

（4）业态的生命周期是否大于业态的投资回收期？如果某种业态的投资回收期需要3年，但这种业态不到3年就会被市场淘汰，这样的业态就没有投资价值。

（5）顾客是谁？顾客可以分为现实顾客和潜在顾客，现实顾客是指现在就有购买需求和购买能力的消费人群；潜在顾客是指可能成为现实顾客的未来消费人群。例如，便利店的顾客以12～35岁的消费群为主，包括上班族、丁克族、钥匙族、单身族、青少年、部分家庭主妇及其他户外活动者。

（6）顾客需求如何？顾客需求不是一个"常量"，应该是一个"变量"。之所以说是一个变量，主要有两个原因：一是在特定时期的顾客需求会受到各种外部因素的诱导而发生显著的变化；二是随着社会环境和生活方式的变化，需求会呈现出明显的变化趋势。所以，经营零售业态必须活用各种诱导方式，并时刻关注消费需求的变化趋势。消费需求的变化应该关注的是：生活方式（S：Life style）；何时发生需要（T：Time）；需要时的动机是什么（O：Occasion）；在何地消费或购买（P：Place）。锁定上述四个方面（STOP），就能够锁定顾客需求。

（7）如何做"商品化计划"？满足顾客需求的东西都可以称为"商品"，当然也包括服务、环境等。商品必须经过"计划和营销"才能被顾客接受，为此必须记住六个"正确"：选择正确的"商品"；制定正确的"价格"；安排正确的补货"时间"；陈列正确的"数量"；陈列正确的"位置"；正确的"表现"（包括告知、气氛、服务等）。

（8）怎样才能持之以恒地关注细节？零售是一种细节化的产业，对细节的关注与不折不扣地执行是连锁成功的基础。任何一个著名品牌的形成都是作业精细化、管理精细化、凡事细节化的结果。总之，细节创造优势，细节决定成败。而细节要依靠全体员工的共同努力，店铺管理人员应该成为细节化的带头人。

（二）"新零售"实践的显著特点

（1）零售生鲜化＋餐饮化。以阿里的盒马鲜生为标志，后续诞生的永辉超级物种、百联RISO、世纪联华鲸选、步步高鲜食演义、天虹sp@ce、新华都海物会、物美新零售、京东7FRESH、苏宁苏先生、美团小象生鲜等等,都与吃相关,主要集中在"鲜食领域",包括外食、中食、内食,都在抢夺鲜食的生意。关于新零售为什么都与吃相关问题,2017年2月5日晚上,在"联商网新零售干货群"问盒马鲜生创始人侯毅:新零售第一轮以吃为主,叫"温饱型海鲜新零售",那么第二轮新零售应该叫什么呢? 侯毅回答说:"基本没有(第二轮),只有生鲜品类。实体店的价值比电商大。绝大部分品类,电商比实体店的效率高多了,标准化商品(标品)电商比实体店效率高。"

(2)聚焦一大一小零售业态。小主要包括两大类:一是便利店,含传统的杂货店与现代的无人商店;二是社区店,就近便利的生鲜小业态,如安徽的"生鲜传奇"与"谊品生鲜"。大主要也包括两大类:一是购物中心,包括单体百货的购物中心化,以及体量在几十万平方米的城市综合体与几万平方米的社区购物中心;二是奥特莱斯,从售卖过季断码商品已经发展到专供奥特莱斯的专业生产线,再到主题公园式的奥特莱斯,以及城市奥特莱斯,如上海东方商厦五角场店和杨浦店转为城奥(城市奥特莱斯,即UMAX,悠迈生活广场)。这一变化态势反映了消费行为的两极化趋势:日常消费碎片化、分散化、便利化,娱乐消费集聚化、分层化、群落化。

(3)零售业呈现出娱乐化趋势。这一发展趋势与消费升级紧密相关,物质需求得到基本满足以后,精神需求越来越强烈,休闲娱乐消费的需求量越来越大,而且这种消费渐渐出现了集聚化趋势,使购物中心从一个购物场所转变为娱乐场所,不同的购物中心为了迎合不同的消费需求,各自打造出不同的特色。

三、零售场景策划

一般认为,营销场景有五要素,即时间、空间、人、事件、关系,即在一定的时空范围中,什么样的人,在发生什么样的消费事件,他们之间存在或发生了哪些关系? 在O2O与全渠道营销的背景下,业界谈得比较多的主要是物理场景,这是一种基于购物方式与配送方式的场景分类,如到家或到店。

但场景营销的真正价值在于:从消费者的互动传播与生活场景(尤其是心理需求)出发,更有效地传播或互动资讯,更有效地解决消费者的"痛点"问题,更有效地创造新的消费场景。

如在常温酸奶行业,与"悄悄"做起来的莫斯利安相比,安慕希的业绩更令人刮目相看:2013年年底上市,2014年全国铺货,2015年市场份额超越莫斯利安,2016年销售逼近100亿元,2017年销售接近160亿元。在这一骄人业绩的背后,蕴藏着场景营销推广的功绩:与时尚节目和节目明星签约,实现安慕希品牌跨平台、跨屏的整合推广。如在《中国好声音第三季》播出时,依靠腾讯新闻、腾讯娱乐、微信等超过十余个平台,以20种组合投放的方式实现了对好声音的全方位宣传支持,搭载《奔跑吧兄弟第一季》这个热门IP,签约"跑男"节目明星Angelababy等,产品资讯无缝穿插至节目的各个环节,不仅提升了安慕希品牌的认知度,也带动了销售。

再如社区商业方面,生鲜传奇、国安社区、北京超市发、邻汇吧等都想打造一个超越商品的社区服务场景。商品随时随心随性都可以买到,但称心的"服务"却总是很难寻觅,这才是未来社区的核心诉求。家有老人,要找一个能伺候老人日常起居的钟点工就是一件难事。随着110后进入老龄化,与老年人相关的服务将会爆发式增长,这就是中国未来最大的一个场景消费"痛点"。

近年来也创造了很多新的消费场景,涵盖住行吃玩等各个方面。如出行方面的共享单车;吃方面的盒马鲜生与宝燕等。每一种创新都使消费倍增,变"常量"为"变量"。

总的来说,物理场景比较容易把握,最难把握的是心理场景。同样是吃饭,自己吃就可能到超市买菜,家里来客人就可能去菜场买菜,如果有特别重要的客人来家里,可能就要去寻找一些富有特色的菜肴。下面重点介绍基于"新鲜生活""孤独购物""就近便利"三个心理需求的营销场景。

（一）新鲜生活营销场景

零售业已经普遍意识到"生鲜食品是一座金矿",所以,以生鲜食品为主力商品的零售店越来越多,但大部分企业都未能实现跨地域的快速复制,但盒马鲜生却能在短短两年多时间里把连锁店发展到了全国。以盒马鲜生为代表的新鲜生活营销场景逻辑包括以下相互关联的八个方面。

（1）只供一顿饭的食材。国外是买一次消费一周,我国是买一次消费一天。但如今,盒马鲜生发现了另一种"新鲜生活方式",即买一次吃一顿。所以盒马鲜生的定位是"只供一顿饭的食材",以确保新鲜与品质。

（2）实施会员制,在线购物为主。注册盒马鲜生的会员,下载App,才能用支付宝购物。这是迎合移动消费趋势。这正如盒马鲜生创始人侯毅所说:"未来的新零售一定是线上为主",利用手机App订货,3公里商圈,半小时送达。

（3）以店做仓,以仓做店。传统店商,大部分销售(大店有一部分团购批发业务)都来自铺面,而盒马鲜生则是"以店做仓,以仓做店"。网上接到订单,到铺面拣货,于是店面就变成网店的"仓库"。另外,店铺总面积的 1/3 作为"物流区",以满足网购需求,就是以仓做店,1/3 物流区实现了 1/2 的销售额。这使盒马鲜生的店铺业绩大大超越了传统零售。以店为仓、以仓为店的做法,不仅在营运业绩上超越了传统生鲜超市,而且在快送、鲜度等方面也超越了纯生鲜电商。店铺仓库就近配送比没有店面的纯电商的大库配送更快捷、更新鲜、更安全、更经济。

(4)定量包装。为了保持商品的标准化,提高拣货效率,减少商品损耗,盒马鲜生所出售的蔬果商品全部实现了定量定价包装,这对于提高营运效率具有十分重要的意义。

(5)空中悬轨。做零售物流出身的侯毅在盒马鲜生店铺与后场之间设计布置了一条空中悬轨,卖场拣货以后,商品装入特定的拣货袋,挂上空中悬轨,就可以直达后场的物流区,这也大大提高了营运效率,为确保 30 分钟送达提供了物流保障。

(6)基地直供,日日鲜。为了强化商品的"鲜度",盒马鲜生不仅强调海鲜产品的基地直供,并于 2017 年先后推出了蔬菜、肉类、鸡蛋、牛奶四类"日日鲜"商品,逐渐在消费者心智中树立起"盒马鲜生不卖隔夜菜"的鲜度概念,盒马日日鲜品牌对大众消费者日常需求频率最高的四大民生消费品类实现了全覆盖,迎合了消费者对生鲜食品的品质需求,背后是盒马鲜生对精简供应链、创新物流环节、降低损耗等全流程的再造。

(7)堂吃与外卖相结合。盒马鲜生聘请五星级酒店的大厨做现场加工,顾客既可以堂吃,也可以加工以后带回家吃,或网购后送餐到家。这种餐饮与外卖相结合的零售方式,其实是"高维打低维"。早在盒马鲜生筹备期间,盒马创始人侯毅就说,盒马是"多维打三维"。他说,传统超市至多做到"三维"(干货、生鲜、熟食),他可以做到"七维"(前三维再加上餐饮、外卖、在线、推送)。实践证明:他做到了! 盒马鲜生金桥店每天 8 000 多单交易,有一半以上来自手机订货。两线融合,是交易活动的数据化,最终实现精准推送、精准营销。

(8)模块化布局。组合起来是一个店,分开来就是一个个独立的店。盒马鲜生除自营的苏果、海鲜、餐饮、杂货等区域外,还在店内外引进了招商项目,如鲜花、茶吧、药店、烟草等。又如,永辉旗下的超级物种,则是由 8 个创新项目组成:鲑鱼工坊、波龙工坊、盒牛工坊、麦子工坊、咏悦汇、生活厨房、健康生活有机馆、静候花开花艺馆。再如,世纪联华鲸,则按照家居用品、乳制品、休闲食品、美妆、母婴、生鲜等品类,将卖场划分为一块块独立区域,类似于品类专业店,如卖居家生活杂件的"优品生活"、卖母婴用品为主的"妙喵城"、卖糖果的"Sweet Word"、卖美妆的"姿研舍"等,餐饮区域也是根据日料、海鲜、牛排等细分品类设置不同的美食体验区。

（二）智慧服务营销场景

2016 年年底,亚马逊推出第一个无人商店 Amazon G,他们的理念是"拿了就走";2017 年 6 月 6 日欧尚旗下的缤果盒子 binguo Box 在上海开业,以及 2017 年 7 月 8 日阿里无人超市"淘咖啡"在杭州开业,带动了我国无人零售的发展步伐。其后,无人货架也进入了"疯投期"。2018 年 5 月 23 日,鲜丰水果与罗森便利合作,开出了第一家"便利店＋水果店"的样板店。

以便利店为主导业态的无人零售,到底孕育着什么商业逻辑,这是首先必须考虑的问题。猩便利总裁司江华说:"传统便利店的毛利率是 30％多,最终净利只有 1％,里面有巨大的空间和机会,它反映了整个行业的运转是低效的,其中 20％多毛利都在运营成本上被用掉了,这里面就是我们的机会。"

从消费需求来看,无人零售的兴起不仅仅是技术或成本等方面的原因,而且是迎合了新生代消费者喜欢"孤独购物"的诉求。

目前比较有效的方式是"人工服务＋自助服务"。罗森便利就是采取这种混合的方式,如同油电混动汽车。作为便利店,应该是开放的,进出自由,无须全封闭,而且应分时段采取不同的方式,如白天有人,晚间无人,商务楼客人集中的时段,有人与无人相结合,以减轻服务台压力,缩短顾客等候时间。这在技术上应该是可以实现的。正如云阳子所说:"无人便利是噱头;自助购物是商机。"他对存量便利店提出了三种改造方案。

方案一:轻量级改造。零售终端设计采取无人值守与有人收银相结合,无人值守与有人导购相结合,以节约用户时间。核心技术是无人收银技术解决方案,自助收银机与手机核销相结合,实现数字化营运。

方案二:中量级改造。零售终端设计采取无人收银,无人值守与有人导购相结合,24 小时无人零售,节约用户时间,员工从三班制变为两班制。

方案三:重量级改造。零售终端设计采取整体重构,推倒重来,增加休闲餐饮场景,节约用户时间,同时也消耗用户时间,增加前置仓,门店与电商相结合。

（三）社区服务营销场景

社区是居住地,社区商业的最基本功能就是服务日常生活。但随着社区结构、人口结构、生活方式以及消费需求的变化,社区商业的价值在提升,社区商业的运作模式也需要有一系列转变。首都经贸大学陈立平教授说:当下谈社区商业,谈商业多,谈社区少;谈零售多,谈服务少。

社区商业处于流通最末端,最贴近民生,既需要传承,又需要有所创新、变革与提升。

2011年我国有8.7万个城市社区,到2016年达到了10万个,社区便民利民服务网点约25万个。社区规模大小不一:"大居"人口从十余万到几十万不等,"小区"人口一般在几千到万余人,也有几栋楼的"小小区"。社区存量物业产权结构复杂:既有历史遗留的公建配套物业,也有开发商拥有的底商物业,还有开发后已售卖的商铺,以及理论上属于业主实际上由物业公司把控的小区物业等。社区形态多样化:不仅有棚户区、老式新村、动迁房、安置房、商品房、廉租房等多种形式,还有特定的一些小区,如别墅区、外国人居住区、外地人居住区。例如在上海,早期有古北新区,后来又出现了位于浦东的碧云国际社区、联洋广场,这些都是近20年来形成的大型高档社区,外国人居住比例很高。

社区商业质量有待提升:新开发的大型社区,一般都配套引进了一些比较著名的商家,但大量社区并没有以连锁品牌服务商为主导,各种小店虽然便利了居民生活,但也鱼龙混杂,影响到居民生活质量与生活品位的提升。国外开发社区商业始于20世纪50年代,发达国家社区商业占零售总额的40%左右。所以,社区商业是一个非常巨大的市场。

社区商业的设计策划,应该把握"四度",即跨度、低度、速度、温度。

(1) 跨度:由于社区结构与形态复杂,社区商业的主导发展模式一定是多样化的,并且要基于我国人口特征与消费需求的变化,尽可能实现跨界组合。由于移动互联网的发展,过去单一的业态格局,将会发生很多变化。值得信赖的零售品牌可以通过平台赋能转型为社区服务提供商。如北京超市发,按照"8+N"的模式在海淀区开了四个社区e中心。"8"即菜篮子、早餐、超市便利店、家政、洗染、美容美发、代收代缴、末端物流等8项基础性服务功能,"N"是商超自选特色服务。但其条件是:第一,不要忽悠消费者,真正做好自己的品质与品牌。第二,要依靠技术与互联网的连接与赋能。超市发的"e"就是发挥了海淀科技大区优势,利用"互联网+"技术,开展线上线下相结合的服务,以及引入自助服务等形式。在品牌强化方面,我们已经看到了一些非常用心做产品与做服务的零售商。如厨鲜生董事长、蚂蚁商联董事长吴金宏,致力于自有品牌开发,创立了"服务型供应链驱动经营模式",作为"鲜生"品牌注册的中国第一人,打造出"产品后台驱动"的社区生鲜专业店,经营面积200~300平方米,单品数2 040支,生鲜占比75%,聚焦厨房与顾客的一日三餐,品质优先,不卖隔夜菜。全年行程6万多公里,满世界找工厂,寻觅好商品,好的合作伙伴。吴先生看起来不像零售商,但他真的是用心在做零售。

(2)低度:社区商业满足居民日常生活需求,消费者对价格不仅现在很在意,将来也仍然会很敏感。但又不能降低商品品质,确保品质优良,生鲜有鲜度。这对零售商来说是极大的挑战,也正是由于这个原因,只有极少数特别善于控制损耗与成本的专业的零售商才能生存发展下去。如乐城股份总经理王卫,以"好货不贵"为销售策略,以"小区门口的菜市场"为营销定位,以"一日三餐"为场景定位,以"贴近小区"的选址模型,打造了"中国特色的软折扣店",他所创办的"生鲜传奇",2亿元的销售获得了10亿元的估值,可见投资人的眼光。厨鲜生与生鲜传奇,一旦跨出区域,做大了规模,打响了品牌,就是一个"以小见大"的平台,在这个看起来很单一的平台上,可以嫁接更多的值得信赖的服务项目,也可以根据需要拓展商品品类。

(3)速度:未来零售大致可以分为两大类,到店与到家。到店偏重体验,顾客会愿意花较多的时间,是"慢零售",到家偏重便利,顾客需要更快捷更便利,是"快零售"。当然,每一个零售店可能都需要快慢的有效组合,投顾客所好。社区商业的"速度",既包括时间响应上的快,也包括空间距离上的就近便利,还包括服务流程与服务方式上的简洁透明快,用诚信服务去缩短顾客选购商品的时间和精力,让品牌帮助顾客做出选购,而不是用品牌去忽悠消费者。要做到这一点,同样需要技术的支撑,例如"闪电购"2017年为联华华商从线下做到线上,线上月交易额已经接近2 000万元,半年获客50万人次。利用互联网工具,打破门店的经营边界,实现数字化营运。这是社区商业发展的必由之路。

(4)温度:用心做服务。站在顾客的位置,用顾客的立场,用顾客的思维方式,去解决顾客的"痛点"问题,去亲近顾客,让顾客有更多的惊喜与欢愉。这就是零售的温度。总之,冷冰冰的卖场要变成热乎乎的场景。正如北京超市发董事长李燕川所说:我们要做有温度的零售商,温度体现在商品的温度、营销的温度、服务的温度、环境的温度。在"2018联商网大会"上,山东佳和商业总经理、齐鲁商盟执行会长王振军说出了两个让商店有"温度"的好事例:一是在营业前将所有顾客引进来,放好休息椅,倒上茶水,让顾客感觉在家一样等着开门营业。二是下雪天为停车场所有车辆擦除车玻璃积雪,下雨天为所有顾客遮盖电车。温度是需要公司文化来培育的。用心做服务,温暖一座城!零售是提供快乐生活的服务站。

第三节　零售促销策划

促销是企业运用现代沟通方式向消费者传递营销信息,促进消费者对企业及其产品与服务产生兴趣、好感与信任,进而作出购买决策的活动。零售战略确定以后,在商品与服务的日常营运中,通过持续不断的促销活动,能够创造销售热点与亮点,诱发顾客的兴奋点,激发顾客的购买欲望,从而提升经营业绩。

一、商品营销与视觉营销

要做好门店促销,最重要的是两个方面:一是商品本身吸引消费者,通过商品计划实现,称作商品营销;二是实现商品计划视觉化,即通过视觉展示让消费者感知商品价值,实现卖场的整体展示,称作视觉营销。

(一) 商品计划:商品营销

商品计划是指零售企业为满足消费者需要而提供商品过程的全部活动的总称。具体而言,就是门店根据商品计划和采购政策,在品质、价格、功能、特征等方面,向消费者提供满足他们需要的产品。这一过程也称为 MD(Merchandising),实质是将产品转变为商品的过程,是商品市场化的过程,对门店来说,核心是商品销售计划。

商品销售计划内容主要包括:

(1) 市场分析,目标市场确定。主要是对所经营的零售店的市场、产品、竞争状况、消费行为特点等的过往销售史、现状以及未来发展的概括和总结。对企业面临的市场进行细分,并确定企业的目标市场,即企业拟为之提供产品和服务的顾客群。企业目标市场必须具备以下条件:有足够规模、竞争对手尚未完全控制、企业有能力进入、有发展潜力。

(2) 确定销售目标。企业确定销售目标必须依据前期销售计划、现状分析和未来市场预测三者进行综合平衡之后确定。销售目标即销售额,这也是企业整个营销目标的核心。而目标市场是达成销售目标的源泉。

零售企业提高销售额最关键的是取决于客数和客单价,即销售额＝客数×客单价。零售店销售额的增加与减少,都是由这两个变量引起的,销售额的增加要么是入店顾客增加引起,要么是客单价增加引起,或是两个同时作用。

在上述两个变量中,客单价是提高销售额的重要基础,因为客单价上升表明,店内商品种类、质量、价格以及商品构成和商品提示等都能够充分满足目标顾客需求,是企业经营管理水平带来的结果。而提高客单价取决于商品的单价和购买数量的增加,即客单价＝品单价×购买数量。这两个变量关键在于增加购买数量。而顾客购买数量的增加取决于顾客计划性购买比例和非计划性购买比例的提高。

（3）设计针对性促销行动计划。门店的促销行动计划是指为了实现门店既定销售目标而制定的各种可实施性商品市场推广计划,为实现销售目标所制定的具体行动步骤和周密的布置,换句话说就是门店日常工作的指导书。一个良好的行动计划应明确地规定促销活动的内容、主要的负责人、活动的开始和结束日期、活动的费用预算、活动的日程安排以及绩效的评估方法等。

（4）销售费用预算。为保证实现销售目标,企业必须实施广告宣传和销售促进计划,因而要对每一项促销活动所发生的费用进行预先估计,即做好费用预算。

（5）组织计划与人员培训计划。为保证实现销售目标,每一项商品组织、广告宣传等各种活动都需要有人力资源保证,并通过培训完成各项活动以期达到预期效果,因而对参与活动的人员培训环节必不可少。

（二）商品计划视觉化:视觉营销

VMD 就是英文 Visual Merchandising 的缩写,即通过视觉的表现方法,把卖场中商品的魅力和特征有效地传递给消费者。一般又称为"视觉营销"或者"商品计划视觉化"。

VMD 一直以来是百货店和专卖店陈列服装、服饰等高级奢侈品的主要方法。近三十年来,这一技术又被移植到大卖场、综合超市等新型业态,成为食品、日用品、家居用品、家用电器等商品陈列展示的主要方法,即通过视觉、听觉、嗅觉等表现方法,将卖场中不同商品的材料、味道、新鲜度、容量、质量、型号、样式、性能、使用方法等商品特征表现出来,传递给入店消费者,吸引他们对商品的关注和兴趣,以刺激购买。如卖场中玩具的 VMD,如果把玩具仅仅陈列在橱窗、货架或端架并加以装饰,从视觉上看很漂亮,但不一定能够引起孩子们的兴趣。若采用开放式陈列,并在玩具中装上电池,使其活动起来,发出声、光、电,并设置一个活动空间,让孩子们身临其境触摸和操作玩具,感受玩具带来的乐趣,其效果远胜于单纯的陈列与展示。

卖场中的 VMD 是整体的促销活动,是将商品展示、卖场布局、陈列方式、人员服务、POP 广告、卖场空间配色与灯光等多要素组合起来,是体现整体性和持续性的卖场促销活动,即将卖场中各要素和资源整合为一个整体,进行有计划的持续性的商品促销活动。卖场通过制定详细的全年52周的VMD计划，使卖场员工、供应商、促销员等清楚了解每周工作的重点和工作的优先顺序，以提高工作效率。因此，VMD不仅仅是卖场整体促销活动，更是体现企业经营理念、提高经营效益的管理方法。

1. VMD 程序

VMD程序是指活动过程中必须明确商品的目标顾客（Who）、商品概念及特性（What）、商品展示时间（When）、商品陈列地点（Where）、商品主要表现形式和方法（Why）、商品陈列道具（How）六个方面，如图7-2所示。

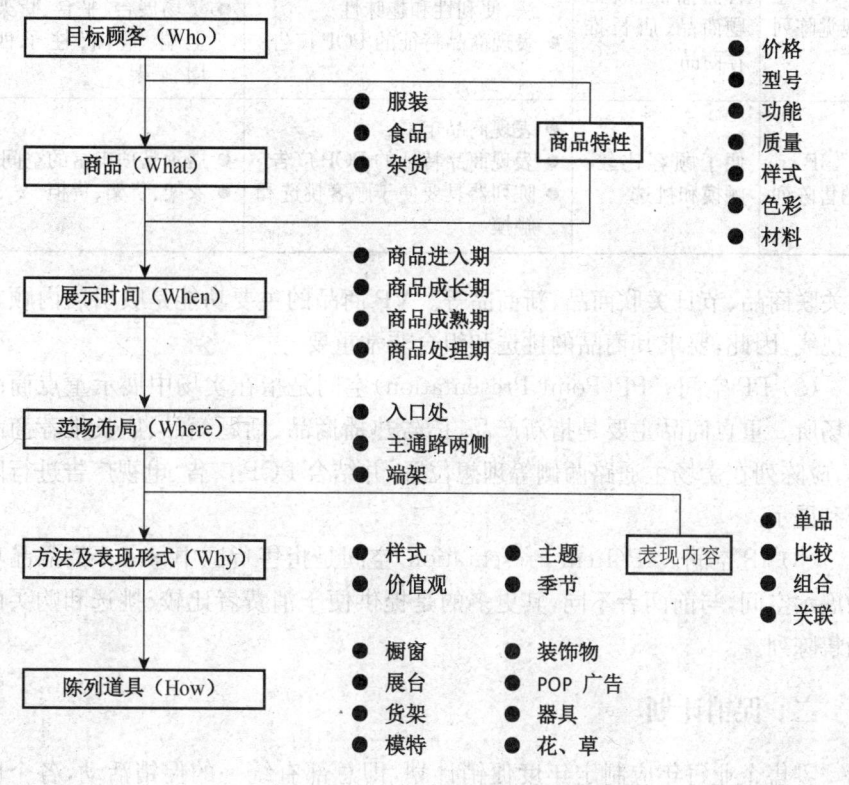

图 7-2　VMD 程序

2. VMD 构成

卖场VMD由VP、PP、IP三部分活动空间构成，如表7-1所示。

（1）VP空间。VP（Visual Presentation）空间是指从视觉上表现卖场重点商品的魅力。一般位于门店入口、店内大堂、楼层电梯出入口正面、主通路两侧等卖场最吸引顾客的位置。该空间通常以主题陈列方式展示和演绎季

表 7-1　VMD 构成

VMD 构成	目　的	表现方法	场　所
VP 视觉陈列	以主题提案的形式,通过视觉表现给顾客实际需要的重点商品	● 在卖场最引人注目的地方展开 ● 以顾客最关心的商品为主,进行生活提案陈列 ● POP 广告	● 展示卖场整体形象的空间 ● 店内展台、陈列平台
PP 视觉陈列	展示新产品、广告热播商品、话题商品、店长推荐商品	● 展示和演出商品的使用方法、便利性和趣味性 ● 表现商品特征的 POP 广告	● 展示卖场重点商品的空间 ● 卖场展台、平台、货架上端、壁面、柱子四周、端架
IP 销售陈列	便于顾客比较、触摸和挑选	● 表现商品丰富 ● 表现商品特征的 POP 广告 ● 陈列器具要便于顾客挑选和触摸	● 展示品项丰富的空间 ● 衣架、货架、货柜

节关联商品、节日关联商品、新商品等。VP 商品的主要功能是吸引店内顾客的视线,因此,要求其商品的挑选和组合非常重要。

(2) PP 空间。PP(Point Presentation)空间是指在卖场中展示重点商品的场所。重点商品主要是指新产品、广告热播商品、话题商品、店长推荐商品等,应陈列在卖场主通路两侧等理想位置,并结合 POP 广告、电视广告进行陈列和展示。

(3) IP 空间。IP(Item Presentation)空间是指售货区中每一个商品品项的展示空间,与前两者不同,其更多的是提供便于消费者比较、挑选和购买的销售陈列。

二、促销计划

零售企业每年应制定年度促销计划,即总部有统一的促销活动,各个区域、子公司与门店都可以自行安排促销活动并有计划地进行。制定促销计划应考虑:促销目的、促销时期、需求特征、促销商品、促销主题、促销方式、促销预算、政策法令与道德等因素。

1. 促销目的

促销的一般目的是通过向市场和消费者传播信息,以促进销售,提高业绩,如扩大营业额、提高毛利额、稳定老顾客、增加新顾客、提高客单价、提高公司知名度等。然而,企业在某一时期还会有促销活动的具体目的。促销目的不同,促销方式也不尽相同。例如,为获得广泛的传播效果,宜采取广告促销方式;为获得长期效应,宜采取公共关系促销;为了在短时期内击败竞争对手,宜采取低价促销方式等。所以,在制订促销计划时,首先要明确具体的促销目的,这样才能有的放矢,事半功倍。

2. 促销时期

确定促销时期应考虑两个方面的问题:

(1)促销活动的延续时间。一般将延续时间在 1 个月以上的促销活动称为长期促销活动,其目的是希望塑造门店的差异优势,增强顾客对门店的向心力,以确保顾客长期来店购物,如延长营业时间、提供免费停车、购物满一定金额可享受免费送货、经常向顾客免费赠送资料等。另外也有 3～7 天的短期促销活动,其目的是希望在有限的时间内,通过特定的主题活动提高来客数及客单价,以达到预期的营业目标,如周末大特价、免费大赠送、国庆节大减价等。长期性促销活动应持之以恒,从开始到结束应始终如一,以树立稳定的良好形象;而短期性促销活动则不宜将时间拉得太长,否则会使顾客缺乏新鲜感而影响促销效果。

(2)促销活动所处的季节及节令。不同的季节和节令、气候、温度,顾客的行事习惯和需求都会有很大的差异,一个良好的促销计划应与季节、月份、日期、天气、温度、节令、行事等相互配合。

3. 需求特征

消费者的需求特征因购买力、购买习惯、购买商品类别、需求目标等方面的差异而不相同,在制订促销计划时对需求特征的考虑应注意以下三个方面:

(1)顾客在购买频率及购买时间选择上往往有较强的计划性。如购买生鲜食品,有些家庭每天购买,有些则是周末购买,有些是早上购买,有些则是下班后购买。顾客在购买商品品项的选择上往往事前无计划,看到合适的就购买。

(2)购物前预先规划好商品品项的顾客只占平均购物者的 35%,而据日本流通经济研究所的调查,在日本该指标值仅为 8.5%。来自店面的决定一般会超过 60%。因而,特定的促销活动对引导顾客的购买行为具有十分重要的作用。

(3)不同区域的顾客的需求特征会有很大的差异。例如,有一家地处高级宾馆附近的超市,进口商品及一次性用品的销售量特别高,其主要原因是该类商品能适应宾馆旅客需求。

4. 促销商品

顾客的基本需求是能买到价格合适的商品,所以促销商品的品项、价格是否具有吸引力,将影响促销活动的成败。一般来说,促销商品有以下四种选择:

(1) 节令性商品。例如:元旦、春节选择礼盒、香烟、糖果、零食、南北货、玩具、火锅商品、清洁品、调味品;元宵节、情人节选择汤圆、热食、花灯、礼盒、文具、热饮、巧克力等;妇女节选择美容品、保健品、热食、热饮等;儿童节、清明节选择糕团、玩具、旅游用品、糖果、饮料等;劳动节、母亲节、端午节选择礼盒、粽子、母亲卡、调味品、美容品、雨具、婴儿用品等;夏季、暑期及父亲节选择饮料、旅游用品、礼盒、父亲卡等;教师节、国庆节、中秋节选择饮料、调味品、罐头、月饼、烟酒、礼盒、零食、文具等;秋末及初冬选择冷冻食品、热食、热饮等;冬至及圣诞节选择汤圆、火锅食品、圣诞卡、糖果、酒等。

(2) 敏感性商品。敏感性商品一般属必需品,市场价格变化大,且消费者极易感受到价格的变化,如鸡蛋、大米等。选择这类商品作为促销商品,在定价上稍低于市场价格,就能很有效地吸引更多的顾客。

(3) 众知性商品。众知性商品一般是指品牌知名度高、市面上随处可见的商品,选择此类商品作为促销商品,往往可以获得供货商的大力支持,门店的促销活动与大众传播媒介的广泛宣传相结合,如化妆品、保健品、饮料、啤酒、儿童食品等。

(4) 特殊性商品。特殊性商品主要是指零售企业自行开发、使用自有品牌、市面上无可比较的商品,这类商品的促销活动主要应体现商品的特殊性,价格不宜订得太低,但也应注意价格与品质的一致性。

5. 促销主题

一个良好的促销主题往往会产生画龙点睛的震撼效果,所以应针对整个促销内容拟订具有吸引力的促销主题。促销主题的选择应把握两个字:一是"新",即促销内容、促销方式、促销口号要富有新意,这样才能吸引人;二是"实",即简单明确,顾客能实实在在地得到更多的利益。

按照促销主题来策划,促销活动可分为以下四种:

(1) 开业促销活动。开业促销是常见的促销活动之一,因为它只有一次,而且与潜在顾客是第一次接触,顾客对门店的商品、价格、服务、气氛等印象,将会影响其日后是否再度光顾门店的意愿。所以经营者对开业促销活动都十分重视,希望能通过促销活动给顾客留下一个好的印象。通常开业当日的业绩可达平日业绩的 5 倍左右。

（2）年庆促销活动。年庆促销活动的重要性仅次于开业促销，因为每年只有一次。因此，供应商一般都会给予较优惠的条件，以配合门店的促销活动。其促销业绩往往可达平日业绩的 1.5～2 倍。

（3）例行性促销活动。例行性促销，通常是为了配合国定节日、民俗节日及地方习俗等而举办的促销活动。一般而言，超市每月均会举办 2～3 次例行性促销活动，以吸引顾客光临。促销期间的业绩可比非促销期间提高 2～3 成。

（4）竞争性促销活动。竞争性促销活动往往发生在竞争店数量密集的地区。当竞争店采取特价促销活动或年庆促销活动时，通常会推出竞争性促销活动。

6. 促销方式

促销方式从市场营销学的角度来划分，大体上有人员促销、广告促销、特种促销、公共关系促销、企业形象促销五种。

7. 促销预算

确定促销预算的总的原则是：因促销而为企业增加的贡献应当大于促销费用的支出。制定促销预算的常用方法有如下四种：营业额百分比法、量入为出法、竞争对等法、目标任务法。

在确定促销总预算之后，还必须考虑经费负担问题。由于食品、日用品在超市及便利店中的销售比例日益上升，供应商与门店共同负担促销经费的方式已成趋势。其主要办法如下：

第一，供应商的促销活动融入门店的促销计划内。如由供应商提供样品和赠品；举办推广特定供应商商品的促销活动；配合供应商在大众传播媒介的促销活动，在店内开展优惠促销活动，并由供应商贴补促销费用等。

第二，供应商向门店租用特定位置、使用权或设备，以推广其商品。如租用端架或大量陈列区；支付购物袋背面印刷广告的权利金；支付利用店内灯箱做广告的权利金等。

8. 政策法令与道德

促销活动的策划者应当熟悉有关法律及政策对零售企业促销活动的制约。随着我国法律法规的健全，对促销活动的法律约束也会越来越严格。对目前尚未制定约束条款的促销行为，经营者应从商业道德角度来判断合理与否。

三、促销方式

除人员促销、广告促销、公共关系促销、企业形象促销四种常规的促销方式外,卖场最常用的促销方式是营业推广。

1. 特价

所谓特价就是利用商品降价以吸引消费者增加购买量,如某商品原价6.80元,特价4.50元。"价格合理"是消费者认为理想门店最重要的条件,许多店长也认为特价是最佳的促销方式。因此,商品降价特卖是最常用的促销方式。运用这种促销方式应注意如下几点:

(1) 坚持商业道德。从现实促销活动中可以看到,有的企业的特价促销活动带有一定的欺骗性。其主要表现为:①在广告中以商品的正常价格与现行价格相比,诱使消费者相信现行价格比正常价格大幅度减少。而实际上,在此之前很少按这里所说的"正常价格"出售,因此实际的节省并没有广告上所说的那样大。②特价出售某种商品,从而诱使顾客购买昂贵商品。当顾客被广告吸引进门店时就会发现:真正有价值的特价品数量很少,或这些商品的质量比较差,因此,虽然价格较低,也并无多大实惠。结果,在无意识中购买了不少其他非特价的高价商品。企业在采用特价促销时应避免上述两种不道德的商业行为。

(2) 商品品项要精选。品项选择的基本原则是质量上乘、顾客需要;要配合促销主题来选择品项,如春节促销活动以礼盒、年货等商品为主,而冬季促销活动则以汤圆、火锅食品、保健品为主;品项不宜太多,促销时间也不宜太长。

(3) 特价品的供应数量要充足。大部分特价品,如购买频率高、购买数量大的商品,都应该无限量地供应。这样做既能扩大销售、增加毛利总额,又能充分满足顾客的需求,使顾客真正获得实惠。当然,少部分价格特别低廉的商品也可以实施限量供应策略,但此策略的运用必须符合有关促销约束的法律条件。

(4) 特价促销必须与广告媒体相配合。常用的广告媒体有平面媒体广告、店头海报、宣传单、店内 POP 广告和广播等。

2. 折扣优惠

折扣优惠是让消费者在购物中直接得到价格优惠。具体方法又分为多种类型:

(1) 折扣券,即顾客凭卖场发行的优惠券购物,可享受一定的折扣金额。如某商品原价145元,凭折扣券购买只需付119元。折扣券还可以与抽奖、赠送等活动相配合。这是卖场普遍采用的促销方式。运用折扣券促销时应注意:第一,折扣券的设计力求简单明确,折扣券上应清楚地标明折扣的商品、折价的金额、何种赠品、兑换地点、兑换期限等;第二,折扣券实施期限通常为3～7天;第三,宜选择周转率高的商品为折扣商品;第四,要有较大的折让率,否则回收率会很低;第五,常采用报纸或宣传单附送折扣券。

(2) 购买折扣,即当消费者购买商品时,按商品的标价直接给消费者一定数量的折扣。运用此方法应注意:第一,不能虚构原价,如原价100元的商品,却标示"原价150元,折价60%";第二,不能用"全面打折"的招贴;第三,折价活动结束后应及时取下打折招贴,以免发生纠纷。

(3) 数量折扣,即按消费者购买数量的多少,分别给予大小不同的折扣。购买数量越大,折扣越大。具体方法有两种:第一种,累计数量折扣,即顾客在一定时期内,购买商品达到一定数量或一定金额时,按其总量大小给予不同的折扣。其目的在于稳定客源,并有利于掌握进货进度。第二种,非累计数量折扣,即按顾客每次的购买量来折价。其目的是鼓励顾客一次性大量购买。

(4) 免服务折扣,有些商品价格中含有一定的服务费,企业对没有条件享受服务或自动放弃服务享受的顾客,给予一定的价格折扣,这就是免服务折扣。如保修费退回、送货费退回等。免服务折扣不仅有利于保护消费者的合法权益,而且有利于增强对顾客的吸引力,提高企业声誉。

(5) 有效期折扣,即按商品离有效期时间的长短而给予不同的折扣。如鸡蛋、牛奶等食品可按离保质期限时间的长短来确定价格。

(6) 限时折扣,即在特定的营业时段提供优惠商品,以刺激消费者狂热购买。如限定下午4～6时,某种生鲜食品五折优惠。运用此办法应注意:第一,以宣传单预告或利用门店销售高峰时段,以广播方式刺激消费者购买特定优惠商品;第二,价格优惠必须在三成以上。

3. 奖励活动

这是一种以奖促销的方式。常用的具体方法如下:

(1) 抽奖,即购物满一定金额即可凭抽奖券立即兑奖或到指定时间参加公开抽奖。这项活动可激发消费者以小搏大的乐趣,所以实施效果良好。应注意的问题是:第一,决定顾客参加抽奖的消费金额,通常是以平均客单价为基准再向上适当增加,如平时客单价为68元,则可设定80元或100元;第二,决定抽奖商品的金额,通常抽奖商品的金额多为此次促销活动预估增加营业额的5%～10%,或根据厂商赞助情况而定;第三,决定奖励方式及项目,较大的奖励项目(如免费旅游、高档家用电器等)一般用定期公开抽奖方式,较小的奖励项目一般用立即摸彩兑奖的方式,用购物券作奖励也是一种很有效的方法,但购物券不能限额使用。

(2) 赠送礼品,即消费者免费或购买一定金额时即可获得赠送礼品。其具体方式有三种:一是免费赠送,只要进店就能免费获得一件小礼品,如气球、面纸、盘子、开罐器、玻璃杯、春联、鲜花等;二是买后才送,即购物满一定额度才能获得礼品,如酱油、色拉油、洗洁精、玩具等;三是随商品附赠,如买咖啡送咖啡杯、买酒送酒杯、买生鲜食品送保鲜膜等。

(3) 竞赛活动,即组织特定比赛,提供奖品,以吸引人潮。如母亲节画妈妈比赛、喝啤酒比赛、象棋比赛、卡拉 OK 大赛、猜谜比赛等。这类比赛项目应着眼于趣味性及顾客参与性。

(4) 交易印花,即顾客通过购买而得到的一种特殊类型的赠奖,当顾客将交易印花积累到一定数量时,可以在任何一家连锁门店领取某些特定商品。

4. 售点陈列和商品示范表演

销售现场有效的商品陈列、厂商联合组织促销活动以及示范表演或免费品尝等都是十分有效的促销方式。常用的促销方法有:

(1) 展示台与广告牌,即针对某一种特定商品,搭一个展示台,上面陈列该商品的盒子,并配上大型的广告图片及相应的 POP 广告,以吸引顾客的注意力。这种方式一般由供应商承担全部费用以及支付一定的权利金。

(2) 面对面销售,即由店员通过柜台直接向顾客面对面销售商品。常用于鲜鱼、鲜肉、熟食、散装水果、香烟等商品。实施这种方法时要注意:面对面销售区常设于生鲜部或其附近;要选择销售经验丰富的店员从事面对面销售工作;强调商品的鲜度及人员的亲切服务。

(3) 现场示范或提供免费品尝,即在门店示范商品的使用方法或食品的烹调方法,并提供免费样品供消费者品尝,如免费试吃香肠、水饺等。这是提高新产品销售量的有效方法。

(4) 量感陈列,即在门店辟出一个空间或将端头货架拆除,将单一品项或2~3 个品项作大量的整箱陈列。此活动通常配合商品降价同步实施,而且所选定的商品必须是周转率高、知名度高且有相当降幅的商品,以充分达到促销效果。同时,与量感陈列相配合的 POP 广告要特别强调有吸引力的价格。

5. 会员制促销

会员制促销,即消费者只需缴纳少量费用,或达到一定的购买量,即可持有会员卡,成为连锁企业的会员。会员一般享有多种优惠:①会员在购物时可以享受比非会员更大的价格折扣;②会员在购物时可享受保险及送货上门等服务;③会员持卡购买大宗昂贵物品时,可享受分期付款的优惠;④视会员在门店内的消费总额和企业的盈利情况,年底给予一定的分红或返还;⑤会员每2周或1个月有机会参加门店组织的联谊活动,可以彼此沟通信息,并获得门店的一份礼物;⑥对会员每半个月或1个月中有1天优惠购物日;⑦会员每2周或1个月即可获得一份印刷精美的门店最新商品信息,并享受电话订货和送货上门服务。会员制的具体形式如下:

(1) 公司会员制(Corporation Membership)。消费者不以个人名义而以公司名义入会,门店向入会公司收取一定数额的年费。这种会员卡适宜于入会公司内部雇员使用。在美国,日常支付普遍采用支票,很少用现金结算,故时常发生透支现象,所以,公司会员制实际上是入会公司对持卡人购买的一种信用担保。公司会员制的会员在购物时可享受10%~20%的购物优惠和一些免费服务项目。非会员购物时不能以个人支票支付,只能用现金结算。

(2) 终身会员制(Lifelong Membership)。消费者一次性向门店缴纳一定数额的会费,成为该店的终身会员,可长期享受一定的购物优惠,并且长年可以得到店方提供的精美商品广告,还可以享受一些免费服务,如电话订货和免费送货等。

(3) 普通会员制(Common Membership)。消费者无需向店方缴纳会费或年费,只需在门店一次性购买足额商品便可申请到会员卡,此后便享受5%~10%的购物价格优惠和一些免费服务项目。

(4) 内部信用卡会员制(Internal Credit)。适合于大型高档商店。消费者申请某店信用卡后,购物时只需出示信用卡,便可享受分期支付货款或购物后15~30天内现金免息付款的优惠,有的还可以进一步享受一定的价款折扣。

6. 消费者活动

开展消费者活动的主要目的是保持门店与消费者之间的良好关系,具体包括以下四个方面:①建立门店与消费者之间的双向沟通渠道,以情感来促进销售。②向消费者提供多元化的信息服务,丰富消费者的日常生活,并增加其惠顾频率。③掌握消费动态,培养忠实的长期顾客。④树立良好的企业形象。

收集消费者资料是开展消费者活动的基础性工作。一般而言,消费者资料可以运用活动的方式来收集,具体方法是:①利用开业或节庆促销时的DM剪角,填写顾客基本资料来兑换纪念品。②利用抽奖活动的奖券来收集顾客资料。③利用累积数量折扣券来收集顾客资料。④利用申请会员卡来收集顾客资料。⑤利用商圈住户拜访来收集顾客资料。⑥利用居委会的现成资料来收集顾客资料。

消费者活动的方式多种多样,下面介绍几种常用的方式:

(1) 消费者意见访问。其做法是:设置意见箱、人员访问或电话访问。意见箱可长期实施,人员及电话访问则根据需要不定期实施。应注意的要点是:重视消费者提出的意见或建议,及时改正和采纳;意见箱定时开启,长期实施,否则就不要轻易设置;向消费者征求意见的访问要有明确的主题,以便于消费者有针对性地回答;对提供意见者要给予奖励,每月抽奖并公布姓名,以鼓励参与者。

(2) 提供生活信息。其做法是:在门店内特定商品的前方制作 POP,说明商品特色、用途或食用(使用)方法;在服务台免费派送商品信息的印刷品;利用固定的公布栏提供日常生活信息。应注意的要点是:以定期的方式提供信息,如每周或每月更新一次为宜;所提供的资料具有知识性、科学性和趣味性;控制成本;有计划地长期实施,并不断更新。

(3) 恭贺问候。其做法是:根据消费者资料寄发生日卡、节庆贺卡。应注意的要点是:贺卡由店长亲笔签名,不可用印刷方式;贺卡应在特定日期前一日或当天寄到,不得逾期;贺卡形式每年更换;贺卡寄出后,在特定日期当天,再由店长以电话方式恭贺。

(4) 成立商圈顾问团。其做法是:由店长邀请商圈内经常购物的消费者或公开召集热心提供意见的顾客担任顾客团成员;由店长担任召集人,定期举行咨询会议。执行要点是:每月举办一次,每次 2 小时;会议之前要将主要议题告知与会者,以便于准备;主持要引导讨论,并记录各成员意见,不要下结论,每次会议前公布上一次采纳意见的实施成效;要向参与者赠送纪念品。

(5) 举办公益活动。其做法是:发起慈善公益活动,如献血、救济;关心环保公益活动,如认养动物、树木等;关心社会公益活动,如赞助当地消防队救火器材、赞助当地学校等。执行要点:选择与本企业经营理念相符合的项目来实施;鼓动临近门店或其他公益团体共同举办;以新闻的方式加以宣传;掌握社会热门话题。

7. 网店促销方式

(1) 打折促销。具体形式多种多样,包括:①限期折:节假日/店铺周年纪念日,双 11、七夕,鲜花礼品促销等;②名次折:前 10 名八折优惠或第 100 位五折;③会员折:只面向会员。

(2) 商品绑定促销。如买 A 送 B;买 A,B 半价;买 m 个,送 n 个;买 A,加 m 元送 B,如买了个 150 元的摄像头,加 38 元送个 80 元的 U 盘。

（3）包运费促销。如满 m 件，包平邮/快递；三件包苏浙沪快递；四件包外省平邮；满 m 元，包平邮/快递；满 58 元包平邮，满 99 元包快递。

（4）特价处理促销。如 1 元购。

（5）返还现金促销。如满 m 元，返还 n 元，满 200 元，返 30 元。

（6）拍卖促销。如 1 元拍，从高到低的"荷式拍卖"，不是故意把底价和加价幅度定得很高，是一种诚信售卖，主要目的是宣传店铺，吸引顾客。

（7）团购促销。同一商品批量销售，薄利多销。

（8）抵用价券促销。如注册新用户会得到一张附送的"抵用券"；交易额达到 50 元，月内可抢到一张"抵用券"。

（9）会员制促销。会员折扣可以在交易中自动打折，如累计消费满 500元，为普通会员，享受全部商品 9.5 折优惠；累计消费满 1 000 元，升级为高级会员，享受全部商品 8.5 折优惠；累计消费满 2 000 元，成为终生 VIP 会员，享受 7.5 折优惠！

（10）赠送红包促销。在支付平台账户里冻结一部分钱，作为红包资金送给顾客。收到红包的顾客能在特定的店铺里使用红包，但有期限。在期限内未使用的红包，自动解冻。

（11）支付优惠促销。只用支付宝或微信支付给予一定的优惠折扣。如用微信支付可以参与抽奖，奖品包括本次消费免单，或返还小额红包，如用微信支付购买福利彩票可以返还两毛红包。

（12）购物排名促销。为刺激消费，零售企业利用消费数据推出了带有娱乐竞赛性质的购物排名榜，如盒马鲜生的"周周榜"。周周榜分"上周榜"和"本周榜"，口号为"争逐周冠军，得吃货王牌"，两榜均显示该店消费者的消费排名、消费金额。

8. 零售促销的三种主导类型

（1）提案型。结合节日、事件、季节，开展向消费者提供生活建议的促销活动。可以分为：节日型，如红红火火闹元宵，五一节乐翻天，十一长假欢乐购物，中秋节团圆相聚，元旦、春节送福送礼；事件型，如热点事件为促销主题，如结合"国货话题"设计"国货也疯狂"的活动；反季型，如再淡季做低价促销，以拉动销售；联合型，通常是强强联合或异业结盟，如双 12 促销，银行积分兑换；三八妇女节促销，3 月 7～9 日，提供"定制提案"，包包可以定制，满足个性化需求，3 月 31 日："复活提案"，让孩子们画彩蛋，4 月 1～3 日："安全、安心提案"，满足消毒用品诉求。

（2）内容型。在内容为王时代，消费者求新求异求实惠，主要形式是将买赠、套餐、抽奖等形式优化组合,推陈出新。①利用产品属性:利用产品特色来设计促销活动,如以"免费体验、限时抢购"为内容;②实施优化组合:将传统买一送一的套餐、抽奖、返券、积分等传统促销工具进行优化组合创新,如将买一送一(低附加值赠品)换为买一加1元送××(高附加值赠品),实惠而乐意;将传统的抽奖改为现场的飞镖中奖或扎气球中奖,吉利好运等方式;③自造节日促销:根据产品特性来自行造节,通过节日规模气势来形成强势品牌传播与促销,加深产品、品牌记忆点,例如"中国××周"等活动;④拓展异业结盟:将产品属性具有相关性、品牌形象具有匹配性的异业产品捆绑进行产品推介、促销,有助于提高品牌权威性、打击对手。

(3)服务型。通过提供各种免费服务,增强与顾客的粘性,促进销售。如"孩子王"是一家做0~14岁孩子的母婴商品的公司。开始时的主要促销方式是推优惠券,发奶粉传单,后发现很招人讨厌,就创造了免费的亲子中心。5 000平方米的卖场,300~500平方米做最有趣的免费幼儿园、最有内容的新妈妈讲堂。这是一种"羊毛出在狗身上,让猪买单"的免费经济模式。有免费亲子中心活动,会员每周都会光顾,把家人和闺密通过社交的方式串联起来。

9. 其他促销方式

除上述促销方式外,尚有下列促销方式可供选用:

(1)一价制,即将若干个品项的商品堆放在岛式陈列架上,以统一价格出售或把几个品项组合起来销售。例如,拼装一塑料桶商品50元,并陈列于出入口、端头或其他显眼的地方。这种方式能使顾客产生便宜感而促进销售。

(2)适量包装,即根据不同消费者一次消费量的大小来确定单元包装量。例如,适合单身家庭的小盒包装;适合三口之家晚餐的叶菜包装以350~400克为宜。

(3)提供生活情报,即定期向消费者提供日常生活信息,如菜谱、保健常识、商品知识、饮食动态、居家生活小常识等。

(4)DM广告,即将DM广告在商圈范围内挨家挨户分发,顾客凭剪角便可获得一份日用的礼品。

(5)服务性促销,即推出一系列服务性商品,向顾客提供多种服务,既能满足消费者潜在与实际的需求,同时也能为企业创造意想不到的利润。例如,代缴公用事业费、附设付费电话、代售电话卡、代售电影票、代售邮票、代售旅游区门票、车辆充气、家用五金工具出租、附设自动提款机、冲洗相片、代送包裹、代收/送洗衣物、传真服务等。这项促销手段的运作原则是:只要能解除居民的烦恼、提供方便、增加快乐的项目都可以开发。

四、促销注意事项

零售企业实施促销活动,应该注意以下事项:

(1)明确三种促销。一是怎样使顾客对特定品牌的零售企业产生好感,这种好感可能是整体的,也可能是部分的,需要长期努力的培养才能做到,实际上是零售企业品牌与特色问题。所以,对连锁企业来说,最重要的是优化品牌与树立特色,即"品牌促销"。二是怎样使顾客对特定品牌的特定门店有好感,并且愿意关注这个门店的动态,经常光顾这个门店。这就需要给消费者提供实在的利益,并建立良好的沟通渠道,即"推广促销"。三是消费者到了特定门店以后,使消费者在门店的逗留时间更长,买的东西更多。这就需要用陈列、POP、卖场气氛、人员服务、设施配置等吸引顾客,即"环境促销"。

(2)促销与消费者活动相结合。直接以促进销售为目的的活动称为"促销",但是,有许多活动和设施虽然不是直接促进销售,但有利于改进门店形象,扩大顾客群,会间接地影响销售。这样的活动可以称为"消费者活动",可以说是一种"隐蔽的促销活动"。

(3)供应商的促销与零售商的促销相结合。供应商往往会举办一系列的促销活动,如新品推广、季节性促销、节日活动等。零售商也会自行组织促销活动,如年庆活动、常规的 DM 促销、生鲜节等。两者可以相互配合,共同实施促销活动。应特别注意,零售商应有自己的促销计划,不能为了促销费用而让供应商单方面决策。

(4)实施差异化的促销计划。由于不同地区的消费水平与消费习惯不同,对促销活动的反应也不尽相同,有些地区的消费者就是喜欢赠品,没有赠品就少买甚至不买,甚至认为没有赠品就不正常;而有些地区的消费者则喜欢折扣,喜欢会员制折扣方式。但特价让利则是任何消费者都喜欢的。所以,在制订与实施促销计划的时候一定要对当地的风土人情、消费需求、竞争状况进行详细的调查。

(5)陈列就是促销。超市与便利店都是依靠陈列把商品销售出去的,所以,陈列本身就是促销。与陈列紧密关联的是 POP 广告,这是商品展示自己的有效办法,必须与陈列相配合。

(6)促销要保持在时间上的领先。顾客对特定商品在特定时期的需要量、特定公司对特定产品的促销支持力度基本上是一个常量。所以,对零售商来说,谁先做促销,谁就更有优势。

(7)促销时间不宜太长,也不宜太短。促销时间过长,顾客就习以为常了,对销售不会有刺激作用,促销价也被顾客看作正常价了。若两次促销间隔周期太短,也容易引起多方面的问题,如积压与缺货并存。

(8) 促销活动要与社会活动相结合。社会上出现重大事件,一定要积极响应,以显示与社会互动的时代精神,迎合公众心理。

(9) 促销并不是向供应商要钱的活动,而是工商联合共同创造价值。只有为供应商创造好的业绩,才能获得供应商更多的支持,也只有零售商有利可图,才能支持供应商做各种形式的产品推广活动。互动、互利,才能和谐发展。

(10) 促销评估不可缺少。促销评估是贯穿促销全过程的活动,而不仅仅是促销活动结束以后的事情。促销效果好坏应关注三个方面:①商品的综合性,即考虑促销品与非促销品销售情况;②评估时间的综合性,即考虑促销前、促销中、促销后的情况;③效益的综合性,即综合考虑销售、毛利、净利、品牌效应等。

本 章 小 结

(1) 本章主要探讨了零售营销策划的重点、要素,并具体分析零售战略策划与零售促销策划。

(2) 在实体店时代,零售营销策划的重点是店铺与商品,第一要素是选址;在移动时代,零售营销策划的重点是用户与场景,第一要素是价值。

(3) 零售业逐渐从"规模经济"向"社群经济"发展,改变了营销方式与营销策划的重点。主要表现在三个方面:一是关注重点从店铺转变为用户;二是经营内容从销售商品转变为经营流量;三是营销活动从价格促销转变为场景设计。

(4) 在传统的零售学说中,一般将地点、商品、价格、服务作为零售业成功的四要素。但在两线高度融合的移动时代,传统的四要素逐渐发展成为八要素,包括外围五要素与内部三要素。

(5) 外围五要素是指:价值、沟通、商品、地点、人;内核三要素是指:系统、供应链、物流。

(6) 零售战略从两个维度建立差别优势:一是成本与效率的改善;二是消费体验与价值的改善。任何一种零售模式的成功与否,关键就取决于这两个方面能否平衡。

(7) 零售业态策划应考虑八个方面的问题,我国零售业态的发展变化出现了三个基本趋势:餐饮化、小业态化、娱乐化。

(8) 我国零售业出现了三大营销场景:新鲜生活营销场景、智慧生活营销场景、便利生活营销场景。

（9）促销在很大程度上决定了商品经营活动的有效性。零售商要从供应商那里取得一个特别低的价格是有难度的，因为供应商一般不愿意得罪其他零售商。但供应商愿意配合特定的零售商做促销活动。所以，供应商的促销支持力度就十分重要，这取决于零售商的促销策划。零售商应该变被动促销为主动促销，根据总体的策划，向供应商提出促销配合的要求。

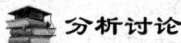分析讨论

短　猪

2017年我国诞生了一家名叫"短猪网络"的公司，短猪网络创始人盛涛曾是搜铺网负责人，熟悉商业地产、百货与购物中心等业务运作。这是一个商业公共空间短期租赁平台。他们称：时，虽短；空，可租。

商户找场地，商场出租场地，就上短猪App。可见，这是利用社会资源做商业服务的模式。是一种共享经济的理念，又是介于商业地产、商业营运、商业展览、商业广告的一种混合服务模式。在场租信息整合、分发，渠道创新，大数据赋能等方面，通过平台的管理，为商场和客户建立起无缝对接、合作畅通的纽带，让在线短租向标准化、专业化、高效化发展。通过短猪App，商场可以发布闲置场地信息，客户可以寻求到合适的活动场所并快速解决场地预定租赁需求。

短猪的运作流程是：线上：前期，将有短猪App运营团队将商场的基本信息和场地信息进行集中发布，客户通过检索，快捷实现场地的预定。商场审核通过客户信息之后，确认场地的使用权限。线下：客户根据实际情况，布置场地，完成场地的使用。

这种模式的优势是：为客户节省10%～20%的费用；快速提供需求场地信息及相应价格，为客户节约70%的时间成本，提高效率；根据需求为客户推荐合适的场地，提供专业的建议，实现品牌与商场的精准定位；提升品牌价值，促进品牌落位；品牌联合巡展时，可确保场地档期的连续性。具体项目包括：房展、车展、路演、品牌推广、POP-UP、画展、艺术展、主题展、精品特卖、儿童体验、赛事活动、形象展示等。

平台创建不到半年，短猪线下团队服务已经到达全国各城市重点商场，合作商场包括：万达集团、宝龙集团、苏宁置业、印力、新城吾悦广场、银泰城、大悦城、龙湖地产、爱琴海、兴隆大家庭、天虹、金鹰、华润置地等。

杭州：乐宜城生活广场、杭州城西银泰城、杭州西城广场、杭州天阳 D32 时尚街区、五洲国际广场、西湖银泰城、杭州解百购物广场、杭州古墩印象城、龙湖杭州金沙天街、西狗茂·跨境商品直购中心、杭州来福士中心、西溪印象城、星耀城城市生活广场（二期）、运河上街购物中心、杭州大厦 501 城市广场、水晶城购物中心、天虹购物中心、湖滨银泰 in77、西田城一期、滨江宝龙城、新天地中心、杭州万象城、滨江龙湖天街、中南游乐城、萧山恒隆广场、萧山银隆百货、下沙百联奥特莱斯广场、嘉里中心、杭州大厦、武林银泰等。

苏州：华润万家苏州购物中心、港龙城市商业广场、昆山中楠都汇广场、海亮香榭时光生活广场、圆融星座购物中心、五洋·滨江广场、苏州西城永捷商业广场、中翔广场·甪直 mall、万科美好广场、苏州来客茂时尚生活中心、常熟印象城、苏州吴中 SM 购物中心、苏州印象城、苏州中心、天虹 CC. MALL 等。

南京：慕斯荟购物中心、南京清江苏宁生活广场、明发外滩广场、南京虹悦城、南京森林摩尔艺术时尚街区、景枫 KINGMO、南京一九一二街区、百家湖 1912 街区、南京水平方、招商花园城、南京三胞国际广场等。

宁波：和义大道购物中心、东门银泰城（天一广场）、东部银泰城、来福士广场、宁波罗蒙环球城、宁波印象城、宁波海港城等。

战略合作品牌包括：龙狮戴尔服饰、哈根达斯、海澜之家、飞利浦、BYD、怡宝、奇克巴士、天使之橙、科仕盾、华尔街英语等。

讨论问题：

（1）分析短猪模式的发展前景。

（2）讨论当前短猪模式的改进方向。

实践训练

1. 食品超市"教师节"促销活动策划

目的：通过制定某门店具体的促销方案，锻炼学生分析问题与解决问题的能力，懂得在不同的条件与背景下制定适宜的促销策略。

组织：以小组为单位制定一份促销策划方案，小组人数以 4～5 人为宜，小组成员要合理分工。

实践任务：选择校园内某一零售门店，设计"教师节"促销方案。

2. 收集线上线下联合促销、实体店促销、跨界促销的主要方式

目的：通过收集各种类型的促销方式，了解促销策划的发展动态。

组织：以小组为单位分类收集。

实践任务：搜集最新促销方式，图文与数据相结合。

第八章　零售营销策划案例

本章是六个实地采编的原创案例,包括厦门的见福便利、罗森便利、名创优品和生鲜传奇、第一百货和淮海755,业态涉及便利店、生活百货、社区生鲜超市、单体百货、精致型购物中心。

第一节　见福便利店:从代理商到零售商的转型

一、背景资料

厦门见福连锁管理有限公司(品牌:FOOK 见福便利店),2006 年创办于福建厦门。公司创始人张利在创办便利店之前拥有一家商贸公司,主要做啤酒饮料等各类品牌代理经销,在厦门食品代理行业名列前茅。

经过 12 年的发展,见福便利店的门店数已经超过了 1 000 家,是福建规模最大的便利店品牌,主要在厦门、龙岩、漳州、泉州等地区发展,2017 年已入驻江西。

由中国连锁经营协会(CCFA)发布的《主要连锁便利店企业发展情况》排行榜显示,2013 年见福便利首次进入由 50 家连锁便利店公司组成的排行榜,见福便利以 250 家的门店规模排名第 33 位。以后几年,见福便利的门店扩张速度都远远高于全国平均水平,如表 8-1 所示。

表 8-1　见福便利店在全国便利店行业的排名

年份	全国便利公司(家)	全国门店(个)	见福门店(个)	见福排名	全国门店增幅	见福门店增幅
2013 年	50	73 166	250	33	10.16%	46.67%
2014 年	55	76 700	400	25	4.83%	60.00%
2015 年	62	83 004	550	22	8.21%	37.50%
2016 年	62	85 478	803	18	2.98%	46.00%

数据来源:中国连锁经营协会官网(http://www.ccfa.org.cn)

数据备注:全国门店增幅按照表上所列数据计算;2018 年 CCFA 未公布 2017 年全国便利店行业排名。

2017年见福便利店在北京召开新闻发布会,宣布与微软公司合作开发人脸识别技术,试图利用人脸识别技术实现新一代顾客管理。公司创始人张利说:"我们需要新的动力来推进传统零售的增长。未来零售行业必然需要依赖数据与人工智能。我们用了近一年的时间对市场上的解决方案提供商进行了对比,尤其是在人工智能和人脸识别领域,最后选择了微软。不是因为价格,而是价值观的一致。在见福的数字化转型之路上,微软给我们提供了很多的支持。"

2018年5月,北京红杉盛德股权投资中心,出资2 500万元,入股见福便利,占股20%。业内人士表示,此番融资,资本给见福的估值大约为12亿元。以此估值和20%股权推算,见福此轮融资或可得到2.4亿元人民币入账,现金流将得到极大的充盈。

见福便利店快速发展的关键在于其以为公众提供幸福生活为出发点,多途径破解便利店魔咒,对内实施以人为本的管理方式,对外为公众提供简单且通用的服务。

二、见福便利的四大业务板块

见福便利店有四大业务板块:以食品为基础、以电商生鲜为增量、以物流配送为支撑、以智慧零售为驱动。

(1)以食品为基础:食品、非食、鲜食、增值。见福便利店致力于根据客户需求调整商品结构,除传统的食品和非食产品外,还在不断引进精细化的增值服务。2016年12月携手厦门火车站打造便利鹭岛,启动火车票"网定店取"工程;2017年9月,见福便利店完成改造100间卫生间计划,并全部对市民免费开放;2017年9月,引进厦门市委市政府为民办实事、为民送便利的惠民工程"e政务便民服务站"。

(2)以电商生鲜为增量:网订店取、早订晚取、蔬菜、水果、肉禽、海鲜、进口商品。见福便利店线上商城"福哥优选"采用网订店取、早订晚取的全新购物模式。它不仅借助互联网增加了用户的黏度,给线下门店带来客流量,也开启了"上班订菜、下班取菜"的潮流生活方式。

(3)以物流配送为支撑:常低温分拣、鲜食生产、研发检测、供应链整合与金融。2015年投资兴建占地75亩的现代化仓储物流中心,2017年初引进工业4.0自动化分拣系统与设备,并不断投资提升信息化系统与建设,项目总投资额已超过3.5亿元人民币。

(4)以智慧零售为驱动:人脸识别CRM为入口,生物支付为显性,完成互联网、大数据和云计算的一键式分析。2017 年 5 月，见福便利店与微软（中国）有限公司在北京签约，正式采用微软 Microsoft Azure 技术，成为全世界第一家尝试做人脸识别的便利店企业，开启智慧零售新时代。

三、倡导幸福使命

见福便利店是巷口文化、大众消费、网络节点的综合体，是为消费者提供安全、快捷、时尚、有趣的便利生活方式的服务运营商，其官方微信公众号拥有 53 万福粉，这是一家只有 12 年发展史的专业做便利店的连锁公司。公司创始人、董事长张利，曾是啤酒国企的处级干部，第一次创业是做批发代理商，第二次创业则从批发转到零售。当时，他考察了日本、中国台湾等地的商业发展，感觉便利店是一个很好的零售业态，便创办了见福便利店。

创业初期，张利首先想到的是做加盟便利。但是，南方某大型便利公司要价百万，而且不让做区域特许加盟，同时与上海的便利公司也没谈成，无奈之下，只好独立门户。其实，依靠特许加盟方式从事商业活动，不仅是国际通用的商业模式，更是很多创业者的首选。如沃尔玛从 1945 年 9 月加盟第一家富兰克林（Franklin）特许店到开办富兰克林集团旗下的"沃顿 5 分-1 角店"（Walton's 5&10），再到 1962 年 7 月开办第一家沃尔玛（walmart）折扣百货店，前后经历了 7 年时间。再如中国台湾的统一企业旗下的统一超商（President Chain Store Corp）1978 年 4 月创办，1979 年 5 月开办"统一超级商店"，从 1980 年 2 月起，通过"地区转让"（Area Development Agreement）方式，获得了中国台湾地区、菲律宾、上海等地的 7-Eleven 经营权。地区转让的特许加盟模式，是指加盟主在某一地区寻找一个总代理人，并与他签订协议，允许他在该地区内全权发展连锁店。作为这种模式的一种变换形式是合资特许转让，即总公司与某一个企业共同出资建立加盟总部，再开设自己的分店或继续转让给他人开店。张利具有做批发代理的深厚背景，所以对这种"地区转让"的方式情有独钟，但令人遗憾的是，到目前为止，中国零售行业还很少采取此类商业发展模式。这也许与经营者的发展思路及营商环境有关。

谈到见福便利店的名称，张利说：2006 年第二次创业的时候想到：把"美国"倒过来叫"国美"的公司发展得很红火，我们就把"福建"转过来叫"见福"，但见福的真正内涵则是"要用有限空间，为人们提供无限幸福！这是一个幸福使命！"。

四、破解便利店魔咒

见福便利店起步的时候有几家店是盈利的，但店越开越多反而亏损了，也没能跳出发展初期的"便利店魔咒"！整整熬了7年，达到200家规模的时候才开始盈利。张利对7-Eleven便利店也有独特的理解：7-Eleven不是从早上7点到晚上11点，也不仅仅是出售从早上7点到晚上11点顾客所需要的商品，而是说，老板7点来，11点走，7年转盈，11年赚钱。

大力发展加盟可以说是破解便利店魔咒的第一招，也是便利店行业最基本的招数。在中国台湾，7-Eleven的加盟占比高达85％，再如广东东莞的美宜佳便利店几乎全是加盟店，上海地区的便利店，外资便利店品牌的加盟店占比已经超过60％，内资则在30％左右。见福便利在直营店规模达到100家的时候开始发展加盟店，截至2018年5月，见福便利店的加盟店占比已经达到80％。加盟占比不仅反映了经营者营销战略思路，还与管理水平紧密相关。

第二招是发动内部员工开加盟店。见福便利店最初的50家加盟店是动员公司总部员工以及亲戚朋友来加盟的，他们把赚钱的好店拿出来加盟，以确保加盟者有钱赚。这一点做法与国内有些公司把不好的店拿出来加盟的做法截然不同。对店面要求很高的便利店行业来说，加盟只是一种经营模式，需要发挥总部与店铺两者的积极性。

第三招是互惠互利。见福便利店主要采取特许加盟而非委托加盟方式，这样更有利于调动总部与门店两个积极性。每个店铺含设备、装潢、商品的投资约30万元，其中，门头装潢约3万元，由公司投资，产权归公司，这样也便于特许加盟合约到期时按照合同约定卸下招牌。对加盟者只收入门费（品牌授权金）3万元，不收权益金。总部每周两次巡视加盟店，主要是为门店提供服务。总部统一采购，这与张总有过批发代理背景有关，见福便利店虽然从事零售业务但仍具有批发商的影子，知道怎么向零售客户提供良好的服务。这体现了见福便利的核心思想——"通过总部对于门店的强力支持，使门店与总部紧密联系到一起"，也就是说，见福便利店不是把总部当作一个"警察局"，而是把总部看作是一个"提供服务的机构"。

第四招是收购同行。见福便利店曾经整合过三家便利公司，所采取的方式是门店转让，而不是全公司整合，这种方式快速、实用。如今的厦门市内仍然可以看到"悦士便利店"，但实际上该便利店已经被见福便利店整合。通过整合同行，快速改造成直营店或转换成加盟店，这也是见福便利店近年来能够实现快速发展的重要原因。见福便利店的实践为便利店行业整合提供了一个很好的案例，改变了以前认为便利店完全可以通过加盟实现转换而没有必要整合的观点。

以加盟为主导的便利店发展模式，也大大压缩了人事规模。全公司4 000

多名员工,每家门店员工平均不到 5 人,加盟店一般 3～4 人,直营店一般 4～5 人。用工减少,人力成本减少,这是便利店能够实现盈利的重要原因。有些大型便利公司仍然在实施 6＋1 的运作模式,每个店 6～7 个人,多一个人,一年增加开支几万元,这几万元的开支要用好几百万元的营收才能弥补,很难实现盈利。

五、制造型零售企业

见福便利店在当前把自己定义为"由批发型升级进化为制造型零售企业",在未来则定义为"跨界合作的高科技企业"。

这一点与罗森便利很相近,据罗森便利现任总经理张晟介绍,便利店是一种"制造型零售业态",自制食品也是罗森便利的一大特色,如整根香蕉做成的奶昔蛋糕,奶香浓郁,甜而不腻,吃过以后都很想买几份送给朋友品尝。

见福便利店为了强化制造型零售业态的特色,投资了"福哥家·光合农场",这是见福便利店旗下乐活 LOHAS 品牌,以"生活·私享·家"为理念,秉承清醒的品质生活态度。在环境严重恶化的今天,朴素自然、简单纯粹已成为新的诉求。

六、服务营销

从见福便利店的门店类型来看,最小的门店十几平方米,最大的门店在工业区有 200 平方米。据张利介绍,具体有九种不同类型的门店,但有一点是共同的:见福便利把自己定位于"为邻家客户的大众消费提供便利服务的营运商和线上线下交易的网络节点",把所有复杂而困难的事情留给自己做,给公众和客户提供通用而且简单的服务,这就需要"巷口文化"的支撑。

首先,见福便利店 90％以上的店铺都是全天候 24 小时营业。并且他们对每个时段的销售业绩做统计分析。

其次,他们的另一项调查发现:便利店 80％的顾客都是常客。也就是说,便利店的用户其实并不是"流动客",而是"流动的固定客"。因此,会员制受到普遍重视。见福便利店正在利用现代技术,实施一项"人脸识别和语音识别"系统投资计划。2017 年 5 月,见福便利店与微软(中国)有限公司在北京签约,正式采用微软 Microsoft Azure 技术,成为全世界第一家尝试做人脸识别的便利店企业,开启智慧零售新时代。联合开发的"智慧零售"系统正式运行之后,顾客进入见福便利店,只需"刷脸"和摆手势,即可完成购物和支付流程。

再次,提供便利服务。有两项便利服务特别引人注目:一是"免费厕所",

二是"火车票取票点"。2017年1月13日,见福便利店与厦门火车站联手打造便利鹭岛,"网订店取"火车票工程正式启动,凭二代身份证即可在厦门区域的见福便利店及悦士便利店取票终端机刷取所定的火车票。不用挤火车站,不收取费用。据统计,2017年春运卖出的火车票近八成是网购,这就导致今年春运的难点不在售票,而是在取票上。而此次厦门火车站与见福便利店的联手,则是主动创新服务的一个表现,为便利行业首例。将火车票自助取票机安装到了见福便利店的部分门店,很好地解决了部分社区人群和办公人群取票难的问题,此举获得了厦门广大市民及相关部门一致好评。

关于厕所开放问题,如果厕所在内仓里面怎么办?张总坚定地说:"改造门店,把厕所移到外面。"0080仙岳店在一个90多平方米的店内最里面就有一个很整洁的空间,靠墙有一个洗手盆,侧面是一间洗手间,洗手间与内仓已经分隔。免费开放便利店厕所,这是一项功德无量的事情,值得行业学习。

在店铺的进口处,设有两张餐台,边上靠墙处放置着一台火车票取票机。此外最引人注目的则是一些与支付相关的服务,如支付宝、微信支付、全民付POS、招商银行积分兑换、易通卡充值、全民付缴费机、农商行小额支付、见福卡购卡支付等。这些都是实实在在的新一代便民服务措施。

见福便利店主打进口商品。在店面进口左侧是一个鲜食柜,接着是一排四组货架的进口商品区域,另外还有专门吸引玩家的"玩具城"。

在加强人脸识别、语音识别与新型会员体系的同时,见福便利还计划与餐饮企业跨界合作,共享现有资源,也让会员获得更多的优惠与便利。同时,在管理上采用云广播、可视化陈列、移动拓展等交易、沟通、营销方式,并实施勋章、积分、排名、合伙人等制度,在鲜食开发方面,发展盒饭、水吧、咖啡等自制商品。

这个案例有很多策划问题值得思考:跨界转行怎么选择适合自己的行业?经营便利店如何才能快速形成规模?如何通过商品营销打造自己的特色?如何利用服务营销引流增效?如何利用现代技术为营销助力?

第二节　罗森:急速发展的营销之道

一、背景资料

1939年,美国俄亥俄州罗森牛奶公司的第一家店铺开业。公司标记为牛奶罐。象征着"将最难保存的牛奶以新鲜的状态送到顾客手中"这样的安心安全。1975年,从美国取得特许加盟经营许可,日本第一家店铺开业,是日本第二大便利店品牌,每年有28亿人次关顾罗森便利,按照1.2亿日本人口计算,每个日本人每年平均光顾罗森便利23次。

1996年2月上海华联罗森有限公司成立,此后曾经在上海乃至全国便利店行业创造了众多"第一",也是上海便利店行业在初创时期的学习样板。由中国连锁经营协会发布的《主要连锁便利店企业发展情况》排行榜显示:2011年、2012年、2013年罗森便利在中国的门店总数分表是354家、362家、389家,但2014年迅速发展到508家,2015年门店数达到651家,2016年门店数达到1 003家,2017年全国门店数达到1 399家,其中华东地区851家,上海地区619家。

罗森在中国的发展经历了三个时期:第一阶段是合资,日本罗森控股,因为与上海华联集团合资,所以当时称为"华联罗森";第二阶段中方控股,2004年日方持股比例下降到49%,百联集团则持有51%股权;第三阶段又回归到日方绝对控股,到2017年3月1日,公司更名为"上海罗森便利有限公司","华联罗森"变成了纯正的"罗森"。所以,罗森在中国的发展轨迹与股权结构的变化紧密相关。

在《连锁无界》视频访谈节目中,上海罗森便利有限公司总经理张晟说:"自2013年年底我接手罗森至今,从当时的279家店,到后来关了100多家店,再到2016年年底达到651家店,3年的时间完成了之前差不多17年的变化。"

张晟在此所说的门店数是指上海地区的门店数,其实,在2014年之前,罗森中国的门店发展主要集中在上海,另外还包括杭州与江阴。张晟的办公室很简洁,最显眼的就是挂在墙上的三张地图,上海地图、江阴地图、杭州地图。一问才知道,江阴是中国罗森除上海以外的第一家外地加盟门店所在地,杭州是除上海以外的第一家外地门店所在地。

从罗森官网获悉,罗森中国分为上海、重庆、大连、北京四地,其中,上海包括浙江与江苏。据张晟介绍,罗森中国把苏浙沪地区的区域特许权授权给了上海罗森,浙江罗森和江苏罗森属于上海罗森子公司。

从门店规模来看,张晟用3年时间完成了之前差不多17年的变化,这仅仅是一个开始。2017年8月18日,罗森中国与北京超市发合作3店同开,8月28日,与南京中央商场合作5店同开。更不可思议的是,8月31日,营业面积仅108平方米的南京丹凤街店单日销售突破11.8万元,刷新罗森进入中国21年来最高纪录,再造了中国便利店一个神话。

2018年4月12日,素有零售业"奥斯卡"之称的中国零售商业琅琊榜在杭州揭晓。罗森中国再获两项殊荣,罗森中国董事、副总裁张晟获得"2017年度风尚人物",罗森也摘得"2017年度高成长连锁品牌"殊荣。

二、张晟的"自行车理论"

张晟说:便利店就像一辆自行车。前轮代表开店能力、公关能力、市场营销策划能力和商品谈判能力;后轮代表商品的策划能力、门店的指导运营能力、全链路精细化管理能力、后台系统运营体系。

罗森从1996年到2002年,一共只开了100家店,问题就在于后轮大,前轮小。自2003年改由中方管理后,又进入了一个前轮很大、后轮却没有变大的时代。如果一辆自行车前轮大、后轮小,那它的方向会很稳,但是提不上速度;相反,如果前轮很小,后轮很大,则会翻车。2016年,罗森实现了门店全面盈利的状态,正是因为前轮和后轮做到了平衡发展。

总结过去发展直营店不利的教训,罗森认为只有走得更稳才能发展得更快。后来罗森发现与当地企业合作做一个前轮,比自己去做一个前轮要快得多。因为罗森有强大的后轮,这样就能推动更强的前轮。

三、实施多样化的特许加盟模式

罗森在中国的发展模式有:直营店、委托加盟店、特许加盟店、区域特许的个多种。

(1)直营店:罗森自己投资门店开发并招聘店长与员工进行店铺管理。这种方式的发展速度较慢,按照自行车理论,就是前轮太小,难以有效发挥罗森后轮较大的优势。

(2)委托店:将罗森拥有租赁权或所有权的店铺委托给受托方(即加盟者)经营,既可投资经营,也可专职经营。一般出资20万~30万元,并符合相关条件,便可以受托经营一家罗森便利店。对投资者来说,投资较少,风险也就较少,对公司来说,可以让已经成熟的店铺尽快实现市场价值。所以,这在业内是普遍采用的一种方式。

(3)特许店:加盟者自带物业,既可自己投资经营,也可以专职经营。出资额比委托加盟高,但铺面属于自己。

(4)区域授权模式:加盟主授权地区加盟者,然后再发展直营店、委托店、特许店等。如7-Eleven授权统一集团在中国台湾、菲律宾、上海等地发展7-Eleven。罗森近年来的快速发展,与采取区域特许方式有直接关系,如重庆与武汉中百河洛开设"中百罗森",江苏、安徽等地与南京中央商场合作,北京与超市发合作。

在罗森,供应链能够辐射到的区域,采取直接加盟或委托加盟的模式,而在罗森供应链辐射不到的区域则选择区域授权模式。但即使采取区域授权模式,鲜食供应链必须按照罗森的要求进行改造。合作方全力做好前轮,罗森则用强大的后轮驱动。

罗森在选择合作伙伴做前轮时比较谨慎,志同道合是双方合作的前提。不一定是零售商,也可能是开发商、地产商。因为它看中的是合作者在门店的开拓能力、营销能力、公关能力。

罗森能够给合作伙伴最大支持,大加盟模式第一年由罗森派人进行运营管理指导,区域授权模式在开店前对其进行两个月的培训。同时合作伙伴仍有很大的自主权,据了解,现在各地合作伙伴的人员培训放在上海,但是加盟商的工资水平和薪酬考核各地因地制宜。

四、小商圈制造型零售业

上海商学院市场营销系的调查发现:罗森便利的"变脸术"年轻人很喜欢。以往在课本上所说的"连锁经营"都强调"统一",但罗森则专注于"差异"。张晟说,罗森与其他便利店相比,最大的不同点是"脸长得不一样"。罗森为了迎合不同消费群的需求,开发了不同类型的罗森便利,在日本有"百元罗森""自然罗森""医院罗森""地铁罗森""邮政罗森""动漫罗森""药房罗森"等。柯南罗森早在 2012 年落户上海,自然罗森(NATURAL LAWSON)也已经在"上海环球金融中心"开业。2018 年 1 月 8 日,罗森-哔哩哔哩主题店在上海正式对外营业。这是 B 站首次推出线下跨品牌合作店铺。该主题便利店位于上海市杨浦区国正中心 3 号楼(国亮路 79 号靠近政高路),也就是 B 站总部大楼的所在地。据 B 站工作人员介绍,这家便利店主要是服务于 B 站自家员工,会永久性地保留 B 站主题元素。对于喜爱 B 站的用户而言,这家便利店已不仅仅是一家店铺了,而是在线下体验到 IP 品牌魅力的独特场所。

为了确保门店的品质,罗森特别强调连锁总部的职责。张总介绍说,为了保障店铺运营,供货系统(配送、供应商、原材料)的构建和管理尤为重要。罗森总部通过对原材料供应商、特约农家、包装材料供应商的整合,在罗森专用工厂或供应商(National Brand)加工产品,通过冷藏配送中心(CDC),一日三配 5℃～20℃冷藏及常温温度带商品 1 200 种;常温配送中心(DDC)一日一配常温温度带商品 4 000 种;冷冻配送中心(FDC),一日一配冷冻温度带商品 300 种。

标准化生产事关鲜食产品味道、口感、分量的统一。在罗森的鲜食中央厨房,所有肉块和蔬菜的重量、大小以及薄厚都有统一规格。工厂里甚至有一台专门将米饭盛入便当盒内的机器,一台耗资 70 万元的机器确保便当盒内的米饭分量相同。同样价格不菲的自动化机器还有 56 万元的三角饭团机和 100 万元的长卷寿司机。这些购自日本的机器,只需工人将规定量的米饭、馅料放入机器,便会迅速制成口感统一的产品。

罗森擅长产品研发,商品部门每周提案 15～20 个新品,其中 NB(非自产商品)商品 8～10 个,自产商品 8～10 个。然后大家做出评议,这些提案的新品并非全部都能通过评议关,甚至有时候一周只有一两个新品通过评议出现在门店。

在罗森内部,有一项机制叫作"听听你的意见",任何一个部门的员工向商品部提出一条意见,不管采纳与否都可以得到 10 元的象征性奖励。罗森物流配送部一位男员工提议推出分量更大的便当。不久,罗森就推出了 750 g 的麻辣香锅饭,以满足饭量大的男性顾客。罗森便利店标志性的现场热炒快餐,便是通过研究不同顾客需求而来的。比如,价格分为高、中、低三档,菜品分为素食、鸡肉、猪肉、牛肉、海鲜等,口味则分为辣味、咸鲜、清淡。每个类别都要有,这样才能满足所有客人的需求。

在罗森,开发新品最简单的方法是对畅销品"微调"。比如,分析畅销品使用的配料是鸡肉还是牛肉?制作方式是烘烤还是煎炸?根据这些分析,罗森增加相似产品。另外,季节时令也是便当制定计划的重点考虑。

在罗森便利店的鲜食研发过程中,有一项"物流测试"环节。罗森便利店要求产品从工厂运到门店,馅料和酱汁不能洒出来,甚至不能溅到盒盖上以免影响美观。为此,研发人员需要反复改进,以便包装能够更紧实地固定住食材。有时工厂也会改进馅料,让它们更牢固地聚成一团。

便利店的午餐受餐饮外卖的影响出现销售停滞。为此罗森对午餐进行错位经营,加大饭团和寿司开发和推广。因为盒饭这个刚需受到外卖影响大,那么罗森增加甜品面包和小零食。罗森根据市场趋势新上的串烧坊也成为门店热销产品,从另一个侧面也反映出罗森顺应市场变化的经营能力。

罗森的商业模式可以概括为:以 SCM-CRM 为轴心,确立"小商圈制造型零售业"模式,实施与城市相适应的商品配备。即通过以商品开发、高附加价值原材料进货以及制造与物流等为核心内容的 SCM(供应链管理)提高总毛利率,通过以可视化分析、计划订货与合适的商品配备为核心内容的 CRM(客户关系管理)扩大销售和利润。

　　罗森还提倡"安心、安全、美味"的服务理念,盒饭宁可废弃,也绝对不采取降价销售,以确保每一份盒饭的品质、营养与口味;发动全体员工开发出适合上海人口味的"罗宋汤"与"酸辣汤";并打造以"甜品罗森"为特色的下午茶,甜点有"半糖规则",即糖分减半制作,且从来不宣传。

　　在罗森看来,确保开出的每一家店都能受到顾客欢迎才至关重要。除了罗森体系内的运营检查之外,每年都会聘请第三方公司做神秘顾客调查,该调查会针对罗森和竞争对手门店做一次全方位的透视。

　　2014年神秘顾客调查只有49分。此时罗森提出新自行车理论,花大力气夯实基础和薄弱环节。经过两年调整,2016年神秘顾客得分到了81分,2017年上半年数据也接近80分。罗森中国门店的经营管理开始持续优质稳定,甚至有几家店还得了满分。

　　在门店管理上实行内部管理和外部管理相结合,让门店数量增长和质量提升相辅相成,是一条可持续的健康发展之路,未来罗森能量不容忽视。

　　罗森在上海的发展从控股到参股再到日方独资营运,经历了比较曲折的过程,也对推动上海便利店的发展具有很大的影响,经营很有特色,消费者口碑也很好。公司总经理张晟说,便利店是一种"制造型零售业态",自制食品也是罗森便利的一大特色,如整根香蕉做成的奶昔蛋糕,奶香浓郁,甜而不腻,吃过以后都很想买几份送给朋友品尝。

　　在万象城公司总部底楼有一个500平方米的商铺,用100多平方米开设了"自助服务＋人工服务"便利店。他们认为,互联网对实体店实施"降维攻击",造就了便利店行业的春天! 所以,罗森坚信:中国的便利店市场仍然具有很大的发展空间。

　　这个案例所引发的营销策划思考:一个知名名牌在后来者居上的竞争环境下,如何激流勇进,快速发展? 罗森提出了一个"自行车理论",要求前后轮保持平衡,通过委托加盟、特许加盟、区域发展等多种模式,把前轮做大,同时加固后轮,大力开发自制鲜食商品。罗森发展便利店的商业逻辑,为零售店的营销策划提供了一个全新的商业模式。

第三节　名创优品与生鲜传奇:小业态,大市场

一、背景资料

　　(1) 消费者所看到的名创优品(MINISO)是一家几十平方米的廉价小店,

以售卖日用百货小商品为主,如口红、玩具、纸品、袜子、眼镜、文具、化妆品等。创始人叶国富。

其官网显示:自2013年正式走出日本后,积极开拓国际市场,4年时间全球开店2 600多家,2015年营收突破7.5亿美元,2016年营收近15亿美元,2017年营收突破18亿美元。目前,MINISO名创优品已与包括美国、加拿大、俄罗斯、新加坡、阿联酋、韩国、马来西亚及中国香港、澳门等60多个国家和地区达成战略合作,平均每月开店80～100家。名创优品一直倡导优质生活理念,并秉承"尊重消费者"的品牌精神,致力于为消费者提供真正"优质、创意、低价"的产品。MINISO名创优品的产品简约自然,品质优良且引导智能消费潮流,产品价格大部分在1.5～30美元,深受18～35岁主流消费人群的喜爱。

(2) 生鲜传奇是一家小区门口的"小菜场",创办于安徽合肥,以"一日三餐"为场景定位,以"贴近小区"的选址模型,打造的是"中国特色的软折扣店"。创始人王卫,创业前有丰富的零售经营管理经历。

名创优品与生鲜传奇是两家完全不同的公司。名创优品是一家倡导优质低价的小百货连锁公司,生鲜传奇是一家服务社区的小型生鲜超市。两家公司虽然属于不同业态,但具有三个共同特征:①小业态:营业面积一般在300平方米左右;②优质低价;③守候要道:名创优品把店开在人流量最集中的商圈,生鲜传奇则把店开在居民步行能够到达的小区边上。

到底是模式重要还是产品更重要?乐城股份总经理王卫认为:几乎所有成功的企业,无一例外都是模式的开创者,或者是在某种模式中迅速成为领先者,比如沃尔玛是折扣店的开创者,麦德龙是仓储超市,7-Eleven是便利店,亚马逊是电商。

二、商品开发的六项要素

名创优品的创始人叶国富从实践中总结了商品开发的六要素,即品牌、产品、市场规模、物流、IT资讯化系统、商业合作模式,并称之为"六驾马车"。

(一) 品牌

品牌是产品开发的第一要素,但品牌必须依靠商业模式推广才能有效发展。企业应该把"品牌"建设得像大树那样根深叶茂,才能有永续的发展。在商业社会,每一个产品与生俱来就会有一个牌子,牌子是产品的属性。依靠投入与传播往往能使"品牌"升级为"名牌"。但如若想把"名牌"锻造成"品牌",则需靠耐力和形象维护。"品牌"是知名度、美誉度与偏爱度的综合。例如,20世纪由水而致富的一个新的产业出现了,卖水的、运水的、水处理的、贴标的、做包装的、做广告的纷纷兴起! 水—饮用水—有牌子的饮用水—熟悉的饮用水—偏爱的饮用水。这就是品牌建设的全过程。

（二）产品

产品是内容,是满足需求的一种载体,更是产品开发的核心要素。上海城市超市(city shop)之所以做得那么好,关键是把商品做好,这不仅仅是一个商人的"良心"问题,更是一个立场问题。2015年,互联网创新项目的95%都失败了,但是名创优品却做了50亿元,为什么? 靠产品发力,靠设计的力量,用质量、价格、美观树立了产品信誉,用环境好、服务好、产品好、价格好踩到了消费热点。足够差异化才是做产品的"王道"。

（三）市场规模

市场规模是市场化开发产品必须冲破的一个坎,一个没有规模的产品可能是一个非常优秀的产品,也可能是一个有生命力的产品,但这样的产品终究无法成为一个大众化品牌。一个局部市场的品牌如果要推广到全国乃至全球,则需要更大的资本推动。所以,有不少公司选择了"上市"。在零售行业,许多区域性零售公司通过上市获得了更多的资源,从而实现了全国发展的目标,如永辉超市就是很典型的一个例子。但有些企业就是不想走"规模化"的道路,如上海红宝石蛋糕店就是最典型的一个例子。从1986年成立"中英合作红宝石食品有限公司"到2016年整整30年,只开了60家门店。上海面积约7 000平方公里,南北长约120公里,东西宽约100公里,60个店铺显然未能覆盖所有消费人群。不是因为租金太高,更不是因为业绩不好。红宝石每家门店的投资额约为30万元,比内资便利店的投资额高,比外资便利店的投资额低,但其销售额远远高于便利店,大多数门店的年销售额高达700万元,有些门店的年销售额超过1 000万元,利润率保持在11%以上,公司坚持稳步发展战略,不上市、不急速发展,严控产品质量,基本不改变现有的门店经营模式。这是一种稳健的营销战略。与红宝石形成鲜明对照的是盒马鲜生,创业第一年就试图覆盖全上海,并将门店拓展到了北京、深圳、杭州和贵阳。快慢之道,各有千秋。

（四）物流

商品流通中的商流、物流、信息流的结构,在电子商务与移动化背景下正在发生革命性的变革,商流与信息流越来越虚拟化,但物流终究无法"虚拟",必须一件件、一包包、一箱箱,实实在在地送到用户家里。所以,物流已经从"后勤""辅助""配套""服务"等功能上升为流通的主体功能,甚至可以说,流通即物流。物流甚至具有颠覆传统零售的功能。如果电商企业能以更低的成本将商品配送到家,包括大卖场在内的很多实体店将面临更严峻的挑战。

(五) IT 资讯化系统

2014 年我国移动端用户数量首次超越 PC 端,移动化使零售业有条件实施大数据营销,因为当数据从传统桌面计算机(Personal Computer,PC)转到移动终端时,便能实现数据的实时(Realtime)、适时(Right Time)与全时(All the Time),即 3T,这就是移动大数据的核心所在。传统的数据是结构化的数据,而且主要集中在事后的交易数据。例如,零售行业以往的经营分析以 POS 数据(即店铺每日生成的交易明细)为基础,核心是"单品、单店"数据分析。如今有了手机,可以把握消费者全时信息,获取消费者的实时信息,再适时把有关商品和服务推送给潜在用户。可见,最大的数据来自最小的设备(手机)。这方面一个很典型的例子就是盒马鲜生,线上订货只开通手机 App,不考虑 PC 端。移动大数据营销,也使电商与店商之间的战斗从"引流战""支付战"直接过渡到了"阵地战",零售业进入了一个新时代。开医院的引进咖啡店,做酒店的卖床上用品,每一罐加多宝都成了另一个平台的流量入口,卖休闲食品的甚至想卖手机,零售的边界似乎越来越模糊,零售的视角也越来越新锐。

(六) 商业合作模式

传统商业是"闭环商业",把主要精力集中在商品采购与商品销售这两件事情上。其商业逻辑是:开更多的店,建立更强的市场优势,实现更大的销售额,获得更多的供应商的支持。互联网背景下的商业是"网联商业",商业主体与消费者、竞争者、相关或不相关产业之间处于一个网状的多维结构之中,相互依存,相互融合。所以,商业合作变得越来越多元,包括线上线下的融合、纵向一体化融合、横向跨界融合,这一切都预示着商业合作模式越来越多样化。从服装产品来说,混搭成为一种时尚。皮草混搭薄纱,晚装混搭牛仔,男装混搭女装,这是个性化穿着风格的混搭。另一种混搭是不同身价的品牌的混搭,价格低廉的优衣库品牌与顶级品的混搭,柳井正把优衣库定位于"服装的零配件",优衣库把店开到了法国巴黎老佛爷百货公司隔壁、美国百老汇的对面,在伦敦最繁华的商业街开出了三个楼层的旗舰店,在日本则在爱马仕对面开店。个性化演变成"消费混搭",从而导致了"店铺混搭""品牌混搭",也促成了许多企业开始实施"多品牌战略"。跨界混合营销出现,如品牌联合:英国超市 Waitrose 通过印度零售商 K Rahejade Hyper City 销售其自有品牌,智利超市 D&S 销售美国零售商 Safeway 的高端自有品牌商品;还有多样化选择的例子：如英国比萨饼速递也为零售商供货，麦当劳的土豆薯条在德国的超市也有销售，沃尔玛在美国以自有品牌名义销售冷饮等。在国内，2015 年 6 月，上海百联集团、北京王府井百货与香港利丰集团发布新闻，决定联合开发自有品牌，利丰集团重点负责品牌设计、开发，百联与王府井重点负责渠道开拓，三者联合是我国自有品牌跨界混合营销的重大举措。

三、商品营运的六定原理

商品营运的"六定"是指在建立起一套商品管理的标准化模式。乐城股份总经理王卫在开发生鲜传奇新模式过程中首先提出了"五定"，即定位、定数、定品、定价、定架。生鲜传奇实施"五定"的结果是：开店速度提升到了 7 天，把陈列布置速度提升到了 2 小时。这是标准化的力量！但作为定架的基础是"定区"，所以，应该有"六定"。

（一）定位

就零售业而言，定位就是确定自己的经营功能，明确目标顾客群的需求，并通过有效的传播获得消费者的认同。例如，生鲜传奇把自己定位于小区居民的"家庭厨房"，满足的是"中产阶级家庭的一日三餐"之需。所以，他们认为：社区店≠便利店，而应该把"生鲜店"作为社区的主力店。与此定位相关的基本数据是：店铺面积 300 平方米左右，面向 2～3 口之家，家庭年收入 8 万元以上，家庭年餐饮及相关支出 2 万元以上，客群主体是 25～65 岁家庭人群，日均销售 3 万～4 万元，每天 1 200～1 500 笔交易。从而确定店铺的格调：装修简约（符合审美），凸显科技（符合知识），品质商品（符合身份），卫生环境（符合生活习惯），田园风格（符合情趣）。可见，定位不是一句口号，更不是一个概念，而应该有实实在在的数据与表现形式。我国超市经过 20 多年的发展，早已呈现出差异化格局，业界普遍认为生鲜化与餐饮化是基本的发展趋势，但具体如何实施，有待实践探索。由于食物结构与制作方式不同，国内外的超市面积有所差异。从前最赚钱的标准超市已经开始亏了，也许是租金高，也许是空间不够，黏性差，可有可无，所以难以吸引顾客。那么，在中国，到底多少面积的超市更有发展前途？乐城股份总经理王卫认为，小业态发展不错，比标准店小，比便利店大。城市超市总裁崔轶雄则表示，最麻烦的是 500 平方米的店，建不了厨房，讨好不了顾客的口感，黏性差就没前途，至少得有 1 000 平方米的面积。《零售 O2O 心法、招法与实战》作者张陈勇表示，1 000 平方米的精品店、强化鲜食的超市有前途。雨润集团电商项目负责人、前大润发店总王剑峰认为，小超市或便利店不受电商影响，反而能有大发展，甚至利用电商与周边的居民互动,1 500 平方米左右"不大不小"的店最危险。联商网 2016 年调查显示:34%的行业人士选择 1 000～2 000 平方米的店铺;选择 300 平方米的占 25%;选择 2 000～5 000 平方米的占 17%;选择 500 平方米的占 14%;选择 5 000～10 000 平方米的不到 8%。

上述数据可以得出三个结论:第一,业内人士不看好超市大店,主要是大卖场和综超(大卖场 6 000 平方米以上,综超 2 000～6 000 平方米);第二,普遍看好小业态,但到底是 300 平方米还是 500 平方米有争论,有待实践;第三,1 000～2 000 平方米的店铺有人认为是未来的主力店,但也有人认为还是小业态、小商圈的社区小店更有吸引力。不过,由于中国地域广袤,消费差异巨大,各种业态都会有一定的生存空间。

（二）定数

每一家店铺能承载的商品品种是有限的,而且并不是品种越多就越吸引人。国际上著名的连锁公司商品的数量都有一定"定数",如美国山姆会员店(Samsclub)、好事多(Costco),营业面积都有数万平方米,但品种数都控制在 4 000 种左右;德国阿尔迪折扣店(ALDI)品种控制在 1 500 种;美国的乔氏超市(Trader Joe's)2 000 余种;日本的卖场控制在 10 000 种。社区生鲜店到底应该买哪些商品? 品种到底应该是多少? 经过调查分析,生鲜传奇最终锁定了"只做和一日三餐有关的基本款",1 400 种常规品,400 种生鲜商品。

（三）定品

定品是一个"选品"的过程,是品类管理的一个重要组成部分,但选品策略或品类管理不等于"销售排名"。按照销售排名所确定的品类,不能反映消费者的真实需求,应该从销售数据之外去挖掘消费者的真实需求。有四点特别重要:

（1）要形成系列。例如被业界誉为最美乡镇超市的河南巩义金好来超市,根据乡镇消费市场特点,将品类压缩到传统超市的 1/4,以类似店中店的形式展示陈列,形成了金妍美妆馆、家居用品馆、金宝贝婴童馆、金大嘴零食馆、生鲜馆五个模块。

（2）要适应消费趋势。如为了迎合爱玩一族,厦门见福便利店专门设置了"玩具城"货架,罗森便利则开发了"动漫便利";为了迎合吃货一族对休闲食品的需求,生鲜传奇在店铺内设置了"乐大嘴零食公园"。中国消费者,除了关注收入以外,最关注的就是健康与便利,因此,具有健康概念的产品,以及能迎合消费者便利化渴求的产品,更能获得消费者的追捧。

（3）要差异化,但不能过度差异化。核心商品要"厚",差异化商品要足。

（4）要不断更新。在依赖通道费的商业模式影响下，该进的商品进不来，该出的商品出不去，商品管理长期处于"肠梗阻"状态，零售业的很多"病痛"其实都源于这个结症。只有及时淘汰商品，才能快速引进商品。

（四）定价

定价有两个基本原则：第一，不能忽悠消费者；第二，不能跌破进价。但如今，很多商家已经违背了第一条原则，如促销前提高"原价"，尤其是在资本的推动下以补贴为主导的营销活动，有时也常常突破第二条原则。尼尔森的研究显示：迎合品类高端化的趋势，高端的创新产品拥有更多机遇。但在大众消费领域，商家们更关心消费者对价格的敏感性，所以，迎合"低价诉求"是他们的基本策略。如生鲜传奇坚守"必须最低价"经营理念，所有商品全部现款从厂家直采，保障最低的进价，也保证不高于任何大型卖场的售价，每月对大润发、沃尔玛、家乐福、永辉等大型卖场进行价格调查，公示采价结果，确保每一款同样商品不高于任何一家大型卖场，欢迎消费者的监督，如发现有价格高于其他卖场的商品，将退返差额并奖励礼品。

（五）定区

定区就是要确定不同商品在卖场的区位。任何卖场，从大的方面来说，一般都可以分为前场、卖场、后场三个部分，前场是收银机以外的区域，包括停车、服务台、招商区等，后场是办公、生活、加工、内仓等区域。这里所指的"定区"是指卖场区域的划分，一般按照商品来划分，如超市划分为：生鲜区、干货区、家电区、百货区等。便利店则划分为：收银结账区：后壁柜、收银机架前架、收银机；橱窗区：出版品、报纸、复印机、传真机；跨界合作区：如彩票销售、火车票取票等；食品服务区：蒸包机、熬点机（关东煮锅）、甜点箱、茶叶蛋锅、热罐机；杯装饮料区：豆浆机、咖啡机等；冰箱区：冷藏冰箱 Reach-in（啤酒、饮料）、冷冻冰箱 Reach-in（冰品、冷冻食品）、卧式冰箱 CD5000（冰品）、风幕柜 Open Show Case（乳品、速食）等；货架区：165 厘米高货架，135 厘米低货架（食品、用品）；餐台区：顾客堂吃餐饮区；通道区：顾客购物动线，分主动线及次动线；仓库区：办公室、库存商品区、退货区等。

（六）定架

定架就是要确定商品的货架位置，一般可以用台账图来实现，就是商品配置表，一个货架就需要一张配置表，表示货架类型、层高、层面、位置、样面等信息，还可以计算一个货架的目标销售额、毛利率、毛利额等相应指标。这是实施商品采购、商品陈列、商品订货、商品配送、商品淘汰与引进等商品管理的最基本工具。商品台账不能随意变更，任何变更都必须按照规定的流程操作。但实践中,这样一个有效的商品管理工具往往难以持久运作,总部引进商品与门店上架陈列完全脱节,导致商品管理混乱。

这两个小业态的案例给营销策划的思考:在消费升级的当下,为什么低价商品仍然很吸引人? 社区生鲜店到底具有多大的发展空间? 除了类似生鲜传奇的小业态标准化模式外,还有没有其他发展模式? 其实就在安徽合肥,还有一家名叫"谊品生鲜"的社区店,比"生鲜传奇"早一年创办,用加盟方式发展,店铺并不追求标准化,经营情况也很好。每一种商品或商业模式的策划到底应该把握哪些基本元素?

第四节 百货店转型:购物中心化与升级

一、背景资料

(1) 第一百货商店中华人民共和国成立前原名大新公司(The SUN Co. Ltd.),1934 年在南京路和西藏中路口开工建造。设计者是留学美国的华人建筑家关颂声先生,参与建造的是基泰工程公司,1936 年 1 月 10 日正式开张营业。当时的大新有限公司是远东最大百货商店,大楼曾获得亚洲最佳建筑设计奖。大新公司同新新公司、永安公司、先施公司合称南京路四大公司。中华人民共和国成立后,上海市第一百货商店迁入大新公司。从此,单位营业面积、营业品种、销售规模一直在全国百货零售行业雄居榜首,是名副其实的中华第一店。

商店共有八个楼面,21 400 平方米营业面积,主要经营日用百货、服装、针棉织品、皮具鞋类、家具等大类 4 万余种的商品。

2017 年"第一百货"停业改造,同年 12 月 8 日改名"第一百货商业中心"重新开业,春节以后,第一百货东楼也局部开业。

"第一百货商业中心"由 A、B、C 三个部分组成,A 为老楼,B 为副楼,C 为原东方商厦南京东路店,也称为东楼,总面积超过 12 万平方米。A、B 两楼约 8 万平方米。A、B 两个楼前后连接在一起,B1-8 楼,B1 为黄金、滋补品、羊绒制品、茶叶、烟酒等,1 楼为化妆品、名表、名品服饰,还有万宝龙专卖店;2 楼为奢侈品概念店、珠宝配饰,时尚服饰;3 楼为女装与配饰;4 楼为童装与玩具文具,还设置了一个与天猫合作的母婴室;5 楼为男装与皮具包厢;6 楼为数码电器与家具用具;7 楼为 100 弄(老上海风情展示)、VR 体验馆与顺丰大酒店;8 楼为影院与餐饮。

C 楼引进了陶艺、油画体验等文化服务项目,还引进来"果娄"等网红饮品。

(2)淮海 755 位于淮海中路 755 号,百联股份公告显示:淮海 755,原新华联,是自有房产,建筑面积 22 985 平方米。实际营业面积 17 000 平方米。无印良品占据了地上 1~3 层,合计面积 3 438 平方米。

一楼无印良品以旅行用品、烟熏工坊、女装、童装、美容保养、自行车为主。无印良品外围,在淮海中路 755 号沿街有两家店铺:Seasaw Coffee 甜点咖啡店和 Under Aromour 安德玛运动装备店;在商厦中庭边上还有一家"花与猫的天空"(FLORA&CAT)鲜花园艺店。中庭沿自动扶梯边上还点缀了小饰品售货架。

二楼无印良品以个人定制、家具搭配顾问服务、男装、文具、收纳用品、客厅、卧室场景为主。外围的店铺以健身为主,健身私教品牌"人马线"占据了大部分空间,还有 Amb-Rosia 安柏夏冰激凌、Kidsland Chic boby 凯知乐儿童玩具等。

三楼无印良品以餐堂、书吧、厨房餐桌用品、家居、互动空间为主,外围店铺以餐饮、家居为主,有牛新寿喜烧、达福乐牛排馆、TIGER 居家生活馆、RESEE(玩家杂货馆)、爱手爱脚。

四楼有 1/3 的面积是 DAISO 大创生活馆,1/3 是以烧烤肉为主题的餐饮、套餐以及茶饮,有 TUK 土耳其烤肉、牛小心的烧肉屋、记在心里、隐茶·茗月,另外 1/3 是游玩摄影美容等铺面,有黑暗迷宫、倾城宝贝家庭摄影、唯美度。

五楼是餐饮,有 Uncle5、炉鱼、香天下、小青森锅物。六楼是利苑酒家。

二、第一百货的升级

(1)定位:有业内人士评价说:看这个招牌,还是比较传统;第一百货的升级关键是定位问题。实地巡访后的总体感觉是商品与环境有较大提升,但面临两个新问题:老顾客需求与新商品定位如何平衡? 老顾客流出与新顾客流入如何平衡?

(2)橱窗:"第一百货"的橱窗非常著名。围绕西藏中路—南京东路—六合路,有 16 个橱窗,开张那天开了 11 个,其中 4 个是品牌展示橱窗,7 个是圣诞橱窗。询问店方管理层:为什么不把橱窗打开做一些轻餐饮,如咖啡吧。说是保护建筑,不好动。在静安区的久光百货,2017 年也花巨资进行了改造,面对"庙街"的底楼铺面改造前为浪琴专卖店的大门面,改造后开设了哈根达斯、星巴克、POLO 等新店铺,浪琴的铺面缩到了一边。

（3）连接：从设计与当前实际营运的情况来看，A、B两楼的客流连接还没有做好，尤其是两楼连接的中庭没有充分利用。如果把这个中庭改为溜冰场，倒有可能带来人气。另外，老楼与副楼之间的通道，可以点缀一些好玩的东西，弄一点类似"集市"之类能带来人气的场景与小铺。8楼影院未开，8楼上面应该有个屋顶花园，但至今没有开张营业的计划。大概是担心发生安全事件。

（4）温度：第一百货是一个"有温度、有念想、有记忆"的非常不一般的店铺。过年前到传统老店为父母买点"暖心商品"的顾客应该为数不少，两条薄薄的羊绒围巾打八折去零头后售价2 000元，不算便宜，甚至有点贵，但因为是给父母买的，钱已经不是很重要，重要的是品质保证与一份心意。让这些惦记着父母的子女们，在"第一百货"能找到"有温度"的商品，这是一个有待开发的大市场。这也是向年轻人"引流"的一个途径，让年轻人在为父母购买商品的同时，也带上自己喜欢的人去感受一下"情感体验"。

（5）印象：改造后的地下室，改卖黄金珠宝与羊绒制品，一个品牌设置一个专柜区，一家名叫"金生生"的玉器珠宝柜台倒是引人注目。每一层自动扶梯前的导购牌上只有本层、上层、下层这三个楼层的介绍，没来过的顾客会误以为只有这几层。但在直达电梯的门框上方却有B1～8层的介绍。一楼化妆品柜的设置，给人很窄小与压抑的感觉，每一个品牌都搭起了高高的围栏与框架，一眼望去，没有通透感，专柜与电梯之间还形成了一条很窄小的通道。这两点设计，大大降低了店铺的场景美感与舒适度。

（6）母婴：如今的零售餐饮业都在大打"母婴童牌"，常常是孩子引着家长去店铺，所以，与母婴童相关的业态也受到行业的强烈关注。有些创业者已经开出了"亲子游乐餐厅"，把"小孩玩"与"大人吃"结合在一起。"第一百货"在这方面也确实花了一番心思。如与阿里合作在4楼的副楼设置了高大上的母婴室。母婴室外有惠氏奶粉的自动售货柜，母婴室内沙发、产品展示屏，两个可以分开的哺乳室，但没有看到传说中的低价尿片与小罐奶粉。在母婴室外还有一个高大上的厕所，特设父母带孩子的厕所，设有小马桶。厕所里甚至有擦手抽纸。但4楼童装区域没有设儿童乐园，经询问后发现：因受安全消防管理方面的限制而不能开设。但在AB楼链接处的中庭，有恐龙模型、儿童木马等展示、互动与游玩设施。

（7）情怀：7楼已经开张的是"100弄文化空间"与"顺丰大酒店"。"一百橱窗半世纪"以及怀旧物品吸引了众多顾客观摩。跷跷板让老阿姨们玩得很开心。一百多个老旧的搪瓷杯在召唤"亲人"，地图上贴着寻人地址。有些项目还没有开张。导购手册上写着："世界很小，一百很大"。开张日的人气并不是很旺，而且以中老年人为主，游客也不多。拄着拐杖的老年人也逛得挺开心。品牌提升以后，老顾客似乎还不能适应，新顾客还未能有效引入，这也是第一百货的纠结之处。人气比较旺的是卖围巾、线帽的销售区，但 1 200 多元一条的羊绒围巾，很多顾客还是只看不买。在 A 楼背面看到一家"福太太"服装专卖店。AIGLE（艾高）长袖衬衣售价 1 190 元，经查，京东价为 1 090 元。在一楼电梯口有老年顾客看到导购指示牌上写着每层都有餐饮，就说为什么不放在一层？看来年轻人与老年人的需求差异确实非常大。人气最旺的是位于 7 楼的顺丰大酒店，中老年顾客谈笑风生，但酒店外的"100 弄文化空间"却很清静。情怀这东西，如果不能与心境与场景相结合，完全是一种无用的东西，百货公司的转型升级，不能光靠"情怀"，需要通过场景与内容，给顾客一个理由，拉近与顾客的距离。

第一百货的重新开张，给百货业的转型发展提供了一个样板，转型是否成功，大家拭目以待。在未来，第一百货的设施、设备、布局、品牌等都有必要及时调整，以便更好地把自身定位、顾客期盼、内容提供、服务方式、顾客连接、营销活动、场景设计、餐饮配置、娱乐消费等有机融合，真正实现传承与转型、升级与提效相互匹配。

三、淮海 755：精致型购物中心

位于淮海中路 755 号的"淮海 755"，是一个由单体百货转型为以"无印良品"为旗舰店的精致型购物中心。2015 年年底开业，2016 年 5 月 26 日和 2018 年 2 月 26 日两次巡访该店。

（一）淮海 755 最成功的地方是"小而美"

该店门前最为显眼的是"百联"LOGO 下面的"MUJI 无印良品"。从单体百货转型为以城市地标为标志的精致型购物中心，是在淮海路沿街百货店的"关店潮"中发生的。从 2010 年开始，华亭伊势丹转变为万德城（家电），第一百货成了宝马旗舰店，二百永新转为优衣库全球旗舰店。所以，原淮海 755 购物中心总经理杨敏在淮海 755 开业以后说："整体来说，单体百货经营情况都不容乐观，这也已经不是秘密了。"2018 年 2 月 27 日傍晚，杨总针对淮海 755 的总体评价在微信上说："755 最成功的地方是小而美，体验感和场景感强。"

（二）淮海 755 的营销特色

第一，主题明确。店内导入了全球首创的 MUJI Diner（餐堂，三楼）及 MUJI BOOKS（书吧，三楼）、Open MUJI（互动空间，三楼）等空间，旨在全方

位传递"感觉良好生活"的提案。据杨敏介绍：三楼去年做了适当的改造，扩大了餐饮的面积。从今天的实地观察来看，中午12点前后，通往三楼餐饮区的客人逐渐增多。但人气并不是很旺。

第二，特色服务。一楼有AROMA Labo（香薰工坊），可以根据顾客爱好调制各种香型；SA（服装搭配顾问服务），帮助顾客挑选心仪的服饰。二楼有IA（家具搭配顾问服务），帮助顾客打造舒适的生活空间；MUJI YOURSELF（个人定制），有刺绣工坊、印章展台、布面彩印及礼品包装等服务，提供个性化服务。在个人定制服务台有好几位顾客等候着，其中有一位女性顾客买了8块方毛巾，每块15元，要求打上不同的刺绣标识，合计又支付了80元，并且要等到傍晚6点取货，顾客留下电话，以备联系。用品"专属化"，这是消费升级的重要表现之一，很多家庭，毛巾、杯子、碗筷、拖鞋等都早已加上了标记，个性化从生活细节开始践行。既然选择了"个性化"，那就不会在乎花点小钱，耗点时间。特色服务只能与这种慢下来的品位生活相结合，才会有价值。

第三，组合展示。在整个店铺里，书籍、食品、器皿容器这三样东西到处都是，它们与各种消费场景组合在一起，感觉很融洽，是一种自然的交叉组合。古船边上的木柱子挖空一截陈列着糖果饼干，三个楼层每层都设置了布局不同、格调不同的收银台，收银台前的等候区也都整齐地摆放着多种包装食品。书吧虽然在三楼，但在其他楼层也都点缀着各类图书，如在一楼童装区，摆放着很多有趣的儿童图书。三楼的图书展示与饮食文化也融为一体，很有特色，从"来自世界的美食"开始，世界的食文化，先是按照国别划分各类图书，再分为：美味的根源、常备菜、便当、好器物等，再分：住、乐、行各类图书。

百联集团去百货品牌，树"淮海755"新品牌，是一种有益的大胆探索，小而美、小而精、小而乐、小而慢。

这两个百货转型的案例给行业的营销策划思考：单体百货购物中心化是一个趋势，淮海755彻底翻新比较成功，且休闲娱乐餐饮的占比逐年提高。但第一百货的升级转型似乎比淮海755更艰难，既要保持老客户，又要引进新客户，如何做好保存量、加增量的关系，这还有待探索。行业实践的普遍经验是：转型力度不宜太大。

本 章 小 结

（1）便利店的发展已经成为行业关注的一个热点问题，无人化与智能化是两个基本发展趋势。

（2）见福便利与罗森便利的快速发展，都与采取特许经营方式有关，规模扩张大致有四种开店方式：直营店、加盟店、委托店、区域店。

（3）见福便利店提供自助取票服务为便利店提供了服务拓展的想象空间。

（4）罗森便利的"自行车理论"，旨在平衡前台展店与后台营运的关系。

（5）名创优品与生鲜传奇的快速发展向行业展示了小业态的巨大发展空间，优质低价商品与社区生鲜店，是未来零售业发展的重要领域。

（6）购物中心化是传统的单体百货店的转型方向之一。

（7）传统百货店的升级，渐进式比突变式更有效。

参考文献

［1］梁东,涟漪.品牌管理［M］.北京:高等教育出版社,2012.

［2］程宇宁.品牌策划与管理［M］.北京:中国人民大学出版社,2011.

［3］钟伟.品牌营销策划与管理［M］.北京:科学出版社,2009.

［4］郭桂萍.品牌策划与推广［M］.北京:清华大学出版社,2015.

［5］［美］伊塔马尔·西蒙森(Itamar Simonson),艾曼纽·罗森(Emanuel Rosen).绝对价值:信息时代影响消费者下单的关键因［M］.北京:中国友谊出版公司,2014.

［6］［美］菲利普·科特勒(Philip Kotler).营销管理［M］.10版.北京:中国人民大学出版社,2015.

［7］朱家安.文案觉醒——激活新媒体人内容创作的本能［M］.北京:机械工业出版社,2017.

［8］孟韬,毕克贵.营销策划:方法、技巧与文案［M］.2版.北京:机械工业出版社,2014.

［9］［美］朱迪·艾伦.活动策划完全手册［M］.北京:旅游教育出版社,2014.

［10］付邦安.问道策划:快消品营销策划实战法则［M］.北京:电子工业出版社,2015.

［11］周鑫.客流滚滚:实体店的移动互联网营销革命［M］.北京:电子工业出版社,2016.

［12］胡其辉.市场营销策划［M］.北京:高等教育出版社,2011.

［13］叶万春,叶敏.营销策划［M］.3版.北京:清华大学出版社,2013.

［14］［英］马尔科姆·麦克唐纳,彼得·莫里斯.图解营销策划［M］.北京:电子工业出版社,2014.

［15］［美］朗恩·萨福科.互联网时代营销圣经:社会化媒体营销全流程策划指南［M］.北京:人们邮电出版社,2015.

［16］曲超.营销策划文案写作指要［M］.北京:北京工业大学出版社,2015.

［17］江礼坤.网络营销推广实战宝典［M］.北京:电子工业出版社,2012.

［18］袁小琼.策划的秘密——医药保健品营销策划全流程揭秘［M］.广东:广东经济出版社,2009.

［19］金定海,徐进.原生营销:再造生活场景［M］.北京:中国传媒大学出版社,2016.

［20］蔡余杰,纪海.场景营销——大连接时代的"营销颠覆者"［M］.北京:当代世界出版社,2016.

［21］刘瑞军.自媒体营销实战全攻略［M］.北京:人们邮电出版社,2014.

［22］［美］加里·维纳查克.新媒体营销圣经［M］.北京:北京联合出版公司,2016.

［23］唐兴通.引爆社群:移动互联网时代新4C法则［M］.北京:机械工业出版社,2015.

［24］苏兰君.营销思维训练［M］.北京:电子工业出版社,2013.

[25] 张昊民.营销策划[M].2版.北京:电子工业出版社,2012.

[26] 陈建中,吕波.营销策划文案[M].北京:中国经济出版社,2011.

[27] 孙健.微信营销与运营[M].北京:电子工业出版社,2015.

[28] 袁国宝.超级网红IP[M].北京:电子工业出版社,2017.

[29] 谢松杰.网站说服力:营销型网站策划[M].北京:电子工业出版社,2014.

[30] 周勇,池丽华."营销策划"课程结构与实践教学思路[J].知识力量学术版,教育理论与教学研究.2012,11(下):74-76.

[31] 周勇,朱亚萍.上海连锁企业人才需求调查与启示[J].上海商学院学报.2009,11(47):76-78.

[32] 周勇.中国商学院:如何培养实用型商业人才[J].上海商学院学报.2010,6(53):69-74.

[33] 周勇.商业人才培养现状评估之大学制度弊端[J].店长.2009,36(8):62.

[34] 周勇.商业人才培养之先天不足、后天弥补[J].店长.2009,37(9):59.

[35] 周勇.2009年中国零售业店长薪资状况调查报告评论:善待店长[J].店长.2009,40(12):25.

[36] 周勇.为何大学生难被企业所用[J].店长.2011,51(9):25.

[37] 周勇.零售人才培养:校企对接与融合[J].店长.2011,531(11):25.

[38] 池丽华.商科应用型本科人才培养模式若干问题思考[J].出国与就业.2009(12):16-18.

[39] 王晓东.关于贸易经济学科建设与发展的理论思考[J].商业经济与管理,2007(10):3-8.

[40] 刘昌明.美国的合作教育模式评介[J].教学研究,2008(5):197-199.

[41] 吴智泉.2008应用性本科教育国际研讨会会议综述[J].北京联合大学学报(人文社会科学版),2008(12):132-136.

[42] 陈凯,欧阳河.德国FH的人才培养模式及其启示[J].中国培训,2008(3):54-55.

[43] 曾晓洋,胡维平.零售管理技能人才培训需求及对策研究[R].上海:上海康培职业信息中心,2008:23.

[44] 刘晓保."应用型本科教育"辨析[J].上海电机学院学报,2005(4):28-31.